本研究获中央民族大学“汉语国际教育学科理论创新团队项目”资助

汉语国际传播与国际汉语教学研究丛书总序

吴应辉

目前来华学习汉语人数不到全球学习汉语人数的1%，而在中国境外学习汉语的人数达99%以上。国际汉语教学已成为学术界关注的一个热点，然而从目前出版和发表的有关论著来看，研究对外汉语教学的很多，但研究国际汉语教学的很少。汉语国际传播及国际汉语教学的实践已经超前于理论，或者说我们的汉语国际传播及国际汉语教学理论滞后于实践。作为国际汉语教学的从业者，大家都应肩负起历史使命，对汉语国际传播及国际汉语教学进行研究，深入探讨相关的理论和实践问题。

中央民族大学在20世纪50年代就开始了对越南学生的汉语教学，成为当时中国最早接收外国留学生的八所院校之一，但在对外汉语教学学科建设方面起步较晚。近年来，中央民族大学国际教育学院调整了学科建设方向，将研究力量集中于汉语国际传播和国际汉语教学。在学校的大力支持下，我们的国际汉语教学学科建设已经取得初步成果。我们在全国高校中率先在语言学及应用语言学专业博士研究生培养中设立汉语国际传播研究方向；我们是全国第一个明确把“国际汉语教学”列为重点培育学科加以建设的汉语教学机构；我们创新性地设计并组织实施了“汉语国际教育硕士”的“1+2+X”培养模式；我院绝大部分专职教师和20多位中外博士生都把研究方向集中到了国际汉语教学及其重要组成部分汉语国际传播上，研究领域包括泰国、马来西亚、缅甸、韩国、美国、越南等国家的汉语传播问题，内容涵盖国际汉语教学宏观和微观层次的诸多问题；我们已承担了包括两项国家社科基金课题、教育部新世纪优秀人才支持计划项目和教育部人文社会科学项目在内的多项汉语国际传播纵向和横向课题；我们正在进行国际汉语教学案例库和汉语国际传播数据库建设……

我们才刚刚起步，我们愿不断努力，与兄弟院校一起在汉语国际传播和国际汉语教学领域拓荒、播种，并愿意与国内外同行分享我们的收获。我们将以全球化的视野、国际化的思维和创新务实的行动，努力开展汉语国际传播和国际汉语教学研究，推动国际汉语教学学科建设，为汉语和中华文化走向世界尽一份绵薄之力。

经过中央民族大学国际教育学院两年多的策划和研究，汉语国际传播与国际汉语教学研究丛书陆续开始出版了。希望这套丛书能从各个侧面对国际汉语教学学科的形成和建设起到支撑作用，能为国际汉语教学的专家学者带来另一种清新的学术空气，给青年学者和博士、硕士研究生选择未来的研究领域提供新的视野，并为汉语国际传播有关机构提供决策参考。这套丛书虽为中央民族大学国际教育学院策划，但我们的作者并不限于本院师生，我们热忱欢迎国内外有志于汉语国际传播和国际汉语教学研究的专家学者加盟我们的队伍，我们愿意将符合丛书主题的学术成果列入丛书出版。

鉴于广大读者甚至很多业内学者和学生对汉语国际传播与国际汉语教学的认识尚不够深入，谨以本人在《语言文字应用》2010 年第 3 期上发表的论文“国际汉语教学学科建设及汉语国际传播研究探讨”作为代序，对汉语国际传播与国际汉语教学做一些学术探讨，以增进学界对国际汉语教学学科的认识。

国际汉语教学学科建设及汉语国际传播研究探讨[①]（代序）

随着汉语快速走向世界，对外汉语教学时代正在转型为国际汉语教学时代，传统的对外汉语教学正在转型为国际汉语教学，因此，有必要努力建立与之相适应的国际汉语教学学科。国际汉语教学学科应该包括传统的对外汉语教学和汉语国际传播两大部分。汉语国际传播是指建立在世界各国对汉语需求的基础之上，汉语遵循语言传播规律，从中国走向世界的语言传播现象。汉语国际传播研究是国际汉语教学研究的重要组成部分。鉴于此前很少有人讨论过相关问题，本文将探讨建立国际汉语教学学科的必要性，国际汉语教学与传统的对外汉语教学、汉语国际传播研究的关系，对外汉语教学向国际汉语教学的转型，国际汉语教学研究的理论基础和研究内容，国际汉语教学的学科建设，当前汉语国际传播研究的领域等问题，以期抛砖引玉，并希望有更多的同行参与到国际汉语教学及汉语国际传播的研究中来，不仅可以推动转型后的国际汉语教学学科建设，而且通过汉语国际传播研究可以为汉语国际推广工作提供更多的智力支持和决策参考。

---

① 吴应辉：国际汉语教学学科建设及汉语国际传播研究探讨，《语言文字应用》2010 年第 3 期，作者对文章进行了部分删节和小的改动。本文获“新世纪优秀人才支持计划资助”（Supported by Program for New Century Excellent Talents in University, “NCET”）。

一、国际汉语教学时代已经到来

随着中国综合国力的迅速增强，尤其是经过金融危机的洗礼，中国与世界发达国家的经济实力对比发生了很大的改变，差距正日益缩小。不久前，世界银行副行长兼首席经济学家林毅夫甚至指出，到2020年中国可能成为世界第一大经济体。① 中国国际地位的快速上升，使世界各国人民了解中国的需要快速增强，汉语热正在世界各地悄然兴起，汉语国际传播的新时代已经到来。国家汉办主任、孔子学院总部总干事许琳说，世界学习汉语的人数也远超中方预期。据介绍，目前全世界有109个国家、3000多所高等学校开设了汉语课程。特别是中小学开设汉语课的热情越来越高。世界各国学习汉语的人数，很多国家以50%甚至翻番的速度增长。全世界现在学习汉语的人数已经超过了4000万。② 世界范围的汉语需求增长迅速，从2004年到2009年，应世界各国有关机构的要求，国家汉办派出汉语教学志愿者达6000多人。仅2008年一年，国家汉办就派出汉语教学志愿者1700多人，分布在46个国家。2008年全国共派出汉语教师2000余人，分布在105个国家。截至2008年底，应世界各地有关机构的请求，全球已建立孔子学院249所，孔子课堂56个。③ 周边国家的汉语热尤为突出，“日本有200万人在学习汉语。韩国学习汉语的人数超过100万，现有的142所大学全部开设了汉语课程。韩国教育部计划在全国中

① 中国新闻网3月22日：http：//www. chinanews. com. cn/cj/gncj/news/2009/03-19/1608221. shtml

② 新华网：世界“汉语热”远超预期，学习人数已超4000万。2009-03-13。http：//news. xinhuanet. com/edu/2009-03/13/content_ 11002421. htm

③ 以上数字引自前教育部部长周济“在2008年孔子学院大会上的工作报告”。

小学普遍开设汉语课。印尼目前有1000所中学正式开设汉语课”。[①]“泰国作为汉语热的新兴国家，开设汉语课的中小学已达千所以上，学习汉语的人数10年间增长了20多倍，2007年泰国学习汉语的中小学生超过20万人（206134人）。泰国接收中国汉语教学志愿者人数列各国之首”[②]，2008年接收了870名来自中国的汉语教学志愿者，2009年仅新派志愿者就达800人[③]，加上留任的志愿者，在泰国的汉语教学志愿者人数已达上千人。泰国孔子学院建设也卓有成效，一个只有6000万人口的国家建立了11所孔子学院和孔子课堂。在泰国，学习汉语已经成为一种时尚，泰国汉语传播速度在当今汉语国际传播中是一个奇迹。在美国、欧洲，汉语教学的发展势头也非常好，美国大学理事会的调查结果显示，全美有2400多所中小学有意向在近几年开设汉语课，[④] 美国出于国家安全的考虑，投入巨资开展“关键语言”（Critical Languages）教学，而汉语就是六种关键语言之一。在英国、法国、德国、俄罗斯等国家，开设汉语课的学校也在快速增加。这些事实说明，国际汉语教学的时代已经到来。

二、国际汉语教学时代需要有与之相适应的国际汉语教学学科

对外汉语教学正快速向国际汉语教学转变，对外汉语教学学

---

① 中国网：孔子学院影响力独特：4000万洋人学习汉语，2007-03-20。http://www.china.com.cn/international/txt/2007-03/20/content_ 7987819.htm

② 吴应辉、杨吉春：泰国汉语快速传播模式研究，《世界汉语教学》2008年第4期。

③ 国家汉办志愿者中心提供数据。

④ 新华网：国外学中文成时尚，美2400学校愿开中文课，2006-07-06。http://news.xinhuanet.com/edu/2006-07/06/content_ 4800553.htm

科也应该与时俱进，转型为国际汉语教学学科。自20世纪80年代对外汉语教学学科建立以来，我国对外汉语教学学科取得了快速发展，已形成一套自己的理论体系、研究方法，推出了大批研究成果，建立起了本科、硕士和博士三个层次完整的人才培养体系，为中国的对外汉语教学事业做出了应有的贡献。2003年国家汉办推出的“汉语桥工程”① 开始实施，对外汉语教学开始向国际汉语教学转型。2004年，“国务院批准了国家对外汉语教学领导小组制定的对外汉语教学事业2003年至2007年发展规划——《汉语桥工程》，明确提出了‘集成、创新、跨越’作为对外汉语教学和汉语国际推广工作的发展战略，也就是：集成一切资源要素，采取创新的举措，实现对外汉语教学事业的跨越式发展”。② 2005年7月在北京举办的首届世界汉语大会实为汉语国际推广的首次动员大会，来自五大洲66个国家的300多位代表出席了这次大会。此次大会之后，汉语国际推广工作进入了高速发展阶段。

“六大转变”的推出，进一步加快了从对外汉语教学向国际汉语教学的转型。2006年，对外汉语教学向国际汉语教学的转变得到国家汉办等有关部门在政策层面的推动，“针对我国多年来对外汉语教学的主战场在国内，以来华留学生为主要教学对象的传统汉语教学模式不适应国外对汉语的需求状况，提出了转变观念和工作重点，实施六大转变：一是发展战略从对外汉语教学向全方位的汉语国际推广转变；二是工作重心从将外国人‘请进来’学汉语向汉语加快‘走出去’转变；三是推广理念从专业汉语教学向大众化、普及型、应用型转变；四是推广机制从教育系统内推

① 汉语桥工程主要包括孔子学院，中美网络语言教学、教材、音像和多媒体制作，国内外汉语教师队伍建设，对外汉语教学基地建设，汉语水平考试，世界汉语大会和“汉语桥比赛”，“汉语桥”基金与援助国外中文图书馆和基本建设九个方面的内容。

② 章新胜：加强汉语的国际传播，促进多样文化的共同发展，《求是》2005年第16期。

进向系统内外、政府民间、国内国外共同推进转变；五是推广模式从政府行政主导为主向政府推动的市场运作转变；六是教学方法从纸制教材面授为主向充分利用现代信息技术、多媒体网络教学为主转变。六个转变实际包含了三个层面：体制和机制，对象和教学类型，教材和教法。换言之，从过去的‘请进来’、对有一定学历的成年人进行面对面教学，发展到‘走出去’、对社会上各式各样的人进行多种方式的教学，需要全方位的改进和改革”。[①]这一政策的推出，更加快了传统的对外汉语教学向国际汉语教学的转型。

目前的汉语教学除了我国国内的对外汉语教学之外，还有100多个国家都在开展汉语教学。据教育部公布的数据，2008年共有来自189个国家和地区的22万多（223499）名各类来华留学人员[②]，与世界各国学习汉语人数相比，仅占不足1%（0.56%，按全世界4000万人学汉语的数字计算）。我国2008年派出的汉语教学志愿者和汉语教师达3000多人，但他们只占世界各国汉语教师中的极小的一部分。这些数据已经充分说明，汉语教学的主体不在国内而在国外。国际汉语教学时代已经到来。因此，我们有必要在传统的对外汉语教学学科的基础上扩充改造，形成与汉语国际传播形势相适应、更有利于学科发展的国际汉语教学学科。对外汉语教学的内涵是“对外国人的汉语教学”，隐含着“老师是中国人，中国老师教外国学生”之意。但进入国际汉语教学时代，当千千万万的外国人就在自己的国度学习汉语的时候，教授他们汉语的老师可能绝大多数都是本国人，对外汉语教学这一名称在中国以外的其他国家就显得不太合适。作为一个学科，其内涵已

① 许琳：汉语国际推广的形势和任务，《世界汉语教学》2007年第2期。

② 教育部2009年第6次新闻发布会：介绍2008年中国教育对外开放总体情况及出国留学、来华留学事业发展情况。见教育部网站：http：//www.moe.gov.cn/edoas/website18/02/info1237941653766102.htm

发生了巨大变化，甚至已变化到原有的学科名称不能涵盖的程度，因此，非常有必要用“国际汉语教学”替代“对外汉语教学”。这样，国际汉语教学学科就能很好地涵盖国际汉语教学时代的学科内涵发展需要。尽管形式上对外汉语教学这一名称的使用仍然居主导地位，但现实中对外汉语教学学科已进入了国际汉语教学学科时代。从这个意义上讲，国际汉语教学这一能够充分反映此变化的新的学科名称替代“对外汉语教学”这一传统学科名称实属必然。

此外，现实中，“国际汉语教学”这一术语已在汉语教学界广泛使用，如由世界汉语教学学会定期召开的学术会议的名称确定为“第×届国际汉语教学讨论会”，由美国中文教师协会与中国大学联合定期举办的学术会议的名称确定为“第×届国际汉语教学学术研讨会”，国家汉办 2009 年 4 月与北京语言大学合作建立了“国际汉语教学研究基地”，其中使用的都是“国际汉语教学”，北京外国语大学出版的学术辑刊叫“国际汉语教学动态与研究”(2009 年开始更名为“国际汉语教育”)，国家汉办制定的一套汉语课程大纲叫“国际汉语教学通用课程大纲”，其他使用较多的还有“国际汉语教学创新奖”、“国际汉语教学资源展”、“国际汉语教学图书展”等。总之，“国际汉语教学”这一术语在没有任何人刻意把它作为学科名称推出的情况下，在现实中已被无声无息地广为接受了。

当然，也有专家认为，应该使用“国际汉语教育”、“汉语外语教学”、“汉语作为外语教学”、“汉语作为第二语言教学”等名称，但笔者认为，“教育”有既教书又育人之意，隐含道德说教之嫌，中国教育特色太明显，毕竟这一学科名称是要涵盖全球汉语教学的，主要任务是“教书”，“育人”之功能宜弱化为佳。而“汉语外语教学”实为“汉语作为外语教学”的缩写，在人们对“汉语作为外语教学”和“汉语作为第二语言教学”两个术语争论不休的今天，“汉语作为外语教学”强调的是汉语在非汉语环境中作为外语的教学，也就是汉语在中国以外的其他国家自己的语言环境下的汉语教学，而“汉语作为第二语言教学”这一术语的内涵存在两种主要争议，一种意见认为，主要指在汉语环境下对外国人或母语不是汉语的其他人的汉语教学，其中也包括对母语非汉语的少数民族的汉语教学，如在中国对外国人进行的汉语教学或对母语为某种民族语言的少数民族的汉语教学；另一种意见认为，“第二语言是根据习得先后顺序来定义的。因此，对那些汉语为非母语者，无论是在美国还是在中国学习汉语，按照时间顺序，汉语都是他的第二语言，只是学习的环境不同。在中国，汉语是在‘第二语言环境’（second language context）习得的，在美国，汉语是在‘外语环境’（foreign language context）习得的。换句话说，“第二语言与习得环境无关”。[①] 由此可见，汉语作为第二语言教学不仅存在其内涵方面的争议，而且还存在把“对中国国内少数民族的汉语教学”包括进去的情况，将其作为国际汉语教学时代的反映国际汉语教学现实的学科名称显然不太恰当。综上所述，“国际汉语教育”、“汉语外语教学”、“汉语作为外语教学”、“汉语作为第二语言教学”等名称均存在明显的不足，相比之下，“国际汉语教学”这一名称既能反映汉语走向世界的现实，又能充分反映学科的内涵，而且不带任何道德说教之嫌，显得比较中性，兼顾到了各个方面，作为一个学科名称，应该是最佳选择。当然，也有意见认为，这个学科名称国际接轨程度不够，主要理由是，以英语为例，就没有“国际英语教学”之说。但是，中国应该有自己的创新，中国人应该有勇气创造出一个响亮的学科名称“国际汉语教学”，难说“国际汉语教学”这一名称使用后，世界各国

---

① 王建勤：汉语国际传播标准的学术竞争力与战略规划，《云南师范大学学报》（对外汉语教学与研究版）2010 年第 1 期。

会效仿创造出“国际××语教学”等一批学科名称。

三、汉语国际传播研究是国际汉语教学学科的两大组成部分之一

（1）汉语国际推广、汉语国际传播、国际汉语教学的区别与联系

汉语国际推广、汉语国际传播和国际汉语教学是一组既有联系又有区别的概念。三个概念的共同点是，都与汉语走向世界有关。汉语国际推广主要是作为一项事业的名称来使用，反映汉语的母语国中国努力把自己国家的语言汉语推广到世界的主动行为。这一术语曾一度被官方广泛使用，它能充分反映有关机构要把汉语推向世界的主动性、积极性和美好愿望，但会带来“文化侵略”之嫌的负面效应。本人注意到，此术语在正式重要场合，尤其是国际性重大活动中的正式讲话或报告很少使用。汉语国际传播是一个较为中性的学术术语，它能反映汉语走向世界的时代特征，同时也能涵盖与其相关研究领域当前和未来相当长一个时期的学科内涵，同时能为学科发展拓展更广阔的学术空间，是学术界普遍公认并广泛使用的一个国际汉语教学分支学科的学术术语。教育部副部长、国家语委主任郝平2009年5月指出，“当前，要优先发展当代社会急需的分支学科，如语言规划学、语言教学、计算机语言学、法律语言学、播音语言学、汉语国际传播等等。”① 汉语国际传播被国家语委主任列入当前应该优先发展的分支学科，说明发展这个分支学科的必要性和紧迫性。国际汉语教学则是反

① 郝平：大力促进应用语言学发展，为国家的繁荣昌盛做贡献，中国语言文字网：http：//www. china-language. gov. cn/

映全球汉语教学与研究的学科名称，在学科目录中至少应该列为二级学科，是汉语国际传播的上位学科，汉语国际传播是其分支学科，也是国际汉语教学最重要的组成部分。

(2) 国际汉语教学与对外汉语教学的关系

国际汉语教学应包括传统的对外汉语教学和汉语国际传播两大部分。之所以把对外汉语教学列为国际汉语教学的两大部分之一，是因为对外汉语教学不论过去、现在还是未来，都是汉语走向世界的重要途径，只不过开展汉语教学的地域不在国外而在国内，开展汉语教学的语言环境是目的语环境而已。国际汉语教学和传统的对外汉语教学的关系是：对外汉语教学是国际汉语教学的前身和重要组成部分，国际汉语教学是对外汉语教学的继承和发展，它拓宽了对外汉语教学的研究视野，使对外汉语教学的交叉性特征更加明显，研究方法更加多样化。国际汉语教学和对外汉语教学是同一个学科，是一脉相承的，但国际汉语教学具有更强的多学科交叉性。之所以使用“国际汉语教学”这个名称，是因为它更能反映汉语国际传播的现实、当前和未来相当长一个时期的学科内涵，同时能为学科发展拓展更广阔的学术空间，总之，更有利于学科的持续健康发展。

从学科归属的角度说，对外汉语教学和国际汉语教学都应该属于语言学及应用语言学，都是一个以汉语言文字教学为基础、关涉到其他许多学科的交叉性学科；对外汉语教学作为国际汉语教学的前身和重要组成部分，经过20多年的努力，已经建立起了一套初具规模的理论体系，这些理论体系也是国际汉语教学的重要支撑，但国际汉语教学除传统的对外汉语教学理论体系部分外，汉语国际传播方面的理论体系尚处于草创阶段。也有观点认为，对外汉语教学应该属于教育学科，但笔者认为，该学科的基础、主干课程和教学内容均属于语言学，教育学相关内容仅为其中的很小部分，所以，还是应该归入语言学及应用语言学。

从理论基础来看，传统的对外汉语教学以语言学、教育学、心理学、文化学等学科理论为基础，但国际汉语教学除以上学科外，由于汉语国际传播还涉及外交、项目管理、国别文化等方方面面，因此其理论基础还应该包括管理学、文化人类学、传播学、外交学、社会学、历史学、地理学、统计学、计算机科学与技术等。

从研究内容来看，国际汉语教学比对外汉语教学更宽、更广。传统的对外汉语教学，主要研究中国的汉语教师对到中国来学习汉语的外国留学生的汉语教学相关的各种问题，主要侧重于“汉语语言学、汉语习得理论、汉语教学理论和研究方法学等基础理论和总体设计、教材编写、课堂教学、测试评估、教学管理和教师培养等应用研究”。①但国际汉语教学则不仅要研究上述问题，还要研究汉语国际传播相关的各种问题，如世界各国的汉语需求，本土化教材研发，国别化汉语教师的培养，国别化教学理论与方法，孔子学院管理机制、办学模式、布局、评估体系及个案，汉语教学志愿者项目和外派汉语教师项目相关的标准、程序、大纲、教材、管理机制、文化适应等问题，国别语言政策与汉语传播、国别文化与汉语传播、国别政治经济与汉语传播、地缘政治与汉语传播、国际关系与汉语传播、汉语国际传播史等研究领域。由此可见，国际汉语教学的研究内容主要包括两个部分，一是传统的对外汉语教学的研究内容；二是汉语国际传播相关的各种问题。

国际汉语教学主要包括中国国内的对外汉语教学和主要研究汉语走向世界相关问题的汉语国际传播两大组成部分，而国别汉语教学是汉语国际传播的一部分。

国际汉语教学学科建设应该主要抓好以下几个方面：一是学

① 刘珣：对外汉语教育学引论，北京语言大学出版社，2001 年 1 月第 1 版第 396 页。

科理论建设，二是学科队伍建设，三是学科人才培养。学科理论建设是最为重要的方面，在继续重视汉语教学研究的同时，要特别重视汉语国际传播理论体系建设和汉语国际传播实践研究，它是国际汉语教学不可或缺的研究领域，可以说，没有汉语国际传播研究，国际汉语教学学科就不完整。因此，开展汉语国际传播研究是国际汉语教学学科建设的需要。目前发表汉语国际传播研究成果的期刊寥寥无几，我们应该努力创办新的专业期刊，或在更多的学术期刊上开辟汉语国际传播研究专栏，以推动这一领域的研究。此外，学科队伍建设是学科建设的另一重要方面。目前研究对外汉语教学的队伍已初具规模，但研究汉语国际传播方面的学者却屈指可数，因此，有必要吸引更多的业内人士参与到汉语国际传播研究的工作中来，力争五到十年内形成一支汉语国际传播研究队伍。人才培养对于一个基础薄弱的学科来说十分重要，除继续加大力度培养对外汉语教学硕士、博士研究生和汉语国际教育专业硕士以外，有必要在硕士和博士层次开设汉语国际传播研究方向，以培养高层次汉语国际传播方面的教学、研究和管理人才，确保国际汉语教学学科后继有人，并能持续健康稳步发展。

四、汉语国际传播研究的主要领域

实践需要理论指导，目前汉语国际传播研究严重滞后于汉语国际推广实践①。汉语国际传播对于国际汉语教学工作者来说，既是艰巨而光荣的任务，也是难得的机遇。既然时代呼唤理论，我们就有责任、有义务研究汉语国际传播相关的各种问题，让汉语

---

① 吴应辉：加强研究，指导实践，让汉语又好又快地走向世界——汉语国际传播笔谈前言，《云南师范大学学报》（对外汉语教学与研究版）2007 年第 5 期。

又好又快地走向世界。可以预言，未来很长一个时期内，世界范围的汉语学习需求将持续快速增长并拉动汉语持续快速走向世界。汉语国际传播实践亟须汉语国际传播研究的支撑，汉语国际传播研究将具有广阔的空间。鉴于汉语国际传播蓬勃发展的形势，笔者认为汉语国际传播研究的主要领域应该包括以下几个方面：

一是汉语国际推广战略研究，包括对中国汉语国际推广的总体战略、国别战略、孔子学院布局战略等方面的研究，同时还应包括各国关于自己国家汉语推广战略的研究。汉语国际推广的总体战略应该成为国家战略的重要组成部分，尤其要配合国家的整体外交战略和国际经贸战略，最好有一定的超前性，因此，汉语国际推广战略研究对汉语国际推广实践具有重要指导意义。

二是汉语国际传播国别问题研究，包括国别教育体制、国别语言政策、国别文化与汉语国际传播等相关问题以及国别汉语教学需求研究。汉语国际传播的成功程度，主要体现在汉语进入国民教育体系的程度，因此，我们应该加强汉语国际传播与不同国家教育体制相关问题的研究，努力促成汉语教学进入所在国的国民教育体系。汉语国际传播必须与所在国的语言政策和当地文化相协调。我们应该把所在国语言政策和文化研究透彻，才能做到知己知彼，顺利传播。各国汉语需求的调查研究对于制定汉语国际传播战略十分重要，我们应该加强各国汉语教学需求的调查研究，定性与定量相结合，为制定长期战略提供科学依据。

三是汉语国际传播体制、机制与科学发展研究。汉语国际传播是新生事物，其管理体制与这项事业的整体可持续发展密切相关，项目的运行机制也直接关系到具体项目的可持续发展，如孔子学院及孔子课堂的发展问题研究，汉语教学志愿者项目、公派汉语教师项目的管理机制研究等，因此，有必要及时研究体制和运行机制面临的新情况和新问题。

四是汉语教学的本土化问题研究。在各国汉语教学中，本土化教材、教师、教学法相关问题的研究制约着日常汉语教学的各个方面。国别语言和文化的不同决定了对汉语教材、教师和教学法的不同要求。随着不同国家汉语需求的增长，本土化汉语教材、教师、相关教学法及教学模式等领域的研究必将成为汉语国际传播研究的重要领域。

五是汉语国际传播与国家软实力建设研究。语言传播对提升国家软实力会起到积极作用，但是，通过什么途径、影响力如何测定等都是十分值得探讨的问题。这一领域的量化研究成果对争取国家对汉语国际传播事业的投入将产生积极作用。

六是汉语国际传播典型个案研究。汉语在世界各国的传播模式各具特色，传播效果有所不同，及时总结不同个案的经验与教训，对其他国家和地区的汉语传播有借鉴意义。

七是汉语国际传播的有关标准研究。标准对一个国家或地区的汉语传播来说十分重要，没有标准，无所适从，要制定标准，就必须科学规范。因此，有必要开展适合不同国家和地区的各种汉语教学相关标准研究，如汉语教师标准、不同阶段的汉语课程标准和汉语能力标准、汉语教学大纲、汉语水平测试等方面的研究。

八是汉语国际传播的项目评估体系研究。项目评估有利于确保项目效益，汉语国际传播项目众多，有必要研发相应的指标体系，用于有关项目的评估，以确保汉语国际传播项目的效益。如孔子学院评估指标体系，志愿者及公派汉语教师的离任考评指标体系等。

九是现代教育技术与汉语国际传播研究。汉语国际传播必须与现代教育技术紧密结合，汉语和中华文化教学的多媒体化已非常普及，中国汉语教学技术产品的本土化、网络汉语教学、广播汉语教学、电视汉语教学等相关课题非常有研究和应用价值，对汉语国际传播将产生巨大的推动作用。

十是汉语国际传播史的研究。据张西平教授的观点，汉语和汉字在域外的传播始于商末周初①，对几千年的汉语国际传播史的研究既具有很好的学术价值，同时将为我们揭开一幅汉语走向世界的历史画卷，将激励更多的汉语教学工作者投身到汉语国际传播事业，并增强其自豪感和使命感。

结　语

汉语走向世界既是中国发展的必然结果，同时也是中国和世界的共同需要。在汉语教学的主要场所已经从中国国内转到世界各地的今天，建立国际汉语教学学科已显得非常迫切。然而，长期以来，由于汉语教学主要在国内开展，人们的研究主要集中在对外汉语教学领域，甚至相当一部分研究属于汉语本体研究，与目前国际汉语教学需求和汉语国际传播形势存在较大差距。在对外汉语教学时代快速转型为国际汉语教学时代的今天，我们的学科需要与时俱进，更多地研究世界各地与汉语教学相关的各种问题，“国际汉语教学”这一名称既能反映汉语走向世界的时代特征，又能涵盖当前和未来相当长一个时期的学科内涵，同时还能为学科发展拓展更广阔的学术空间，且学术界已普遍习惯并广泛使用。我们应该顺应时代的要求，使用“国际汉语教学”这一新的学科名称替代“对外汉语教学”这一传统的学科名称。全面启动国际汉语教学学科建设，加强汉语国际传播研究，推动汉语又好又快地走向世界。

① 张西平：在世界范围内书写中国学术与文化，《世界主要国家语言推广政策概览》，外语教学与研究出版社 2008 年 8 月版。

前　言

本书是在我博士论文的基础上修改整理而成的，它既是我多年从事国际汉语教材研发工作的心得总结，也是我开展科学研究的学术起点。在工作和研究中，我由衷地感到，面对当前汉语国际教育中的教材“瓶颈”问题，评价还没有对教材建设发挥出真正的导向和调节作用，评价研究在国际汉语教材研究体系中也十分薄弱。在这种情况下，本书尝试探讨国际汉语教材评价的理论与方法，试图建立一套国际汉语教材评价体系这既是教材规划和编写实践的现实需要和发展途径，也具有一定的理论意义和研究价值。

本书共八章。第一章主要论述了研究意义，梳理了国内外教材评价研究状况；第二章从国际汉语教材和评价的基础理论出发，试图揭示教材评价的本质；第三章对比分析了对外汉语教材与国际汉语教材的特点，从理论和实践两个方面阐述了新型国际汉语教材观的确立依据以及主要内容，以此作为本研究的宏观指导思想；第四章系统评述了国外20世纪80年代以来具有代表性的第二语言教材评价量表；第五章从教材评价的主要类型、评价主体和具体评价方法三方面入手，进一步探讨了教材评价的方法论；第六章从专家、教师、学习者三个角度为建构评价标准体系开展了实证研究；第七章主要论述了评价标准体系的构架、主要内容和特点；第八章提出了国际汉语教材评价体系模型，对未来评价研究进行了设想和展望。

本书提出的主要观点有：第一，“适配优先、体验为本、多元文化、资源集成”的新型国际汉语教材观，可具体分解为：适应性教材观、体验式教材观、多元文化教材观和资源型教材观，构成“外在环境、内涵发展、文化互动、资源整合”四位一体的教材观念体系；第二，国际汉语教材评价方法论体系，包括理论研究和实证研究相结合的趋向统一方法论、静态文本研究和动态使用效果研究相互补的动静结合方法论、不同评价主体和评价目的相配合的多元视角方法论；第三，两种类型、三种视角的教材评价，即教材编写评价和教材使用评价，研究者、教师和学习者三种视角。

除以上核心观点以外，本书还针对当前国际汉语教材的热点问题，提出了一些个人见解，例如谈到教材功能，提出了国际汉语教材对教学活动及教学活动参与者的直接功能，以及对学科建设及汉语国际传播事业的间接功能；谈到教材发展的动因，提出了需求是国际汉语教材发展的根本驱动力；谈到教材转型，提出了对外汉语教材向国际汉语教材转型的分期概念；谈到教材编写原则，提出了教材编写与评价的适配性、情感性和活动性原则和要求。

为了帮助读者了解更多国外第二语言教材评价理论和方法，本书在修改时特意将很多外文文献，特别是一些经典的教材评价量表，进行了翻译并收录书中，供研究者参考。

本书能够顺利付梓，要特别感谢我的导师吴应辉教授，他宽广的研究视野和谆谆教诲让我“脱胎换骨”，逐渐摆脱了教材编辑的“匠气”，增添了些许“学术气”，并坚定地在科学研究的道路上走下去。同时还要感谢我所在单位高等教育出版社的领导和同事们，他们是世界出版行业的精英，教育出版的专家，他们的睿智和拼搏精神一直鼓舞我不断进取。

尽管本人在撰稿、修改过程中努力追求完美，但由于本人学识有限，对某些理论研究也不够深入，书中难免出现错漏之处，由衷希望得到广大读者的批评指正。

工作历程、研究道路、人生旅程，哪里有坦途？与其徘徊、纠结，不如任凭风吹雨打，走好自己的路，笑对平生。在此以苏轼的《定风波》与同道中人共勉：

莫听穿林打叶声，何妨吟啸且徐行。
竹杖芒鞋轻胜马，谁怕？一蓑烟雨任平生。
料峭春风吹酒醒，微冷，山头斜照却相迎。
回首向来萧瑟处，归去，也无风雨也无晴。

梁　宇

2015 年 7 月

目　录

第一章　国际汉语教材评价研究

第一节　国际汉语教材评价研究的意义

一、国际汉语教材发展现状

自 1958 年《汉语教科书》正式出版以来，国际汉语教材随着国际汉语教学的蓬勃发展得到了长足的进步。1980—2000 年，对外汉语教学迎来第一次飞跃，来华留学生规模迅速扩大，生源结构和学习需求呈现多样化的趋势，教学模式和教学方法的创新促使教材的种类、层次不断丰富。据统计，在此期间出版的各类教材约为 400—500 种（李泉，2002）。世纪之交，《快乐汉语》《跟我学汉语》等规划教材相继出版，这是我国第一次大规模针对海外汉语教学需求进行教材编写和出版。2006 年，国家有关部门针对对外汉语教学的发展现状，提出"六大转变"①，进一步加快了从对外汉语教学向国际汉语教学的转型，对汉语加快走向世界产生了深远影响，汉语教材建设进入了高速发展的时期。2011 年，国家汉办针对国际汉语教材的出版和发行又推出了一系列重要举措：面向 160 多个国家和地区编写、发行了 45 个语种的主干教材，缓解了世界各地的教材匮乏问题；举办 61 场"外国本土汉语教师

---

① 六大转变为：一是发展战略从对外汉语教学向全方位的汉语国际推广转变；二是工作重心从将外国人"请进来"学汉语向汉语加快"走出去"转变；三是推广理念从专业汉语教学向大众化、普及型、应用型转变；四是推广机制从教育系统内推进向系统内外、政府民间、国内国外共同推进转变；五是推广模式从政府行政主导为主向政府推动的市场运作转变；六是教学方法从纸质教材面授为主向充分利用现代信息技术、多媒体网络教学为主转变。

来华教材培训班”，共培训来自78个国家的4500多名外国本土汉语教师[①]，解决教师使用教材的问题；同时，各孔子学院广泛开展本土化教学教材培训活动，帮助汉语教师了解教材、更好地使用教材。据全球汉语教材库统计[②]，全球共出版发行了16000余册（种）适应不同国家、不同人群、不同层次需要的汉语教学用书。2013年孔子学院总部向120个国家1375个机构赠书70万册[③]。2014年“国际汉语教材编写指南网络应用平台”正式上线，成为教学资源数字化建设的重要成果。

在汉语国际推广的大背景下，教材在出版数量、发行规模、培训力度、数字化建设方面取得了可喜成绩，但由于学习者数量增长速度太快，教材建设跟不上形势的发展，尽管孔子学院总部积极支持孔子学院编写本土化教材，适应各国文化背景和不同层次需要的教材依旧缺乏。这个矛盾亟待解决，编出精品教材、经典教材的愿望依然十分迫切。2010年8月第十届世界汉语教学研讨会的“汉语教材编写与推广”论坛上，来自美国、英国、俄罗斯、意大利、非洲等国家和地区的汉语专家和资深教师均谈到汉语教材数量不够、种类不多、本土化程度不高的问题；2012年8月《人民日报》头版头条报道了“年轻的‘文化使者’（孔子学院）面临的‘成长的烦恼’”，烦恼之一就是“教材之急”[④]；还有些海外汉语教师反映，图书室里已经堆满了中国政府赠送的教材、图书，但真正适合本地教学的教材并不多。

---

① 2011年国家汉办外国本土汉语教师教材培训班成功举办，《世界汉语教学学会通讯》，2012（1）。

② 全球汉语教材库，http：//182.254.228.11/。

③ 孔子学院2013年度发展报告，http：//www.hanban.org/。

④ 为不同国家、不同肤色的人民提供交流、互鉴、合作新平台——孔子学院：中国文化拥抱世界，《人民日报》，2012年8月10日。

二、影响国际汉语教材建设的因素

赵金铭（2005：118）提出："汉语教材是汉语国际传播的重要依托，是教学之本。"教材是教学的三大支柱（教材、师资、教学设施）之一，教材质量直接影响教学质量，甚至对汉语国际推广也会产生影响。如何在教材中反映和体现教学理论与实践的最新发展，如何使教材真正适合不同教学环境、不同需求的学习者，如何使教材引起学习者的兴趣，如何从根本上提高教材质量、塑造精品、铸就经典，是当今国际汉语教学界高度重视的问题。中共中央政治局委员、国务院副总理刘延东同志在第3届到第10届孔子学院大会上，多次提到国际汉语教育要"注重质量"。"质量是孔子学院的生命线"，其中"教材开发是国际汉语教育的重要依托"①，"加强精品教材建设，重点支持各国孔子学院编写知识性、趣味性、适用性强的本土教材"②，由此可以看出，国家对国际汉语教材建设寄予厚望，不仅要实现汉语教材在全球广泛覆盖，更要从教学需求出发使教材建设向纵深发展，追求质量突破。

国际汉语教学经历了60多年的发展，为何仍面临精品教材缺失的处境？究其原因如下：

（一）教材质量低水平重复。尽管60年来国际汉语教材取得了令人鼓舞的成就，但在前期调研、教材开发、培训、使用、推广等环节上仍有诸多值得改进的地方：1. 教材编前定位模糊，缺乏充分的前期需求调研，导致教材适用性降低。2. 教材编写"一厢情愿"，脱离教学实际，编者某些"精心"的设计在教学实践中效果并不理想，甚至与设计初衷背道而驰。3. 只针对某一特定人群进行编写，只见树木不见森林，没有处理好共性与个性、普遍

① 刘延东：第六届孔子学院总部理事会会议，《孔子学院院刊》，2012（1）。

② 刘延东：第八届全球孔子学院大会上的主旨演讲，http：//www.jyb.cn/world/zyyj/201312/t20131211_562975.html。

性与特殊性的关系，教材难以普及和推广。4. 高效的合作编写，特别是中外合作编写机制难以建立。协调成本较高，很多合作项目“难产”，甚至最终不了了之。5. 教材编写理念相对滞后，语言理论、语言教学理论、语言学习理论、第二语言习得理论所取得的科研成果能够成功转化为教材编写成果的实例有限，教材仍然呈现“旧面孔”，缺乏新意和特色。6. 教材编写的科研价值未得到充分认可，打击了教材编写者和研究者的积极性。7. 教师选择和使用教材的能力亟待提高。有些教师缺乏对教材的鉴别、取舍能力，更加缺乏创造性地使用教材的能力，也有些教师故步自封，怯于尝试新教材和新教法。8. 国际汉语教材市场相对分散，难以形成规模效应、带来经济效益，出版社不愿在前期调研、生产、推广、服务等方面投入。上述原因限制了教材研发与推广，使我们的汉语教材从内容到形式、从整体到细节都落后于英语、西班牙语等作为第二语言的教材。

（二）标准建设欠完善。标准制订是学科基础建设的标志性成果，对保障教材质量具有重要的指导意义。《国际汉语教师标准》（2007）、《国际汉语能力标准》（2007）及《国际汉语教学通用课程大纲》（2008）的相继出台，在一定程度上缓解了标准缺失的处境，但客观来看，国际汉语标准建设仍处于起步阶段，仍在不断探索、修订、补充、完善过程中，其中尚待解决的问题有：1. 现有标准框架需要进一步更新教育理念、完善细则，使之更加先进、精细、科学、规范；2. 现有的课程标准、教学大纲、评测体系之间缺乏统一的指导思想，缺乏横向的内在联系；3. 与国际通用标准的匹配和衔接问题尚未得到很好的解决，以至于尚未获得国际上的认可和使用。4. 针对来华留学教育、世界华文教育的标准缺失，跟不上快速发展变化的教育形势。以上问题束缚了教材建设现代化、科学化、规范化的步伐，使得教材编写和选用“无法可依、无理可据”，只能“凭着感觉走”，这也是影响教材质量的主要原因。

（三）教材评价未得到充分重视。教材评价在教材建设中的重要地位尚未确立，如何在教材评价中体现现代教育理念还不明晰，“以评价促发展”的评价目的尚不明确。这表现在评价理论薄弱、评价方法不够丰富、评价角度相对单一、评价实践匮乏、评价机制缺失等诸多方面。

在理论研究方面，国际汉语教材评价的内涵、本质、特性、目的、范围、内容等基础原理性问题尚未阐明，理论基础尚未梳理，理论体系尚未搭建，教材评价对教材质量的促进作用和重要意义尚未提升至理论高度。这些基础性研究直接影响了教材建设的政策导向以及国际汉语教学界的教材观念和编写实践中的教材质量。另外，对其他第二语言教材评价标准的启示研究还停留在推介、评述层面，对其背后的教育思想、深层的评价观念分析得还不够透彻，其借鉴价值还未被充分挖掘出来，对如何与汉语教学的特点进行有机结合还有待深入探讨。

在评价方法方面，现有的为数不多的评价研究多使用评估量表的静态评价方法，采取相对单一的评价角度。如何引入科学的定量统计方法，结合质性研究的多种手段，将静态、动态多种评价方法有机结合，采取教师、学习者、教学管理者、专家、出版者等多维度评价视角，建立发展性的评价方法体系和评价模式等问题还未曾涉及和尝试。

在评价机制方面，国际汉语教材评价尚未形成顶层设计，缺乏自上而下的总体规划和整体部署，没有形成稳定的教材评价机构和评价制度，难以保障评价客观、公正地实施。而现阶段的评价实践也还处于教材评优的阶段，更侧重评价结果，对教材质量发展性考虑不足。

三、国际汉语教材评价研究的理论意义与实践价值

面对以上教材研究与实践中遭遇的瓶颈，本研究提倡“以评

促建”，充分利用教材评价的调节机能，通过评价寻求教材的创新和发展，推动汉语教材国际化，提高教材适用性。这不仅是当务之急，而且具有重要的理论意义和实践价值。

（一）理论意义

1. 有利于完善国际汉语教材研究体系

国际汉语教材评价研究是汉语教材研究的重要内容。在教材研究体系中，评价研究一直未能成为重点课题予以系统探讨，目前的研究成果与其他第二语言教材的评价研究相比存在着明显差距，这都与其重要性极不相称，因此本研究探讨教材评价的有关问题，对完善教材理论研究，促进教材研究的科学化具有重要意义。

教材评价研究对其他类别研究的促进作用体现在以下几个方面：①教材评价研究可以全面、系统地反映教材全貌，揭示教材的本质、特性、功能等，这将在一定程度上支撑和完善教材本体理论研究。②教材评价研究对教材编写和选用具有直接的指导意义，本研究将确立新型国际汉语教材观，并将在此观念的指导下，建构具体的评价标准和方法体系，这将对教材编写和使用研究产生一定的启示作用，带动教材编写原则研究的进一步深化，使其同步发展，对教材编写发挥更大的导向作用。③教材评价研究薄弱直接导致教材推广研究的匮乏。从实践层面看，教材推广的基础是对教材价值的充分认识，认识来源于分析和评价，因此缺乏教材认知致使推广不自信；从研究层面看，教材评价研究为汉语教材现状分析研究、推广策略研究、推广个案研究等奠定了基础。

2. 有利于丰富国际汉语教学评价研究体系

教材评价是国际汉语教学评价体系中不可或缺的组成部分。教学评价是对整个教学系统的评价，评价对象包括师生、课堂教学和教材。在国际汉语教学领域，对学习者、教师、课堂教学的评价研究已经引起学者广泛关注，但是对教材的评价却少有人论及，对如何确立教材评价标准、确定评价目的、选择评价方式、处理定量和定性两类评价方法的关系等，至今没有一个系统的论述，从而使教学评价亦不全面。教材评价既包括对教材本身的评价，也包括教材在教学中的评价，通过对以上教材评价相关问题的探讨，可以发现教材在动态的教学过程中发挥的作用，上述问题的解决对教学评价研究的发展一定会起到促进作用。本研究通过建立反映现代教育理论发展、最新第二语言教学科研成果的教材评价标准，可以为教学评价特别是教学过程评价积累一定的经验。

3. 有利于补充国际汉语课程研究体系

教材评价是对国际汉语课程建设和研究的补充和完善。一般情况下，教材研究不是归属教学论研究就是归属课程论研究范畴，特别是在英语作为第二语言的教材研究体系中，通常认为教材就是课程内容，教材研究也就成为课程研究的组成部分。教材是课程设计的具体体现，是开展教学活动的基本依据。教材质量能够反映一个学科的课程研究水平，也可以反映这个学科的教学水平。因此，通过教材评价提升教材质量是课程研究和学科发展的现实需要。作为一个年轻的学科，国际汉语教学的课程建设还有待完善和优化，课程标准建设尚处于起步阶段，课程设计研究还不充分。通过教材评价研究和实践，从中获得的反馈信息是检验课程效果的参考和进行课程优化建设的依据。因此，教材评价对课程建设发挥着反馈调节的重要作用，对其进行科学、深入的研究，对课程发展具有重大意义。

（二）实践价值

1. 有利于树立新型的国际汉语教材观

国际汉语教学发展日新月异，逐渐融入国际第二语言教学的潮流中，教材建设亦应与时俱进，其中关键问题在于观念的更新。融入先进的教学理念和方法，吸纳第二语言习得研究成果，与领先的多媒体技术紧密结合，成为当今国际汉语教材发展的趋势，这种趋势也将国际汉语教材与国外其他第二语言教材的研发理念接轨，使国际汉语教材真正走向世界，被第二语言教学界、国际出版界接纳并认可。但现实中的很多教材从形式到内容都还无法令人满意，更谈不上教学理念先进，配套资源丰富，这样的教材压抑了教师和学习者的创造力和积极性，甚至因其缺乏吸引力和竞争力，影响了汉语课程在海外学校的开展。正如前文所述，影响教材质量的因素有很多，特别是难以在教学使用中把控教材质量，但首要问题来自现有的教材观念。教材观是进行教材评价的前提，是“指挥棒”，影响着教材评价的指导思想和具体实施。确立什么样的教材观对于教材评价理论与实践具有至关重要的意义。因此，确立新型国际汉语教材观，取代旧的教材观显得刻不容缓。

2. 有利于提升教材编写和出版品质

教材评价是提高教材编写质量的重要手段。教材评价的终极目标是提高教材质量、促进教材建设。引入评价环节不仅可以完善教材建设“调研——开发——推广——使用——评价——修订——再使用”的过程，使之螺旋上升，同时也使得这一过程更具操作性、更加科学化。教材评价可以为新教材研发提供编写指南。首先，它为编前定位所涉及的因素，如教学对象、教学环境、教学大纲、教学理念等提供了参考框架，编写者可以据此进行编前调研和准备；其次，它为编写者提供了编写依据，以保证新教材的创新性和规范性。教材评价可以为教材修订提供依据。通过资料收集、与教材使用者互动交流和评价分析，修订者可以获得反馈意见，据此全面系统地了解教材的实际使用情况，衡量教材的适用性，发现教材在使用过程中的优缺点，有的放矢，切实做好修订，使其编校质量和适用性更上一层楼。教材评价可以为出版者确定选题提供决策参考。通过评价可以保障选题质量、避免重复投入、进一步推动精品建设。开展教材评价研究是实现以上应用价值的基础性研究，是目前汉语国际传播领域新的研究课题。

3. 有利于优化教材选用，提高课堂教学水平

教材是课堂教学中不可或缺的组成部分。近些年，新媒体、新科技广泛应用于课堂教学，拓展了教材的内涵，赋予教材更生动、直观、丰富的媒体形态，使教材在课堂教学中的地位更加凸显。在第二语言课堂中，教材的多媒体化、多模态化成为创设真实语言环境、营造语言学习氛围的主要手段。教材是教学大纲的具体表现，同时，它在“教”与“学”两方面都发挥着重要作用。它不仅能为教师提供有效的教学资源，成为教师开展教学活动的“脚本”“工具”和“资源库”，也能为学习者勾勒出基本的学习内容和知识体系，被视为“沉默的教师”。

鉴于以上教材在教学中的功用，能够在品种繁多的国际汉语教材中科学、理性地进行选择，能够清晰地认识教材、理解教材的编写意图，合理地使用和改编教材，使其积极作用和编写特色在教学中得到极致发挥，成为教学机构和教师们共同追求的目标。实现这一目标的关键在于突破原有的教材感性认识方式，采取科学合理的评价方法。教材评价体系的建立可以为教学机构和教师选用教材提供科学参考，对教师客观认识教材，甄别、筛选、批判、利用、改编教材提供指导，有助于教师合理地使用教材，创造性地发挥教材的作用，从而有效地提高课堂教学水平。

4. 可以为相关标准和考试大纲的制定提供重要参考

教材是根据课程标准、教学大纲编写的系统反映学科内容的教学用书，学习者通过学习教材内容提高知识和技能水平，可以用考试来检测学习效果。符合课程标准设定的教学目标、符合教学大纲规定的教学内容、完成考纲列出的学习项目是检验教材适用与否的基本要求，这是教材评价的重要功能之一。在国际汉语教学领域，标准建设可以直接促进教材发展，同时教材理论与实践的进步对标准建设也会产生反拨作用。教材评价对标准建设的

反拨作用具体体现在以下四个方面：①教材评价中确立的教材观和教材评价观可以为其他标准研制和修订提供理论支持；②教材评价中挖掘的教材深层信息可以为国际汉语语言能力评价提供重要依据；③教材评价中获取的教材定量描述数据可以为各类汉语测试提供测评范围；④教材评价中的静态文本统计可以为确定国际汉语字、词、句型、语法表纲提供基础。

第二节 语言教材评价研究综述

一、国外第二语言教材评价研究

国外第二语言教材评价研究（material evaluation）伴随着第二语言教学学科的发展从未间断，是教材研究的重要内容。Jayakaran Mukundan and Touran Ahour（2010）对1970—2008年间发表的48个教材评价量表进行过历时研究和分析，成果之丰富可见一斑。以下我们将分阶段介绍国外教材评价研究的代表人物和主要观点。

（一）20世纪80年代的教材评价研究①

Alan Cunningsworth（1984）提出了教材评价的四项原则，指出评价教材：①要看它是否符合教学目标。教学目标决定了选用什么教材，而绝非教材决定教学目标。②要了解学生将要用语言做什么，教材是否利于学生掌握将来要使用的语言。③要看教材是否满足学生的学习需求，包括语言需求、认知需求和情感需求。④要看教材如何处理语言、学习过程和学习者之间的关系。他也论述了以上原则的理论基础：①学生是学习群体中的个体，个体学习者既能够体现个体需求，也可以反映群体需求，这些需求既

① 笔者获得的20世纪70年代国外教材评价研究文献资料较少，因此未列入本研究中。

有认知方面的，也有情感方面的。②英语（其他语言也一样）是由各种语言形式构成的复杂系统，这些语言形式能够表达意义，让说话人进行交际。语言行为是社会行为的一部分，与社会行为紧密联系，语言理解不能脱离社会情境。③教师的任务是：运用职业技能了解学生的学习过程，帮助学生学习，教师还需要了解语言结构以及如何使用语言进行交际。④教材的作用是：帮助学生和教师完成学习任务。最后他总结了一个评价量表，共7部分：语言内容、语言选择与排序、语言呈现与练习、语言技能与交际能力、辅助材料、动机与学习者、结论与总体评价。他提示我们如何看待量表的使用：量表是一种教材评价工具，但它不是自动运算程序，不能够立刻显示“准确”答案，因为教材评价涉及太多变量，这些变量需要专业判断，而专业判断的基础是对语言教学理论、实际评价过程和程序的了解和掌握。

Neville Grant（1987）认为完美的教材不存在，而适合你的教材一定存在。这样的教材应该符合三个条件：符合学生的需求和兴趣、符合教师的教学需要、符合官方课程标准和测试的要求。教材评价的步骤为：初评→细评→用中评。他建议使用CATALYST对教材进行初评，CATALYST是指：C（communicative 交际吗?）、A（aim 符合教学目标吗?）、T（teachability 好教吗?）、A（available add-ons 有教辅吗?）、L（level 级别合适吗?）、Y（your impression 印象如何?）、S（student interest 符合学生兴趣吗?）、T（tried and tested 试用过吗?）。他在细评环节设计了三个部分的教材评价表，分别针对学生、教师、课程标准的要求，每部分10个问题，简洁实用，容易操作。正因为如此，这三份评价表被我国研究者（程晓堂，2011）推介并广泛应用于评价实践和研究中。Grant建议在使用教材的过程中进行评价，他认为，即使教师没有更换教材的打算，也要坚持在使用过程中进行教材评价，只有这样才能确保教师“驾驭”教材，但他没有详细阐述如何进行使用中评价。

Tom Hutchinson and Alan Waters（1987）在探讨特殊用途英语教学过程中提出“教材是实现课程设计的途径”。在需求分析和课程设计之后，无论是选择教材、编写教材或者改编教材都离不开教材评价。他们认为，评价是以特定目的来判断某物合适度的行为，评价涉及相关价值，所有事物本无绝对的好与坏，只有合适程度的不同。因此他们强调，教材评价实际上是一种对照过程：将主体需要分析（subjective analysis）与客体情况分析（objective analysis）相对照。主体需要分析是指由教师或评估者列出某一语言课程的教学目的及对教材的要求，客体对象分析是指列出某一候选教材的特点。具体评价程序为：设计指标→分析主体需要→分析客体情况→对照。前两步一般在课程设计过程中已经完成。关于主体需要，他们认为，不要把它看作一套固定不变的要求，要将教材评价看作了解需求、把握需求的方式。对照一般在5个方面进行：学习者情况、教学目标、教学内容、教学方法、价格等实际问题（详见第4章第1节）。

Breen and Candlin（1987）认为评价的目的是要帮助教师“在各种教学环境下为各种水平的学习者挑选最合适的教材”。他们所提出的教材评价可分两个阶段进行。第一阶段主要关注外部学习条件和要求，针对教材的用途提出初步问题：①教材的目标和内容是什么；②对学习者的要求是什么；③对教师的要求是什么；④作为一种课堂资源，教材的功能是什么。第二阶段针对特定的学习者和教学环境提出了一些更加具体的要求，对教材进行深层次的分析，这一阶段的问题主要集中在以下方面：①学习者的需求和兴趣，教材在多大程度上符合学习者的需求和兴趣；②学习者的语言学习方法，教材提供的学习方法在多大程度上与学习者自身的学习方法相一致；③课堂教与学的过程，教材提供的学习过程在多大程度上与教师和学习者认为重要的课堂学习过程相一致。

该评价指南的最大特色就是使学习者参与到评价中来，重视学习者自评、注重学习的过程，体现了以学习者为中心的评价理念。他们还提出了7个教材活动设计的特征，这7个特征也同样是以学习者为中心的：①学习者能否识别教材中呈现的语言知识和技能；②教材是否鼓励学习者表达其对教材内容和编排的看法和态度；③学习者能否以合适的方式同教师和学习者就其感兴趣的话题进行交流；④教材是否允许学习者在活动内容上做出选择；⑤学习者能否选择不同的方式开展活动；⑥教材是否允许学习者自己解决问题，调查自己的学习状况，评估自己的练习效果；⑦教材是否鼓励评估，以便了解教材在何种程度上与学习者的学习目的、个体选择和喜好相适应。他们认为这7个特征可以融入评价标准中去。

该评价指南理念上有所创新，但缺陷也十分明显。第一，学习者在知识有限的情况下很难做出正确的判断，评价的可信度难测；第二，学习者的兴趣偏好、自身水平，甚至对教师的印象等都会影响教材的评价结果；第三，通过一套教材满足学习者不同的需求和学习方法，众口难调，不易实现；第四，问题繁复，两阶段的问题交错，使用不当极易产生混淆。①

Sheldon（1988）所列的教材评价表主要分为两大部分：整体印象评价和定性评价。前者主要用来标注教材的概况，包括标题、作者、出版社、价格、书号、页数、组成部分、程度、规格、篇幅、训练的技能、学员、教师；后者主要以定性的方式从以下方面提出了一系列的相关问题：理据性、可行性、针对性、版式设计、易读性、连贯性、选材与排序、图文特色、得体性、真实性、充分性、文化性、教育性、交互性、灵活性、指示性和整体价格

① 这部分参考了张雪梅（2001）、赵勇等（2006）对 Breen and Candlin（1987）评价指南的分析评介，并进行了归纳整理。

评价等。这是一份较为详尽的清单，其中，Sheldon 共提出了 53 个问题。最后，Sheldon 明确指出了教材评价是一个主观活动，没有固定的标准，另外教材评价应该综合考虑教材的作用及其所设定的长期目标。①

（二）20 世纪 90 年代的教材评价研究

Jo McDonough and Christogher Shaw（1993）认为进行有效的教材评价是每一个专业教师应具备的重要能力。正如没有一本教材是完美无缺的，教材评价本质上是主观的、凭经验来做的事情，没有绝对整齐划一的程序、表格、系统作为评价标准。但教材评价又是每个教师都必须做的事情，因此为了减轻教师的工作负担，我们需要给他们提供一个简洁、实用、全面的评价模型。McDonough and Shaw 十分强调教学情境（context）对评价的影响，“评价标准的设计取决于评价的起因、目的和教学情境”。指标（问题）的数量要控制在可操作的限度内，否则将陷入无尽的细节之中。

他们把教材评价模型分为外部评价和内部评价两个阶段（详见第 5 章第 1 节）。外部评价是一种快速的预评价，根据作者/出版者表述的内容，如教材封面上的广告词、简介和教材的前言、目录，来检验教材的整体结构。从宣传、前言中我们可以获知：①目标使用群体；②使用者的语言熟练水平；③教材适用的情境；④如何介绍语言点和划分单元，单元数目和长度是否适合使用者和教学安排；⑤作者的语言观和教学观。在外部评价中还应该关注下列要素：①是核心教材还是辅助教材；②是否配有教师用书；③是否配有词汇表；④是否有照片、图片、图表等视觉材料，它是为了美观还是为课文服务；⑤版式是否清晰；⑥是否存在文化

① 这部分参考了何安平（2001）、孙平华（2002）对 Sheldon（1988）教材评价表的介绍。

偏见；⑦是否存在民族、性别歧视；⑧音、视频材料是否收取额外费用；⑨是否配有测试，它的实用性如何。内部评价是对教材的深层次调查，检查教材内部的情况是否与作者/出版者在前言、简介中声明的相一致。内部评价主要包括以下方面：①如何处理语言技能；②分级和排序；③如何介绍阅读技巧；④如何介绍听力技巧，听力录音的取材是否真实；⑤口语材料是否体现真实交际；⑥测试与练习的关系；⑦是否适合不同学习风格；⑧能否激发教师和学生的积极性。最后，在外部评价和内部评价分析的基础上，要对教材的适用性做出综合评价，此时需要考虑 4 个因素：可用性、通用性、可改编性和使用灵活性。

McDonough and Shaw 认为教材评价不是静态的，教材在预评价之后用于某课程，其成败最终取决于课堂使用效果。该评价模型的最大特点是把外部和内部评价联系起来，极大地简化了整个评价过程。他们的评价体系，可以折射出交际法在当时的巨大影响：是否为学习者提供了足够的技能训练机会，对话和录音是否真实，是否为不同学习风格的学习者提供了自主学习方式，是否通过激励促成良好的师生互动等问题都体现了交际法的教学理念。

Cunningsworth（1995）在之前研究基础上进一步深化了教材评价理论。他认为有效的教材评价取决于询问合适的问题并解释问题答案。他提出两种评价方法：印象评价法（impressionistic overview）和深度评价法（in-depth evaluation），并认为两种方法互为补充，应该结合使用。他提出了教材评价的过程：确定教学目标→分析教学环境→印象评价→深度评价。

他提出了教材评价的三种类型：使用前评价（pre-use evaluation）、使用中评价（in-use evaluation）和使用后评价（post-use evaluation）。他还区分了潜在评价（evaluation for potential）和适用评价（evaluation for suitability）。在没有特定班级或学习者的情况下选择优秀教材用于教学中，这样的评价是潜在评价，多用于教师培训中，让培训学员了解评价教材所需的指标。适用评价主要衡量教材与特定要求的匹配度：如学习者学习目标、学习背景等。他提出了评价原则和评价量表（详见第4章第1节），但他指出教材评价具有动态性，量表只提供了一个框架，千万不要让它成为一种束缚。

在Brown（1995）的语言课程系统中，教材评价是继决定了教材类型（deciding the material type）并找到了这些教材（locating the materials）之后的一个重要环节。他建议从教材背景（作者的教育背景和教学经历、出版社声誉）、课程标准（方法、大纲、需求、目标、内容）、外观（版式、结构、编辑质量、教材质量）、后勤保障（价格、配套、购买便利性）、可教性（教师用书、评论、可操作性）五个方面来确定教材。Brown十分强调评价过程中集体意见的重要性，集思广益有助于教师对教材形成全面、客观的认识。最后，他认为应该在使用中继续评价教材。

Ur（1996）首先从“赞成使用教材”和“反对使用教材”（见表1-1）的对立观点中表明了自己对教材的态度。

表1-1 关于教材使用的对立态度

赞成使用教材	反对使用教材
框架：教材提供清晰的结构，师生能够了解教学进程和目的。 大纲：教材具有大纲的作用，成系统的教材能够提供均衡的语言内容。 现成的课文和任务：教材提供水平合适的课文和任务，节省教师的备课时间。 经济：与教具、复印材料、软件等相比，教材比较便宜。 便利：教材易于携带，使用便利，不需要其他设备。 指导：对新手教师具有指导和支持作用。 自主：学习者可以使用教材自主学习、复习。	不充分：没有一套教材能够满足所有学习者的个性化学习需求。 不相关、无兴趣：教材话题经常与学习者相距甚远，引不起兴趣。 局限：固定的结构和顺序限制教师的主动性和创造力，导致学习者缺乏学习兴趣和动力。 同质化：教材理念和方法雷同，无法满足多样的学习水平、能力、风格和策略。 过于简化：用教材照本宣科，教师只是内容的简单传递者。

Ur 认为，“是否需要使用教材”取决于教师的教学风格、可用的教学资源以及教学机构的要求。他个人还是倾向使用教材。一方面教材利于教师规划设计课程内容，即使有不完善之处，也为他们创造性使用教材提供空间；另一方面，学习者喜欢使用教材，没有教材的课堂缺乏目的性和正式感，引不起学习者的重视。Ur 对教材的态度涉及如何选择性地使用教材。这就包括选择、评价教材，以及调整和补充教材。他提出了 19 条可用来评价教材的标准（详见第 4 章第 1 节）。

Tomlinson 是第二语言教材研究领域的领军人物，他于 1998 年主编、出版了 *Materials Development in Language Teaching*（《语言教材研发》）一书，其学术影响十分广泛。他在前言中指出，汇编该书的目的是：明确教材研究中的术语概念，发现教材对语言学习的促进作用和成因，探讨当前教材研究在第二语言习得领域的潜在应用，发掘资源，联合研究者、师生、出版者共同开发优质教材。他对教材评价的定义是：测量教材的价值。他指出，虽然第二语言习得研究还有很多未知或有争议的议题，但已有大量研究成果达成共识，可以用于教材研发。他提出了 16 条基于第二语言习得研究的教材编写原则，可以作为教材编写和教材评价的重要依据。

Andrew Littlejohn（1998）提出教材是“实践教学法思想的最佳途径”。Littlejohn 的最大贡献是区分了教材分析（material analysis）和教材评价（material evaluation）。他认为教材分析是教材评价和进行课堂观察的前提，并有助于教材的编写和设计。教材分析针对教材本身，通过与教材使用环境分析对照，判断它们的匹配程度才能决定教材使用（见图 1-1）。

Littlejohn 提出了一个教材分析框架，目的是“让教材自己说话”（见图 1-2）。在“检验教材的哪些方面”环节中，Littlejohn 关注两点：出版（publication）和设计（design）。在“设计”部分他更注重教材作为教学工具的作用，因而聚焦在教学法和教材内容方面。在“如何检验教材”环节，他分出 3 个层次，层层深入，由具体到抽象，从教材的外观事实到深层的教学理念，逐步揭示教材的本质特性。最后要把分析结果与教学实际情况联系起来，为下一步全面的教材评价做好准备。

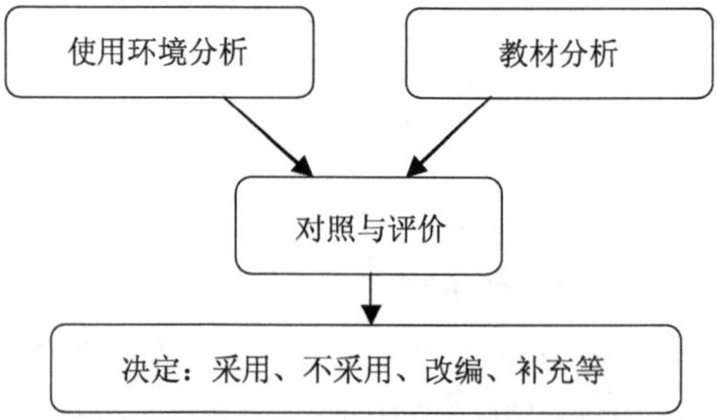

图 1-1　教材分析和教材评价

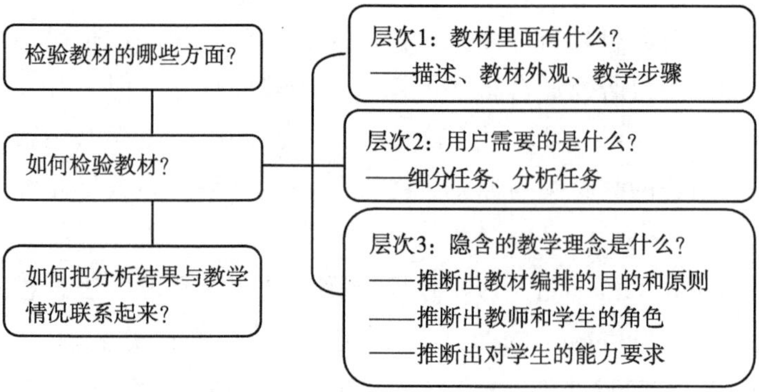

图 1-2　教材分析的层次

至今，Littlejohn 提出的教材分析表仍然被公认为最有用的教材研究工具。从表 1-2 中可见教材分析的客观性。

表 1-2　教材分析表

书名： Cambridge English for Schools SB 1　**作者：** Littlejohn and Hicks
出版社： CUP

A. **全书**

1. 类型：通用型、主教材、课堂使用、非初学者
2. 目标使用者：
   年龄：12-16 岁　学校：中学　地点：全球
3. 情况：
   a. 构成：学生用书、练习册、学生磁带、教师用书、课堂磁带、录像
   b. 适用一个学年
4. 设计和版式：
   学生用书 4 色，160 页；练习册双色，96 页；教师用书双色，176 页
5. a. 发布：

教材	教师	学生
磁带	[×]	[×]
录音文本	[×]	[ ]
参考答案	[×]	[ ]
使用说明	[×]	[ ]
b. 获取		
索引/词语表	[×]	[×]
内容目录	[×]	[×]
各部分目标	[×]	[×]

6. 路径：

特定	[×]
使用者决定	[ ]

7. 模块：
   6 个主题，每个主题有 5 个单元；标准化模块有：话题、语言点、活动、文化、复习和评估

B. **节选**

1. 长度：1 个主题，学生用书的 16.5%的内容
2. 活动顺序
   话题单元：1. 全班讨论　2. 听　3. 头脑风暴和阅读　4. 头脑风暴　5. 海报设计　6. 歌曲　7. 阅读　8. 练习　9. 海报　10. 语言记录
   语言点单元：1. 讨论　2. 听　3. 语法发现和练习　4. 语法发现和练习　5. 灵活运用　6. 语言记录
   活动单元：1. 课外调查　2. 写　3. 关于家庭的写作　4. 写作比较　5. 评估
   文化单元：1. 讨论　2. 读　3. 读　4. 理解与讨论
   复习与评估单元：1. 自我评估　2. 测验　3. 设计自己的测验　4. 学习过程评估

Rod Ellis（1998）在 The evaluation of communicative tasks（交际任务评价）这篇文章中勾勒了语言教学宏观与微观评价框架图（见图 1-3）。

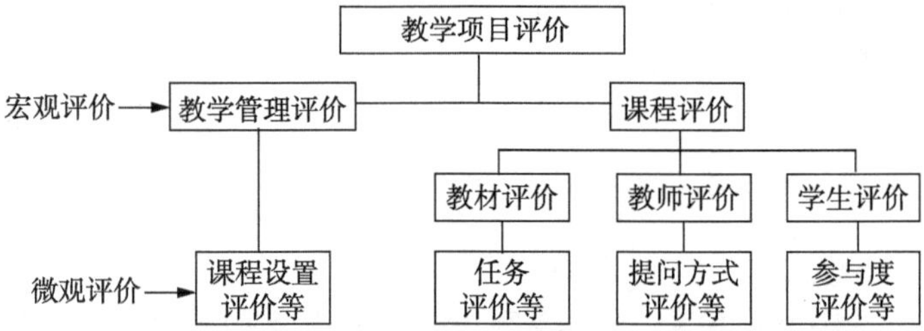

图 1-3　语言教学宏观与微观评价框架

框架中，教学项目评价属于宏观评价，包括教学管理评价和课程评价；微观评价是对教学管理或课程中某一具体方面的评价。她认为，采取“自下而上”的方法，即从微观评价的实施，由点及面，积少成多，最终形成宏观评价的结果，是一种更现实、易于操作的方法。基于这种思路，她选取了教材评价中任务评价这个具体且重要的方面，制定了任务评价的流程（见图 1-4）。

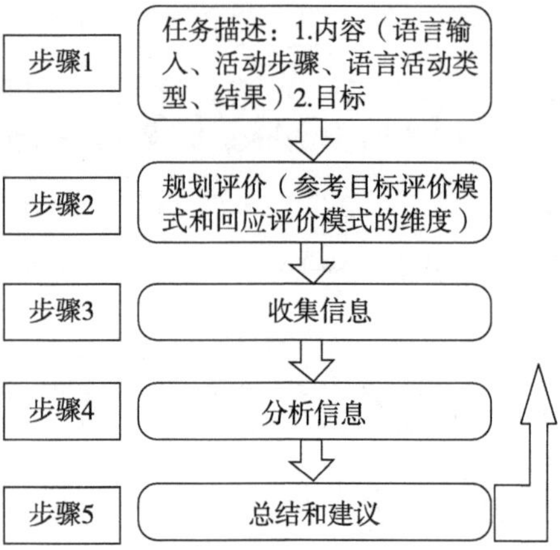

图 1-4　任务评价流程

她列举了宏观教育评价的两种模式——目标评价模式（objective model）和回应评价模式（responsive model），并将它们的评价维度应用到任务评价的步骤2中（见表1–3）。

表1–3　两种宏观评价维度与任务评价的问题

维度	目标评价模式	回应评价模式	关于任务的评价问题
方法	心理学方法、研究普遍特点	社会学方法、研究具体问题	采用的方法是要检验任务目标的达成情况、了解任务的实施情况，还是两者兼有？
目的	问责法（accountability）：检验实现教育目标的程度	改善法（development）：以发现问题、解决问题为目的	评价目的是检验任务目标的达成情况，还是指导如何改进任务，或者鼓励教师对任务的使用和价值进行反思？
重点	评价效果（effectiveness）	评价效率（efficiency）	评价重点是任务的效果还是效率？以什么为参照来比较评价效率？
范围	内部评价	外部评价	根据已知目标评价任务，还是要考虑目标本身的适配度？考虑任务可预知结果还是要兼顾不可预知结果？
评价者	内部评价者	外部评价者	谁是评价者？评价者的倾向是什么？
周期	结果性评价	形成性评价	在课堂教学中实施评价还是教学完成后实施？
信息类型	测验	测验、文件、报告、观察	需要哪些信息？如何收集？

表1–4列出了步骤3中涉及的信息收集来源。在收集信息的过程中两类信息尤其重要：一是与任务结果相关的信息，它关系到“学生是否完成了任务”这个问题；二是在没有教学支持的情况下学生是否能够完成任务（或类似任务）的信息，这关系到“学习是否发生了”的问题。

表 1-4 信息收集来源

	任务前	任务中	任务后
文献信息	教师工作记录日志		任务成果（如地图、创作的故事等）
测验	任务前成绩测验		任务后成绩测验
观察		互动分析 任务表现记录	
报告	问卷 访谈	有声思维 (think aloud)①	问卷 访谈 会议 吸收报告（uptake report）②

以上简述了 Rod Ellis 的研究思路和主要结论，这篇文章的创新点主要有两方面：①把宏观教育评价的研究范式借鉴到任务评价、教材评价等微观评价中。②对评价的效果和效率加以区分。效果评价相对容易，以教材评价为例，它主要考查教材是否达到了（编写者/教师/学生）预想的效果。如果教材设定的词汇学习目标是 1000 词，并在全书中教授了 1000 词，那么通过比较学习者学习之前的词汇量和学习之后的词汇量，就可以知道教材的学习效果。效率评价相对复杂，它涉及 A 教材和 B 教材的比较，如果 A 教材设计了 15 课（用时 1 学期）学习 1000 词，而 B 教材设计了 30 课（用时 1 学年）学习 1000 词，那么 A 教材比 B 教材的效率更高。

（三）21 世纪初至今的教材评价研究

Jack C. Richards（2001）认为教材评价之前需要了解课程中

---

① 有声思维法，是受试者在完成某项任务的过程中，随时随地讲出头脑里的各种信息。这是心理学和认知科学研究中收集研究数据常用的方法之一，在外语教学方面有着广泛的应用。

② 吸收报告，是检验学习效果的一种方法。例如，任务完成后，发给每位学生一张纸，让他们写出完成任务过程中学会的生词，以此检验学生的学习吸收情况。

教材、教师、学习者的角色（见表1-5）。同时他认为教材评价中需要考虑五个关键因素：课程、教师、学习者、内容编排、教学方法。

表1-5 课程中教材、教师、学习者的角色

课程中的教材	课程中的教师	课程中的学习者
• 有没有成熟的课程标准？ • 是否为课程的核心教材，还是课程中众多教材之一？ • 教材适合大班还是小班授课？ • 学习者需要购买练习册，还是教材已经提供了所有练习？	• 教师的经验和专业水平如何？ • 教师是本地人吗？他们的语言水平如何？ • 教师喜欢严格按照教材授课，还是把教材当作资源来用？ • 教师对选用教材有发言权吗？ • 教师可以改编、补充教材吗？	• 每个学习者都需要购买教材吗？ • 学习者特别喜欢什么样的教材？ • 他们在课堂还是家里使用教材？ • 他们在课堂如何使用教材？ • 教材是不是课堂活动的主要来源？ • 学习者的购买力怎样？

Ian McGrath（2001）的专著 *Materials Evaluation and Design for Language Teaching*（《语言教材评价与设计》）详细介绍了教材评价、编写、使用的方方面面。前言中介绍了应用语言学领域中的教材评价与编写，以及教材对教师教育产生的影响，以此作为前提，该书定位是教师培养、培训的实用型专业书籍。全书共有十部分：①教材评价的系统方法；②选用教材：从分析到第一眼评价；③选用教材：细评价；④基于教材的教学：改编；⑤补充材料：设计任务单；⑥真实语料的运用；⑦系统教材编写；⑧学习者参与；⑨评价效果；⑩与教材相关的其他方面。本书第5章第1节将系统介绍 Ian McGrath 的教材评价方法。

Tomlinson（2003）在 Material evaluation（教材评价）这篇文章中系统地论述了教材评价的概念、原则、类型、方法和研制评价指标的步骤。

1. 概念：他认为教材评价是测量一套教材价值（或潜在价值）的程序，它要对教材的使用效果做出判断，对教材的以下方面进行测量：

（1）教材对学习者的吸引力；
（2）学习者、教师、教学管理者对教材的信任度；
（3）教材的效度（如：呈现应该教授的内容）；
（4）教材的信度（如：能对不同学习者产生相同的效果）；
（5）教材能引起学习者和教师的兴趣；
（6）教材能激发学习者的学习动机；
（7）短期学习中教材的价值（如：测试成绩）；
（8）长期学习中教材的价值（如：语言和交际能力）；
（9）学生的教材价值观；
（10）教师的教材价值观；
（11）在备课、送货、评估方面对教师的便利度；
（12）教材的灵活性（如：方便教师改编）；
（13）教材有助于教师发展；
（14）符合教学管理部门的要求（如：班级间的标准化教学、覆盖教学大纲、统一考试）。

2. 评价与分析：Tomlinson 进一步区分了教材评价和教材分析两个概念。他认为，教材评价不同于教材分析，评价包括分析并在分析之后，两者的目的和程序都不同。教材评价的重点是教材对使用者的作用，它要对教材的效果做出判断，评价是主观的；教材分析的对象是教材本身，它设计的问题都是围绕教材内容、要实现的目的、希望学习者去做的事情而展开的。他举了一个例子：

——教材包括听力文本吗？→“是/否”两极问题属于教材分析

——听力材料能促使学生投入学习吗？→“可能—不可能”程度问题属于教材评价

3. 原则：Tomlinson 认为，教材评价应在一定原则指导下进行，这样有助于提升评价的信度和效度。评价者在制定原则时要结合教学理论、学习理论和第二语言习得研究的最新成果。可以说，评价者的教学思想统治着评价原则的制定和具体评价的实施，任何评价都是评价者教学思想驱使下的评价行为。Tomlinson 在文中详细论述了自己的学习理念和二语习得研究结论。

4. 类型：教材评价的基本类型为使用前评价、使用中评价和使用后评价（见表 1–6）。

表 1–6　教材评价类型

	使用前评价	使用中评价	使用后评价
定义	教材对使用者的潜在价值进行预测。	在使用中或观察教材使用中测量教材价值。	测量教材的实际使用效果。
特点	·用途广泛； ·凭印象、主观性强； ·通过先期研制评价指标可以在一定程度上降低（但不能完全消除）主观性，使评价更有原则、更加严谨、系统、可信。	·能够测量教材可见的方面，无法测量学生头脑中发生了什么； ·通过观察学生表现能够测量短时记忆效果，由于教学效果的延迟特点无法测量持久的、有效的学习效果。	·最有价值但最少实施； ·既能够测量动机、冲击力、完成情况、实时学习的短期效果，也能够测量持续学习和应用的长期效果； ·可以为教材使用、改编、替换提供可信的数据； ·耗费时间，专业性强； ·要注意区分变量，如教师作用、家长支持、课外接触语言的机会、内在动机等。
内容	大部分评价表都可用于教材使用前评价。	测量以下方面： ·指令是否清晰； ·版式是否清晰； ·语料可否理解； ·任务是否可信； ·任务是否可以完成； ·能力目标是否可以完成； ·本土化的潜力； ·实用性； ·可教性； ·灵活性； ·吸引力； ·动机调动作用； ·冲击力； ·短时学习的促进效果。	测量以下方面： ·教材使用前学生知道的和不知道的内容； ·使用教材后学生仍不知道的内容； ·教材使用前学生能做的和不能做的事情； ·使用教材后学生仍不能做的事情； ·教材对学生备考有多大帮助； ·教材对学生课后使用语言有多大帮助； ·教材对学生的自信心有多大影响； ·教材对学生的学习动机有多大影响； ·教师认为教材是否使用便利； ·教材是否利于教师覆盖教学大纲的内容； ·教材是否利于教学管理者规范教学。

续表

	使用前评价	使用中评价	使用后评价
方法		使用事先准备好的测量工具就某一个指标开展评价。	·对教材内容的测验； ·对学生“能做”测验； ·考试； ·访谈； ·问卷； ·基于评价指标的使用者评价； ·课后日志； ·课后影子训练； ·课后雇主、班主任对学生的评语。

5. 评价方法：他建议语言教材评价的研制者要注意以下问题：①评价表是否基于一套连贯的语言学习原理；②所有指标是不是都是评价指标；③是否有助于评价者得到有用的结论；④指标体系是否系统；⑤指标是否中立，可供不同理念的评价者使用；⑥评价表是否足够灵活。

6. 研制评价指标的步骤：列出通用指标表→对某些指标进行分解→测定并修改指标→指标归类→加入特定媒介的指标→加入特定内容的指标→加入特定年龄的指标→加入本土化指标→加入其他相关指标→试用指标→实施评价。

Jeremy Harmer（2007）在书中分别阐述了支持和反对教材使用的理由。他认为，即使是支持教材使用的教师，也要把教材看作行动的建议，而不是行动的指令。换句话说，要考虑教材给教师提供的可能性，对如何使用教材做出决定。无论教材多好，只有当教师和学生使用后，它们才会有生命；是教师和学生，而不是这本书，决定了究竟如何以及何时来使用这些材料。以上是他对教材的基本态度。关于挑选教材，Harmer 提供了一些经验：要做的第一件事就是分析备选的所有教材，把它们互相做比较；选择了感兴趣的一本或几本教材后，要在课堂上试用它，或试用它的部分内容；在做出最终决定之前，还要征求同事以及任何对所讨论的教材有看法的人的意见；还要考虑它们适用的不同的教学环境、竞争的出版社、对作者或教学法的忠诚度等问题；最后征求学生的意见，看看他们最喜欢哪本教材。

Jayakaran Mukundan（2007）在 Evaluation of English textbooks：some important issues for consideration（英语教材评价：几个重要问题）这篇文章中首先介绍了预测性评价（predictive evaluation），这种评价的主要用途是选择教材，用于教材采用之前，其中包括印象评价模式（implicit model）和量表评价模式（explicit model）。教师运用预测性教材评价时常会遇到两个问题，一是缺乏足够的评价时间，二是大部分量表未经过效度和信度的测试。量表不尽如人意的原因有三个：第一，量表中的项目都是在某段时间内为特定课程、特定教师开发的；第二，量表中的某些项目或问题很难客观地给予回答；第三，量表中常出现含混之处，令教师不易理解。随后，Mukundan 提出回顾性评价（retrospective evaluation），这种评价方式主要用于教材使用中和使用后。这种方法由量表评价、教师日志、文本分析三种方式结合使用，历时会比较长，但教师可以通过回顾性评价的实验分析发现教材在教学中的优缺点，教材评价还可以联合教授同一级别的教师一起进行研究，有助于提高他们的批判性探究和思考能力。回顾性评价体现了过程评价的理念，更具有实用性和可信度，但需要教师投入更多的时间和精力。

Mukundan（2011）在另一篇文章 Developing an English language textbook evaluation checklist：a focus group study（研制一份英语教材评价量表：焦点小组访谈法）中采取焦点小组访谈的方法对已设计的教材评价量表进行修改完善，使之在效度、信度和实用度方面都有所提高。他采取了结构式访谈（structured interview）和非结构式访谈（unstructured interview）两个程序对 6 位专家进行了访谈。

Tomlinson（2008）汇编了另一本论文集 *English Language Learning Materials*（《英语学材》）。从书名可以发现，以前经常使

用的 teaching materials（教材）改为了 learning materials（学材），这一变化强调了教材编写与研究的重心转变：从“用教材教”向“用教材学”转变。该书是对全球英语教材的回顾和反思，既有客观分析，也有主观而系统的评价，同时也介绍了作者的观点。以书中 Hitomi Masuhara and Brian Tomlinson（2008）对通用教材（Materials for General English，以下简称“GE 教材”）开展的调查研究为例，该研究任意选取了 2001—2006 年出版的 7 本 GE 教材，在使用 GE 教材的英国及英国以外国家师生中开展调研。研究分三部分，一是教材分析，描述 GE 教材分别在目的语环境和非目的语环境中的使用情况，试图解决以下研究问题：①这些教材适合哪些英语学习者？②这些教材使用者（教师和学生）的需求是什么？③这些教材能否满足他们的需求？第二部分是教材评价，根据二语习得原则设计了 14 条评价指标（见下表 1-7），利用该指标实施使用前评价，研究目的是逐一检验 7 本教材是否与二语习得研究中提倡的观点相符。第三部分是研究者对教材研发和改进的建议。

表 1-7　与二语习得相关的教材评价指标

① 教材语言在多大程度上是真实的？
② 教材语言在多大程度上对学生是有意义的？
③ 语言材料在多大程度上是有趣的？
④ 活动在多大程度上可以完成并具有挑战性？
⑤ 活动在多大程度上可以吸引学生的情感投入？
⑥ 活动在多大程度上可以吸引学生的认知投入？
⑦ 活动在多大程度上可以让学生发现语言如何使用？
⑧ 活动在多大程度上可以让学生有意义地使用语言？
⑨ 教材在多大程度上可以让学生获得语言使用效果的反馈？
⑩ 教材在多大程度上保持积极影响？
⑪ 教材在多大程度上可以帮助学生在课堂以外提供英语环境？
⑫ 教材在多大程度上可以帮助学生在课堂以外的英语环境中有效使用语言？
⑬ 教材在多大程度上将英语看作国际语言？
⑭ 教材在多大程度上体现了文化意识？

注：该表采取 10 度评分制，平均各指标权重，最后算出每本教材的总分。评价者在每项指标后还要填写评语，将评分的理由描述出来。

以上我们对近 30 年国外第二语言教材评价研究进行了细致的梳理，可以看到，国外该项研究已经具有一定的广度和深度，在评价理念、方法、程序，以及评价的信度和效度方面均有建树，值得国际汉语教材评价研究学习、借鉴和思考。

二、国际汉语教材[①]评价研究

（一）国际汉语教材研究框架

教材研究在国际汉语教学学科理论体系中一直占据重要地位，这一点单从 30 多年来教材研究成果的数量即可略知一二。李泉（2005）在《对外汉语教学理论思考》中辑录了 1980—2004 年间在对外汉语教学主要刊物和论文集中刊载的有关对外汉语教材研究文献，总计 352 篇。刘弘、蒋内利（2015）统计了 2005—2012 年刊发的教材研究论文数量为 558 篇。本研究的抽样范围与其有所不同，共统计了 2005—2014 年有关教材研究的期刊论文、会议论文、硕博学位论文 618 篇。通过文献分类、整理，根据研究侧重点的不同，本研究勾勒出国际汉语教材研究的基本框架（见图 1-5、表 1-8）。这个框架易于对庞杂的文献形成宏观总览以及条理清晰的分析。

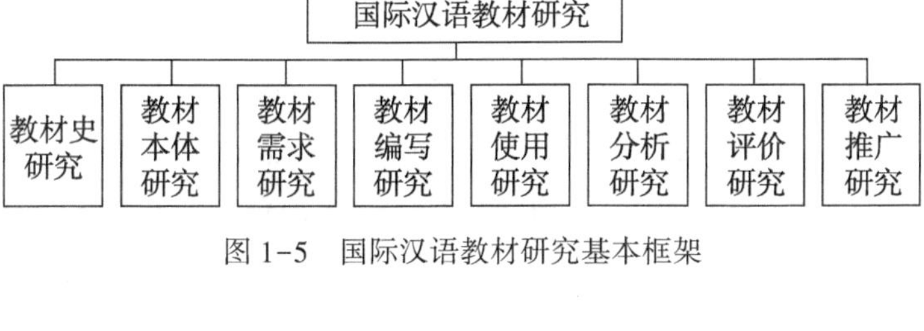

图 1-5　国际汉语教材研究基本框架

① 本文采用“国际汉语教材”的称法，文献中多使用“对外汉语教材”，此处不作区分。

表 1-8 国际汉语教材研究分类

类别	释义/次类别释义
教材史研究	关于古代域外汉语教材的研究
	教材综述研究
教材本体研究	对教材概念、学科定位、功能、属性、构成、分类等元理论问题的研究
	与教材相关的一系列问题的研究
教材需求研究	教材需求的调查和分析研究
教材编写研究	教材编写原则研究
	教材内部要素研究
	分类型教材编写研究
	基于某种教学理论的教材编写研究
教材使用研究	教材使用过程和策略研究
	教材使用效果研究
教材分析研究	教材现状、特点的定性分析
	教材定量统计分析
教材评价研究	教材评价理论与方法的研究，包括评价工具的研制和验证
	教材评价实践研究
教材推广研究	教材推广案例与策略研究

（二）国际汉语教材评价研究的现状

1. 教材评价研究的基本情况

本研究通过“中国知网”搜索引擎，查找“教材+评价”、“教材+评估”、“教材+标准”，统计出1998—2014年共刊发了教材评价类论文29篇，其中期刊论文6篇（包括核心期刊论文3篇），会议论文1篇，硕士学位论文最多，共22篇。教材评价研究的总量只是教材研究的“冰山一角”，在618篇教材研究论文中仅占比5%，这说明评价研究还十分薄弱（见表1-9、图1-6）。从图1-7来看，评价研究数量虽然呈现攀升趋势，但由于总量较少，不足以形成研究规模。

表 1-9　教材评价研究总量

论文类型	篇数	占比（%）
期刊论文	6	20.69
会议论文集	1	3.45
硕士学位论文	22	75.86
总计	29	100

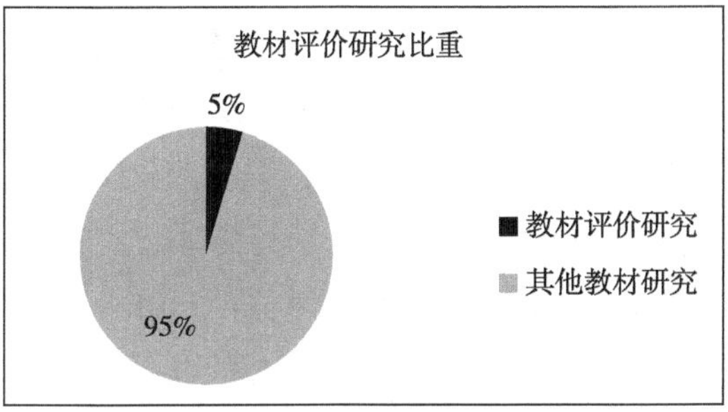

图 1-6　教材评价研究比重

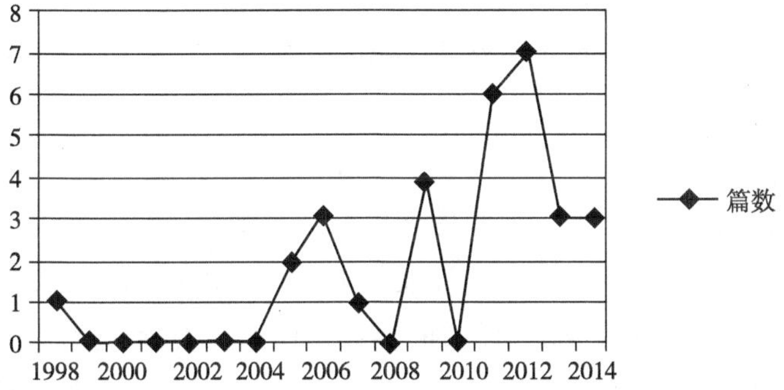

图 1-7　教材评价研究年度走势

本研究利用内容分析法，将 1998—2014 年间的 29 篇学术论文做成小型数据库，对它们进行分类标注，从研究选题和研究方法两个维度对国际汉语教材评价研究的状况和特点进行量化统计分析，研究方法分析将在第5章第4节中详细论述，以下是关于论文选题的分析。

2. 国际汉语教材评价研究的选题分析

（1）选题类型

从选题类型来看，29篇论文主要分为四类：① 以评价理论为主的选题，核心探讨评价标准，属于定性研究，例如《论对外汉语教材评估》（赵金铭，1998）《谈谈好教材的标准》（董明、桂弘，2005）等；② 以评价方法为主的选题，主要探讨评价标准的研制方法和过程，例如《初级阶段对外汉语精读教材评估指标体系研究》（薛艳君，2006），该文重点讨论了评估项目的确定方法、评估标准的确定方法和评估结果的统计方法，运用这些方法并结合对学生和教师的问卷调查来确定评估项目和标准，最终建立评估指标体系；③ 评价理论与方法相结合的选题，例如《以学习者为评估者的对外汉语教材评估模式研究》（林敏，2006），该文既提出学习者为评估者的评估模式，又将该模式加以验证；④ 以评价实践为主的选题，这类论文基本是利用或修改现成评价工具，实施教材评价，例如《对外汉语阅读教材的评估与开发》（肖霞，2011）等。

这四类选题中，评价实践类论文最多，评价理论、理论与方法结合研究次之，评价方法的研究最少。通过选题类型的分类梳理，我们还发现：①理论研究还不够全面，理论创新不足。李泉（2012）对第二语言教材评估的概念、用途、类型、要求、标准、体系和原则进行了全面论述，并提出"实然性评价"和"应然性评价"分类概念，像这样的理论脉络清晰、研究特点突出、具有创新观点的论文还很少见①。②停留在评价实践层面的调研分析，

① 李泉的《对外汉语教材通论》对教材评估有专门论述，这本专著未统计到本文数据中。

缺乏评价本体理论的探讨和支撑，这就使得目前整体教材评价研究创新力不足，止步不前。评价实践的研究范式雷同，评价工具也比较单一，基本上是借用或修改现成的评价量表实施评价，而通过日志、观察等其他评价方法在教学过程中的实践研究完全是空白。③教材分析和教材评价相混淆，根据国外二语教材评价研究，教材分析和教材评价不同，可以采取分析和评价相结合的方式开展研究，但不能混为一谈；把分析也当作评价，把评价等同于分析，将会影响评价的信度和效度。④ 除了这四类选题以外，对评价工具（常具体为评价指标）的信度、效度研究仍为空白，有待开展。

在各类选题中，针对汉语特殊性的评价尤其引人注意。特别是汉字教学，它是国际汉语教学最显著的特点，也是汉语学习者的最大难点，教材中如何处理汉字教学，是评价内容的重要一环。但是，多数汉语教材评价指标体系中没有关于汉字教学的评价指标项。原因可能有以下三方面：第一，很多汉语教材评价指标是从英语教材评价体系中借鉴来的，英语教学中没有关于汉字教学的内容，也就无从借鉴，从而忽略；第二，有些评价指标将汉字纳入“读”和“写”技能的标准中，没有设计单独的“汉字”指标，例如“听说读写译各项技能训练比重均衡”（赵金铭，1998），我们只能猜测，汉字认读和书写可能包含在这项指标中；第三，中高级教材不涉及汉字教学问题。专门以汉字教材为研究对象的论文有 3 篇（姜安，2007；于娜，2011；胡炳立，2013），其中姜安（2007）建构了目前最全面的汉字教材评估指标体系，主要分为教学目标、汉字教学内容、汉字识字方法、教学材料的表达和教学材料呈现五个方面，又具体细化为教学对象、教学目标、笔画、笔顺、部件、汉字知识、练习、识字法、外文释义、教材语言、装帧设计等共 20 个小项。这份评估量表对汉字教材方方面面的考查十分细致，这说明我们已经摸索出一套科学合理的汉字教学规律，并在多年的教学实践中形成了基本的教学方法，如字理识字法、类推法和比较法等，但这套体系是专门为汉字课专用教材研制的，关于初级精读课/综合课汉语教材中汉字部分的评估准则，薛艳君（2005）、倪明亮（2012）[①] 建构的评估体系中有所涉及。

汉　字（薛艳君，2005）	
1	由浅入深、难易结合。
2	依据大纲对汉字的总量进行控制。
3	使用规范的简化汉字。
4	采用多种形式使汉字教学形象、直观。

汉　字（倪明亮，2012）	
1	汉字知识介绍循序渐进且较全面。
2	每个汉字的讲解清晰到位。
3	选择规范汉字。
4	选择常用汉字。
5	汉字呈现顺序由易到难。
6	平均每课汉字数量适中。
7	全套教材汉字总量基本符合大纲要求。
8	注重字与词的教学相结合。
9	突出汉字特点，注重结构、部件等的教学，能有效帮助学习者掌握汉字的音、形、义。

以上两个量表中关于“汉字”的指标，体现了汉字教学在四个方面的合理性标准：①汉字量的合理性，两个量表都提到了汉字学习量的要求，每课/册的汉字学习量应合理适中。②汉字选用的合理性，两个量表都提到应该使用规范汉字。③汉字教学顺序

① 倪明亮的《汉语综合课教材论》对教材评估有一些论述，这本专著未统计到本文数据中。

的合理性，两个量表都提到由易到难、循序渐进的汉字习得规律。④汉字教学方法的合理性，两个量表都涉及了汉字教学方法，但两者的观点不尽相同，一个强调了形象直观教学法，另一个注重结构部件教学法和字词结合教学法。本文认为，汉字教学方法也应该多元，以教学效果和效率为目的。学习初期采用形象直观法可以引起学生兴趣，但随着教学深入，加强结构和部件教学，利于学生掌握汉字规律。

（2）研究对象

国际汉语教材评价的研究对象是国际汉语教材，但教材的分类方式不同，教材类型也有很多；根据不同教材类型，语言教材的内容又会分别侧重语言知识、技能、文化等的某一方面。通过对研究对象的考查，研究者选择研究哪一类的教材，或者教材的哪个方面，我们可以发现研究方向和研究的侧重点。

根据研究对象可将论文分为四类：① 以通用型、综合类教材为研究对象，这类教材没有设定特殊的使用地域和适用人群，它的评价项目最为全面、系统，包括语言知识、技能、文化等各个方面，该类教材评价可以指导其他类型教材评价，因此它也是最宏观的评价；② 研究对象为某类教材、教材的某种性质或者综合类教材的某方面，例如《商务汉语教材内容评估及编排探讨》（芦薇，2009）《对外汉语教材的趣味性：一份评估表的构拟》（彭巍，2012）《对外汉语教学语言教材中文化项目评估初探》（张晞文，2012）等；③ 某类教材某级别或某类教材某方面，例如《对外汉字初级教材评价研究》（姜安，2007）《国别教材语音教学针对性评估》（莎茹拉，2011）等；④ 以某套教材或某学校使用的教材为研究对象，例如《〈体验汉语〉（泰国中小学系列教材）调查评估研究》（王宇轩，2009）等。

将四类论文从宏观到微观排列，呈现出“金字塔”形状（见图 1-8），整体反映了研究对象偏窄、宏观研究偏少的问题。一方面，我们应该看到，局部评价、个案评价居多，综合、宏观评价研究相对较少，会影响整体评价研究的质量和发展；另一方面，也不能否认，中微观研究的意义和价值，它们是整体评价的组成部分。例如，何睿弘（2011）把握了当前国际汉语教材面临的适用性问题，试图利用适切性教材评价引导教材建设朝着增强教材适用性的方向倾斜。它借用了张爱萍（2005）提出的“教材适切性评价指标表”，以教材与地区或学校、教材与教师、教材与学习者的适切性三方面，评价了三套国际汉语教材的适切性。它提出：“教材适切性就是教材在使用过程中与一个地区或学校的资源环境、师资水平以及学习者实际的匹配情况。”这类选取微观研究对象而做的论文大多是硕士学位论文，也较为适合硕士研究者的驾驭能力，明确界定一个研究范围，在这个范围内深度挖掘研究价值，关键在于选题的新意和方法的创新。

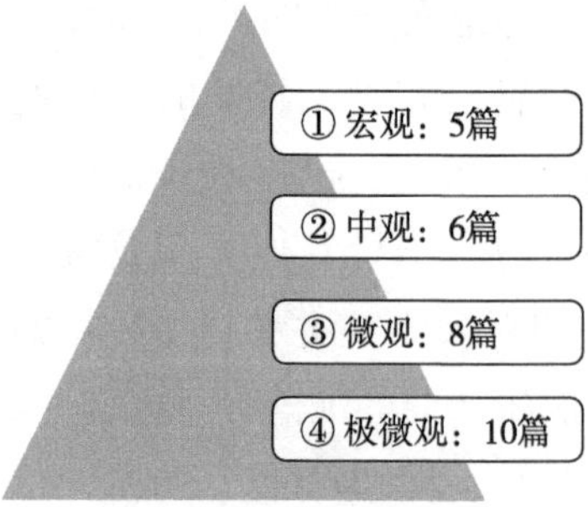

图 1-8　根据教材评价研究对象的分类统计

从研究对象分析，海外汉语教材评价研究的数量少于国内对外汉语教材评价研究，但由于近年来国外国际汉语教育专业硕士生的研究需要，海外研究也日益增多。鉴于使用环境对教材适用性影响非常巨大，海外调查又不太容易，这类研究的价值将会更加突出。这类研究中，《北美汉语教材的使用——教师和学生选择教材的标准》（徐弘、冯睿，2005）这篇论文在选题、思路、方法、成果等方面都具有一定的创新性。

（3）研究目的

每篇论文都有研究目的，有很多论文的研究目的还不止一个。将论文研究目的进行分析，主要有以下七类：建立评价标准（建构评价表）、提出教材编写（改编）建议、总结教材特点、提出评价建议、探索评价模式、提出教材在教学使用中的策略、了解需求（见图 1–9）。

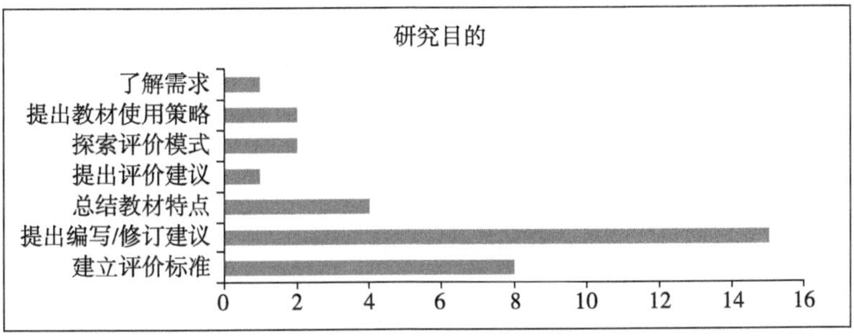

图 1–9　根据教材评价研究目的分类统计

以建立评价标准为目的的论文有八篇，其中，赵金铭（1998）研制了首个对外汉语教材评价工具：对外汉语教材评估一览表，为对外汉语教材评价开创了一片天地，为后来的教材研究奠定了基础，对我国的教材评价研究具有深远意义。总体来讲，我国研制国际汉语教材评价量表起步比较晚，成果也比较少，除了“对外汉语教材评估一览表”以外，姜安（2007）建构了汉字教材评估指标体系；徐弘、冯睿（2005）建构了北美汉语教材评价标准；彭巍（2012）提出了一个用于测量汉语教材趣味性程度的教材评估指标体系，将教材趣味性研究推进到实测阶段。这些论文颇有建树，最值得肯定的是，大胆尝试了教材评估体系的建构，具有很强的独创性。

总结教材特点、提出编写或修订建议是这些论文设定的最为普遍的研究目标。教材评价对教材建设具有反拨作用，促进教材研发，是整体教材评价研究的目的之一，可见，这类教材设定的研究目的是合理的。另一方面，教材评价对优化教材使用，提升教学质量同样发挥着巨大作用，而这个导向功能还没有引起足够的研究重视，以教学使用为研究目标的论文还比较少，在教学过程中实施教材评价的研究思路和研究方法更加稀少，应在以后的研究不断加强。

以上我们从选题类型、研究对象、研究目的三个方面对1998—2014年间的国际汉语教材评价研究进行了分析，提出了相应的结论和建议。在定量统计研究过程中，我们还形成了一个感性的认识，很多论文对教材编写理论和教材评价理论的梳理和综述极为相似，文献综述的框架和脉络如出一辙。这一方面鞭策国际汉语教材研究要不断推陈出新，另一方面，评价研究也要放眼国际，关注新世纪中外第二语言教材发展的新动态，把握新趋势，了解新成果。只有这样才能站在该领域学术研究的制高点，追踪学术前沿动态，大力发展教材评价研究。

第二章　国际汉语教材评价的本质

第一节　对国际汉语教材的认识

教材是学校教育的产物，是教学内容的具体呈现。随着时代发展，教材的概念由狭义的教科书向广义的教学资源转变，我们对教材的界定也突破了静态层面，进而更加关注教材的动态功能。国际汉语教材是第二语言/外语教材的一个分支，属于第二语言/外语教材的范畴类别，具有第二语言教材的性质和功能。本节将阐述国际汉语教材的性质、分类以及当前的发展状况。

一、教育学范畴的教材

（一）教材的概念

从原始社会的结绳记事，到文字出现、学校教育的兴起，为满足人类传递知识经验的需要，教育活动产生并不断发展。作为教育活动的主要工具之一，教材是人类知识经验的结晶，是实际教育活动的特定产物。

从语义角度解释，"教"意为"教导、教育"，"材"为"材料、资料"，"教材"就是教育的材料。教材是教育系统内的特定产物，是一种教育工具。因此谈到教材概念，大都不同侧重、不同程度地糅杂了教学论、课程论、媒介论、系统论的观点。

1. 根据一定学科的任务，编选和组织具有一定范围和深度的知识和技能的体系，它一般以教科书的形式来具体反映。

2. 教师指导学习者学习的一切教学材料。它包括教科书、讲义、讲授提纲、参考书刊、辅导材料以及教学辅助材料（如图表、教学影片、唱片、录音、录像磁带等）。教科书、讲义和讲授提纲是教材整体中的主体部分。①

从以上定义中可以发现，教材有两种不同的范围和指称，可以称之为教材的狭义和广义的理解。其中狭义的教材指用于课堂教学的教科书，在现实中还会称之为课本、教程或学生用书，是根据教学大纲（课程标准）编写的、系统反映学科内容的教学用书。广义的教材泛指一切教与学的材料。在当今数字化时代，海量教学资源不仅丰富了教学内容，而且改变着教学方式。无论是用于课堂教学还是社会教育、无论以何种媒介质为载体，无论材料编排是杂乱还是有序，都可统称为教材。报纸上的一则广告、电视里一段新闻、手机里的一条短信都可作为教学材料使用。

同时，关于教材的定义，学术界还存在静态界定和动态界定的分歧。

3. 赫尔巴特认为，教材是静态知识的系统性组织。

4. 杜威则认为，教材是一个在有目的的情境发展过程中所观察的、回忆的、阅读的和讨论的种种事实，以及所提出的种种观念。教材直接包含在社会交往的情境之中。

5. 达尼洛夫认为，教材并非学科内容本身，它是在理解学科内容的前提下向学习者传递的手段，担负着调动学习者的能动的学习活动的任务，教材对于学习者而言是教学中交际的对象。因此，教材是以教授活动与学

① 《中国大百科全书·教育卷》，中国大百科全书出版社，1985年，第144页。

习活动为媒介的方法上、技术上的手段。①

将教材定义为“材料、素材”是典型的静态教材观念，其核心为静态知识观，即书本中知识的存在方式是定论式的、一成不变的、不容置疑的，教材与教学环境、教学过程无关，是脱离教学过程而孤立存在的。教材的动态界定有两层含义：一是将教材定义为“经验事实”（定义4），这种观点可以大致等同于广义的教材观，即为一定的教学目的获取的一切事实和条件；另一层含义（定义5）强调了教材在教学过程中的存在价值和意义，这是一种系统论的观点，强调教材主动参与教学过程，与教学环境中教师、学习者和其他要素发生积极联系和互动。

综上所述，教材是一个含义多歧的术语，内涵丰富，难以归纳出一个普适的定义。因此根据研究目的的需要，本研究认为：教材的基本概念应反映教材的学科性、体系性、建构性和互动性特征，大致可分析为三个层次：①教学内容是构成教材的基本要素。教学内容是开展教学活动的前提，它是为一定的教学目标服务的，为实现教学目标，必须组织一定范围和深度的教学内容，当这些内容负载于某种媒介质的时候，它才会获得物化的形态，从而成为教材。②系统化的知识技能体系是教材的存在形式。在数字时代，教学内容可以来源于各种信息，而教材需要将零散无序的知识、信息依据教学规律，结合学习者的学习规律进行有序编排，呈现为一个由浅及深、循序渐进的知识技能体系。多媒体技术使教材的成套化和立体化成为现实，这也要求教材套系内部加强横向关联。因此教材是一个相对稳定的、纵横贯连的网络系统。③教学过程是教材实现价值、发挥功能的必要条件。教学过程是教学基本要素：教师、学习者、教材，以及教学其他要素之间彼此作用的交互活动。其中教材是这一交互活动的参与者，调

① 曾天山：《教材论》，江西教育出版社，1997年，第5-7页。

动教师的教授活动和学习者的学习活动，刺激教学环境各要素之间的互动。在教学活动中，各要素通过复杂的相互作用，使教学成为动态的统一过程。

（二）教材的属性和本质

属性是指事物的性质、特点。事物的属性有一般属性和本质属性之分，事物本身所固有的，决定事物性质、面貌和发展的属性是它的本质属性，其他为一般属性。

教材的本质属性是教学性，其基本功能是教学功能（曾天山，1997：12-5）。①不同于其他知识载体，教材是教育系统中的特定产物，它源于教学，用于教学。人类如若没有教育，就不会产生教材。虽然教材凝结了人类经验，但它不是知识的简单堆砌，而是知识、技能具体化、科学化、系统化的有序组织，教材不仅要显示“教什么”和“学什么”的教学内容，还要体现“怎样教”和“怎样学”的教学过程和教学方式，这种功能是教材编写者结合教学特点对材料或信息进行二次加工完成的，这个过程必须依据教学基本原理，遵循教学规律、学习者认知规律和学习规律。②教材在教学中占据重要地位并发挥多种功能。教材是教学目标的物化形态，是教学活动中的要素之一，是教学内容和教学方法的集中体现，它是教师教授和学习者学习的刺激物，它对教学过程、教学环境及教学评价都会产生影响。③教材是连接教学理论与教学实践的中介。教材是一定教学论思想的承载体，同时教材又是师生教学活动的基本依据。因此，教材是理论与实践相结合的关键所在，是全面提高教学效率与质量的重要因素。

教学性也是所有教材的本质特性，教材建设和教材研究应当始终将教学性置于首要地位，从利教利学的角度编制教材、使用教材、评价教材。除此之外，教材还具有一般属性，即教材的工具性、系统性、科学性、教育性、规范性、艺术性、实践性、发展性、民族性和国际性等（曾天山，1997：12-5）。这些属性也存在于所有教材中，但反映在不同学科、不同类型教材中会出现强弱之分，比如数学教材的教育性稍弱，国际汉语教材的国际性较强，等等。教材的本质属性规范并制约着其他一般属性，同时本质属性要借助一般属性才能更好地发挥教材的教学功能。根据不同学科的性质和特点，不同学科的教材也具有一些特殊性质。

二、第二语言教学范畴的教材

（一）教材的概念

在第二语言教学领域，教材的定义更加具体，更多地体现了学科特征。Tomlinson（2011：ix-xvii）在其著作中首先明确了一系列基本概念：

> 1. 教材（materials）：有助于语言学习的任何材料，可以是展示语言学习内容的任何形式，如课本、练习册、录音带、CD-ROM、录像、复印讲义、报纸、照片、智能白板软件等。
>
> 2. 课本（coursebook）：提供语言学习的核心内容。在一本书中提供课程所需内容，综合地介绍语法、词汇、语音、功能，以及听、说、读、写各项技能。
>
> 3. 多媒体教材（multimedia materials）：利用多媒体技术，以CD-ROM光盘为主要载体，包含文本、图像、声音、视频等多种信息形式。多媒体教材多为交互性的，使学习者的书面或口语输出可以获得反馈。
>
> 4. 教辅材料（supplementary materials）：课程核心教材以外的材料，通常用于发展学习者的听、说、读、写各项技能，也包括工具书、语法书和练习册。

从以上定义可以看出，“教材”是一个上位概念，它包括“课本、教辅材料、多媒体教材”等具体形式，每一种形式的具体功能和用途不尽相同。随着科技发展，当前又出现了数字教材（digital materials）的概念，即利用多媒体技术将传统纸质内容进行数字化处理，转化为适用于各类电子终端的互动性教材。教材形式趋向多样、动态，“教学资源”这一术语也渐为流行，逐步构成“大教材”的概念体系。

（二）教材的功能

关于第二语言教材的功能，多位学者均有论述。Hutchinson and Waters（1987：107-108）指出，教材具有以下功能：①提供学习刺激；②帮助组织教学过程；③体现语言观和语言学习观；④反映学习任务的本质；⑤有利于教师培养；⑥提供正确和适当的语言使用范例。Cunningsworth（1995：7）认为教材的功能为：①为学习者展示语言（口语和书面语）；②为学习者提供练习和交际的活动；③为学习者提供语法、词汇、语音等参考索引；④刺激课堂活动；⑤提供大纲（体现学习目标）；⑥提供自主学习资源；⑦为信心和经验不足的教师提供支持。Richards（2001：254-5）指出商业教材（commercial textbooks）不仅具有积极作用，也有消极作用。积极作用为：①提供课程结构和大纲；②有助于标准化教学；③保证质量；④提供多种学习资源；⑤提高效率，节省教师时间；⑥提供有效的语言范例和输入；⑦可用于培训教师；⑧形式美观。消极作用有：①语言失真；②内容失真；③无法满足学习者需求；④阻碍教师技能发展；⑤价格昂贵。

第二语言教学视角下的教材功能主要涉及教材与课程、教学理论、教学过程、教师和学习者的关系。这些功能大多能够获得第二语言教学理论、第二语言习得理论和研究成果的支撑。

（三）教材与教学情境、教学大纲、教学方法的关系

1. 教材与教学情境

教学情境与使用者需求分析是教材编写的基础，教材选择和

评价要检验教材与情境和需求的符合度，这在第二语言教材研究中已成为共识（见图 2-1）。情境分析可分为宏观情境分析和微观情境分析。对此，Ian McGrath（2002：21）有详尽的分类描述：宏观情境分析主要指对某个国家（地区）的社会、文化、政治、经济、宗教、教育环境的分析，特别要考虑教育目标、语言政策、外语教学政策（具体体现为外语课程标准或教学大纲）等方面；微观情境分析主要指对课堂教学环境的分析，涉及教育层次、学校性质、目的语的作用（媒介语或所学科目）、课程设置、课时安排、班级规模、教学设备、教学资源配备、课程目标、课程大纲、评估方式和学校决策机制。McDonough and Shaw（1993：4-8）提出对学习者的需求分析要考虑：年龄、兴趣、语言水平、学能、母语、受教育水平、学习态度、动机、学习原因、学习风格、性格。教师的需求分析包括：语言水平、对目的语文化的熟知程度、教学能力和意识、教学经验、教学态度、备课时间、教学观念、教学风格、教学方法。

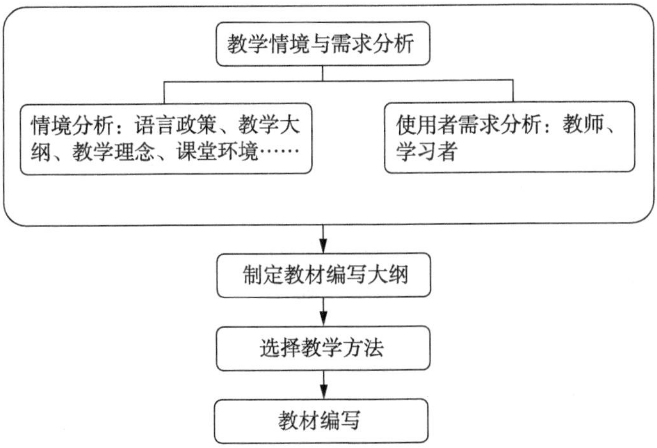

图 2-1　教材编写流程图

2. 教材与教学大纲

在英文文献中，教学大纲一般有 curriculum 和 syllabus 两种术语。一般情况下我们把 curriculum 译为“课程教学大纲”，通常指在国家语言政策中指导外语教学的纲领性文件，如《美国外语教学课程标准》《中国普通高中英语课程标准》《国际汉语教学通用课程大纲》等；syllabus 译为“语言教学大纲”，通常指根据一定教学理论研制的语言教学大纲，如语法教学大纲、功能—意念教学大纲、任务型教学大纲等。还有另一种理解：curriculum 指学校里安排的各门课程的大纲，syllabus 是一门课或者一本教材的大纲。总的来讲，curriculum 比较宏观，syllabus 更加具体。

关于教材与教学大纲的关系，基本形成了两种观点。一是教学大纲是教材编写的依据，换句话说，教材首先要满足课程教学大纲规定的要求或者符合一种语言教学大纲的宗旨。这一点从教材编写流程（见图 2-1）中可以得到证实。教学大纲是情境分析的重要参考文件，教学大纲研究对教材编写的理念、结构、体例、内容等均有指导作用。Nunan（1991：208）认为教材是教学大纲的具体体现，他指出：“教材是教学大纲（curriculum）的重要组成部分，而且是最具体、显性的部分。大纲（syllabus）规定了教学目标和语言内容，而教材使大纲框架更加真实、具体、丰富”。另一种观点认为，教材本身就具有教学大纲的功能，这种观点在没有完备课程教学大纲的国家（地区）更具有实际意义。Richards and Rodgers（1986：25）指出：“即使在没有教学大纲的地区，教材本身就详细说明了学科内容，规定和建议了时间分配、精力分配、重点分布、具体教学内容和任务、逐日学习目标，这些元素整合在一起，等同于教学大纲的功能。”

3. 教材与教学方法

Nunan（1991：214）提出：“教材编写是教学大纲和教学方法交织作用的成果。”这里既点明了教学大纲和教学方法的关系，又反映了教材与两者的关系。以上提到的课程教学大纲一般都有教学理论的支撑，详尽的课程大纲还会建议或列举具体的教学方法，而语言教学大纲更是在一定的语言教学理论下研制的产物，可见教学大纲和教学方法互为表里，难以分割，因此教学大纲及相应的教学方法对教材具有指导、启示作用，这一点同样可以在教材编写流程中得到印证。反之，教材必然会体现某（几）种教学方法。此外，教材与教学大纲和教学方法的关系虽然密切，但切勿忽略了使用者（学习者和教师）的需求分析，使用者需求往往会影响教材中采用的教学方法，教学方法对使用者的适宜性决定了教材的成败。

（四）教材主要类型

1. 传统教材与交际性教材（traditional materials and communicative materials）

Grant（1987：12-4）分别论述了传统教材和交际性教材的特点：

传统教材的特点	交际性教材的特点
· 强调语言形式； · 强调读写练习； · 大量使用母语； · 强调准确性； · 注重与大纲和考试的衔接； · 以教师为中心，以考试为中心。	· 强调语言功能； · 反映学习者的需求和兴趣； · 强调语言使用技巧； · 注重四项语言技能综合发展； · 教学目标非常具体； · 反映日常真实语言； · 鼓励小组和结对活动； · 准确性以外，也强调流利性。

2. 真实教材与非真实教材（authentic materials and created materials）

Richards（2001：252）提出，真实教材指不为教学设计的、却在教学中使用的文本、照片、视频等教学资源；非真实教材指为教学设计的教材和教学资源。

真实教材的优势	非真实教材的优势
· 有利于调动学习者的积极性； · 能够给学习者提供目的语文化信息； · 使学习者接触真实语言； · 更贴近学习者的需求； · 有利于教师发挥教学创造力。	· 通过精美的设计也可以调动学习者的积极性； · 可以控制语言难度； · 教学系统性更强； · 便于教师操作。

3. 通用教材与本土教材（global materials and local materials）

Tomlinson（2011：xii）界定了通用教材的概念：不为特定文化背景或某个国家的学习者编写，而适用于某一级别和某个年龄段的任何国家学习者的教材。Tomlinson（2007：42-4）在另一本书中也提出了本土教材（local coursebook）的特点：①本土教师编写；②第二语言习得和教材研发方面的专家作为顾问；③编写组共同编写；④注重内容和意义；⑤以内容为导向，而非语言导向或大纲导向；⑥注重内容对学习的刺激作用；⑦注重已知使用者的需求；⑧注重长期教育目标；⑨话题兼具本土化和国际化；⑩活动本土化，帮助学习者将语言学习与真实生活建立联系；⑪试用教材。他也分析了本土教材的优势和劣势：

本土教材的优势	本土教材的劣势
· 易于满足使用者需求； · 强化教材与使用者的关联度； · 易于个性化； · 编者更了解具体教学情境； · 易于使用本土插图、文学、歌曲等； · 不受通用教材的局限（例如文化禁忌等）； · 易于获得真实的使用反馈； · 编者易于获得个人和专业发展； · 当地拥有教材所有权； · 易于获得本土信誉。	· 因不是国外专家的作品，教材品质容易遭到质疑； · 教材语言的规范性需要严格把关； · 不易获得有关其他文化的插图、文本等； · 当地出版商的出版品质略逊一筹。

三、国际汉语教材

（一）国际汉语教材的性质

国际汉语教材包括教育学范畴中广义和狭义、静态与动态教材的几种涵义，也具有教学性这一本质属性和其他一般属性。同时，国际汉语教材兼具第二语言教材的性质和汉语教材的特点，这与国际汉语教学的性质和特点相吻合。

国际汉语教材是根据国际汉语教学的学科任务、内容编写的教材，因此有必要首先明确国际汉语教学的学科性质。国际汉语教学是从对外汉语教学延伸、发展出来的。1983 年“中国教育学会对外汉语教学研究会”成立，标志着对外汉语教学学科的诞生。该学科的性质可具体描述为“对外国人进行的汉语作为第二语言教学”，学科名称简化为“对外汉语教学”，这符合该学科创立初期的定位和教学与研究的实际情况，即绝大多数教学对象是在中国的外国留学生，施教者为中国教师。随着近些年汉语快速走向世界，海外汉语教学蓬勃发展，越来越多本土汉语教师加入到教学科研队伍，而他们对本国学习者进行的汉语教学就不宜称为“对外”汉语教学，学科内涵发生了巨大的变化，由此“国际汉语教学”的名称迅速普及。《国家中长期教育改革和发展规划纲要（2010–2020）》中指出“支持国际汉语教育”，2012 年教育部颁布的《普通高校本科专业目录（2012 年）》把原对外汉语、中国语言文化、中国学三个专业归并为汉语国际教育专业，上位学科为“中国语言文学类”。暂且不论学科名称是“国际汉语教育”还是“国际汉语教学”，它的学科定位是第二语言/外语教学，学科归属为语言学和应用语言学。它既包括了非目的语环境下的汉语教学，如美国汉语教学、泰国汉语教学等，也包括对海外华人的汉语教学，即华文教学，如新加坡的华文教学、印度尼西亚的华文教学等，同时还包括目的语环境下对外国人开展的汉语教学，即对外汉语教学（吴应辉，2013：3-7）。从以上国际汉语教学发展历程、学科定位、教学对象和教学任务来看，国际汉语教学的学科性质依然是汉语作为第二语言/外语教学。汉语作为第二语言教学的性质是为了区别于汉语作为本族语教学，汉语作为外语教学的性质是为了区别于少数民族的汉语教学。汉语作为第二语言/外语教学的学科性质深刻地影响着学科理论体系的形成和发展。经过60多年的努力，国际汉语教学的学科理论体系已经初具规模并不断完善。国际汉语教学是一个以汉语言文字教学为基础，涉及教育学、文化学等其他许多学科的综合性、交叉性学科体系，是以培养学习者汉语听、说、读、写等语言交际能力为目标的实践性、应用型学科体系。

国际汉语教材是国际汉语教学时代的产物。2006年国家汉办等有关部门提出并开始实施“六大转变”，其一为：“工作重心从将外国人‘请进来’学汉语向汉语加快‘走出去’转变”。当今，中国语言文化走出去已成为实现中华民族伟大复兴的重要战略之一，崔希亮①指出，“中国语言文化走出去既是全球化时代的需求，也是中华民族伟大复兴的必由之路。”由此可以看出，汉语国际传播的首要任务是加快汉语走向世界，推动中华语言文化的外向型发展，海外汉语教学逐渐成为汉语教学的主体部分。“六大转变”之后，汉语教材建设的重心发生了转移，具体表现为由对外汉语教材向海外汉语教材、由专业型汉语教材向普及型教材、由成人汉语教材向幼儿和青少年汉语教材转型。同期间，《快乐汉语》《跟我学汉语》《汉语乐园》等教材相继出版，这些教材明确了以海外汉语学习者为主要教学对象，教材编写期间进行了大规模海外调研，标志着对外汉语教材向国际汉语教材转型。“国际汉语教

① 中国语言文化走出去是实现中华民族伟大复兴的必由之路，http：//www. csstoday. net/Item. aspx？ id=35771。

材”这一术语也应运而生，例如国家汉办在中山大学建立的“国际汉语教材研发与培训基地”、在全球广泛开展的各类国际汉语教材培训班、孔子学院总部颁发的优秀国际汉语教材奖、第十届国际汉语教学学术研讨会论文集——《国际汉语教材的理念与教学实践研究》等。这些实例已充分说明，“国际汉语教材”正在逐步取代“对外汉语教材”，已在现实中广为使用。为中国国内来华留学生编写的对外汉语教材是国际汉语教材的一个重要组成部分。本研究采用“国际汉语教材”这一术语，目的在于更为全面地概括汉语教材体系，更为准确地描述当今汉语教材的时代特征。

国际汉语教学的学科性质和理论体系决定了国际汉语教材的性质，对教材编写的理论与实践具有全方位的指导和影响。国际汉语教材属于第二语言/外语教材范畴，是以国内外汉语学习者为教学对象，以汉语言文字和中国文化为基本教学内容，以培养学习者汉语交际能力为目标的第二语言/外语教材。它不仅重视第二语言教学的一般规律，也遵循汉语教学的特殊规律。第二语言/外语教学理论和汉语教学理论从不同层面、不同角度对国际汉语教材设计和编写产生直接或间接的影响。反过来国际汉语教材直接服务于国际汉语教学学科，是学科建设的重要组成部分。

（二）国际汉语教材的分类

教材分类研究是了解教材多样性的基础，是考查教材建设发展状况的重要手段。教材建设是学科发展的一面镜子，通过教材分类体系的架构可以反观学科发展、课程设置和教学现状，教材新类型的出现可以反映学科发展的趋势和走向。通过分类，我们还可以分析和认识不同类型教材的性质、特点、用途，从而了解他们的编写理念、编写目的和编写方式。

随着国际汉语教学不断发展，教材分类研究日益深化、细化。吕必松（1996）、赵金铭（2004）、刘珣（2000）、李泉（2012）、吴勇毅（2012）等学者均对国际汉语教材进行过分类研究。他们曾提出过不同的教材分类依据：如教学类型、课程类型、教学对象、教学法、水平等级、教材体例、教学原则、学习时限、教材样式等。教材分类视角不同，分类方法就不同。在面向来华留学生的对外汉语教学中，课程设置已趋近完备，因此以往的研究中从课程类型的角度进行分类的方式最为常见。例如李泉（2012：28）根据国内对外汉语教学的实际情况和课程设置将对外汉语教材分为4大板块（见图2-2），在每个板块下再进行细分。他提出的教材分类为我们建立了对外汉语教材的基本分类框架，具有较强的概括性和较高的覆盖率。

语言技能教材	语言知识教材
文化知识教材	专门用途语言教材

图2-2 对外汉语教材分类

国际汉语教学发展促使新型教材不断涌现。教材品种、类别、层次、形式、编写方式、编写人员等都发生了很大变化，出现了很多新情况，这都要求国际汉语教材分类研究视野更加宏观，视角更加敏锐，分类更加缜密。吴勇毅（2012：107-8）在前人研究基础上提出一个目前为止最为系统、全面的教材分类，他认为从不同角度，可以将教材分为以下类别：

表2-1 对外汉语教材分类

	分类角度	具体类别
1	教学性质	汉语言本科教材、预科教材、长期进修教材、短期速成教材
2	学习者年龄	儿童教材、少儿教材、成人教材/小学教材、初中教材、高中教材、大学教材
3	学习方式	常规教材（课堂教材）、个别辅导教材、远程教学教材、自学教材
4	汉语水平	初级教材（零起点）、初级教材（非零起点）、中级教材、准中级教材、高级教材

续表

	分类角度	具体类别
5	交际技能	综合教材、专项技能教材
6	学习目标	语言教材、文化教材、专门目标教材
7	母语背景	通用教材、语别教材、国别教材
8	学习环境	来华留学生教材、海外汉语教材
9	教材形式	纸质教材、多媒体教材
10	编写理念	结构型教材、功能型教材、结构—功能型教材、主题型教材、情境型教材、任务型教材

表 2-1 中显示，在教学性质、学习者年龄、学习方式、汉语水平、交际技能、学习目标这些维度上，该分类体现了国际汉语教学的最新发展和变化，如预科教材就是为了顺应本科来华留学生进入专业学习前的预科教育而出现的一种新型教材①。又如根据学习者年龄对非成人教材的细分反映了汉语教学低龄化的趋势，海外中小学汉语教学的兴起是近年汉语国际推广的成就之一，汉语已经进入多个国家的基础教育系统，从 2013 全美中文大会获悉，美国 K16 汉语教学大纲即将出台，这意味着美国汉语教学将形成从学龄前、小学、初中、高中到大学的完整体系。相应的教材体系也将随之跟进。

表 2-1 中，根据不同学习环境，教材可分为来华留学生教材和海外汉语教材。本研究认为，来华留学生教材可以称为对外汉语教材；海外汉语教材可进一步细分为面向纯老外的汉语作为外语教材和面向海外华人的华文教材（见图 2-3）。

① 为保证中国政府奖学金本科来华留学生教育质量、提高奖学金使用效益，在试点基础上，教育部发布通知：自 2010 年 9 月 1 日起，对中国政府奖学金本科来华留学生新生在进入专业学习前开展预科教育。

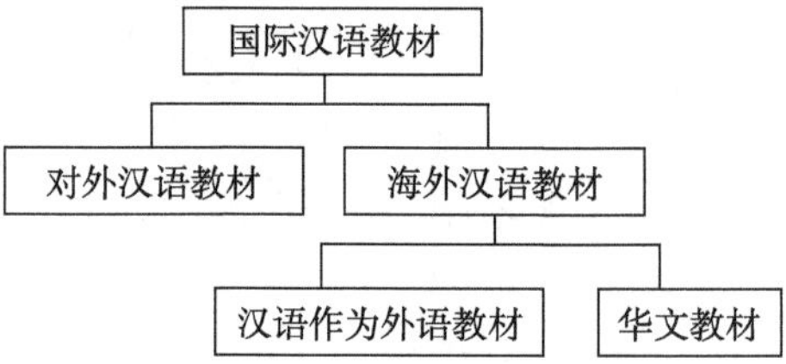

图 2-3　国际汉语教材分类

图 2-3 的二元分类方式清晰地呈现出由对外汉语教材向海外汉语教材的转型轨迹、当前两者并存的状态以及国际汉语教材的研发重点。在非目的语环境中，教材受环境因素（社会文化环境、教育环境）的影响越来越大，汉语作为外语教材与华文教材的区别也主要来自社区环境和家庭环境，因此根据学习环境进行的教材分类更具有现实意义和实践价值。

表 2-1 关于“通用教材、语别教材、国别教材”的划分也体现了国际汉语教学发展的新热点。当一种第二语言教材走出国门，进入本国以外国家，并谋求扎根于此地，语别化、国别化、本土化是必经之路。本研究进一步认为，国别教材是本土教材的下位概念（见图 2-4），本土教材既可以指以国家为单位的“国别本土”教材，也可以指在一个区域通行的“区域本土”教材，这里“区域”可以是比国家更小的行政区划，如美国芝加哥学区的本土教材；也可以是比国家更大的行政单位，如中亚地区（主要包括乌兹别克斯坦、吉尔吉斯斯坦、土库曼斯坦、塔吉克斯坦和哈萨克斯坦五国）汉语教材、西亚地区（主要包括沙特阿拉伯、阿拉伯联合酋长国、也门、阿曼等西亚国家）汉语教材。语别汉语教材是指以某一种语言为注释语的汉语教材，由此语别汉语教材主要从注释语言的角度强调语言对比，它包括同母语背景的汉语教材，如以西班牙语为注释语言的汉语教材，这类教材可以被西班牙和部分拉丁美洲国家的学习者采用；还包括相同通用语背景的

汉语教材，如以俄语为注释语言的汉语教材，俄语是俄罗斯和部分中亚国家的官方通用语言。

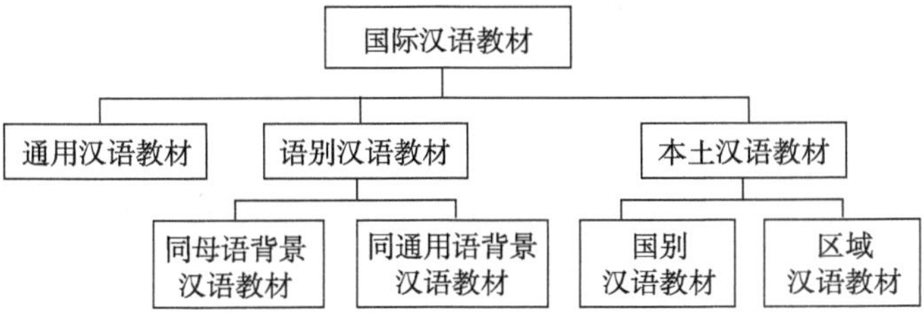

图 2-4　国际汉语教材分类①

图 2-4 的分类方式，将当前热议的通用教材、国别教材、本土教材等概念进行了精细化和条理化解读，经过整合和归类，它们之间的关系更加显著，有利于在此框架下开展教材编写和分类研究。

通用教材也称为普适性教材（吴应辉，2013）。Tomlinson（2011：xii）也界定了通用教材（global coursebook），即不为特定文化背景或某个国家的学习者编写，而适用于某一级别和某个年龄段的任何国家的学习者。通用教材强调通用性，本土教材注重针对性。以上类别教材按针对性由弱到强依次为：

图 2-5　国际汉语教材针对性由弱到强指示

《孔子学院发展规划（2012—2020 年）》中指出：“……改编和新编一批知识性、趣味性和通用性较强的汉语精品教材，……

① 该分类方式根据吴应辉教授在第十届国际汉语教学学术研讨会（杭州）上的演讲内容整理而成。

支持各国孔子学院编写本土教材。”可见在未来一段时间内，通用教材和本土教材的研发都是教材建设的重点工作，两者将相互促进，共同发展。

（三）国际汉语教材的发展

1. *需求是教材发展的内在动力*

世界范围内“汉语热”持续升温。据教育部统计，2013年国内来华留学生人数已经突破35万，预计2020年将达到50万。截至2014年底，全球已建立475所孔子学院和851个孔子课堂，分布在126个国家（地区）。据泰国教育部数据，2011年泰国学习汉语的人数有80万左右，占全国总人口的1.23%。在美国，目前开设汉语课程的中小学数量已从2004年的220所，增加到4000多所，学习汉语的学生人数超过14万。在韩国，学习汉语的人数将近100万，其中在大学和中小学中学习汉语的人数有将近20万。2012年，英国、瑞典、爱尔兰等7个国家已经通过颁布政令将汉语教学纳入国民教育体系中，从而使将汉语纳入国民教育体系的国家增至40多个，汉语正在成为一门有着世界影响力的语言。

世界各地蓬勃发展的汉语教学形成了对教材日益扩大的刚性需求，从而带动教材不断更新、出新。教材研发模式也随之改变。以往我们认为学习者应该学什么，我们就编什么。现在我们更加重视需求的调研和分析，要了解学习者想要学什么，我们才编什么；学习者适合怎样的教学方法和教学风格，我们才怎么编。教材编写以满足教学需求为导向，更具针对性和适用性。

2. *教学理论是教材创新的根源*

几乎每一次汉语教学理论和教学方法的创新都会在教材中留下深深的烙印。汉语教学理论与方法的沿革是教材发展的主要线索。据此，可以将国际汉语教材发展①分为以下4个阶段。第一阶

① 此处教材发展分期主要是以教学理论发展为线索的。

段：结构法时期。1958年出版了新中国第一部对外汉语教材——《汉语教科书》，它标志着对外汉语教材建设的开端。这部教材以语法体系为纲，集中体现了对外汉语教学初创时期的教学理论和教学方法，在随后一段时期内，以语法为纲的汉语教材编写思路成为主流。第二阶段：结构与功能相结合时期。80年代出版的《实用汉语课本》最早吸收了功能法的优点，从交际需要出发，探索了结构、功能、情境相结合的编写理念，这套教材代表了当时最先进的对外汉语教学理念，随后一大批功能与结构相结合的教材陆续出版。第三阶段：结构、功能、文化相结合时期。《新实用汉语课本》是第一套尝试将结构、功能、文化相结合原则应用于编写实践的对外汉语教材，这套教材采用圆周式编排方式，即将语言结构、功能、文化等因素多次循环重现，这套教材的出版推动教材建设步入了一个崭新的发展时期。第四阶段：多元方法时期。20世纪末以来，教材编写进入百花齐放、百家争鸣的繁盛阶段。倡导以汉语交际任务为教学组织单位的任务型教学法受到关注，以《汉语口语速成》为代表的任务型汉语教材应运而生。体验式教学法、主题式教学法、发现式学习法、游戏教学法等新型语言教学模式和方法都成为教学实践和教材编写的理论依据。在海外青少年汉语教材编写中，将学习者吸引到汉语课堂成为教学的第一要务，教学的首要目的是引起学习者的学习兴趣，为此要充分调动学习者听觉、视觉、触觉、感觉等多重感官，帮助学习者沉浸在逼真的语言交际环境中，这就要求教材设计更加活动化、游戏化，教材形态必须朝着立体化、资源化的方向转变，《飞向中文》《汉语乐园》等教材就是这种理念的典型代表。展望未来，受西方语言教学界“后方法论”思想的影响，教材编写者将逐步放弃基于某种“最佳”教学方法的编写思路，理性地思考和吸收多种教学方法和技巧的精华，综合多种行之有效的教学方法于一体，实践于教材编写。可以预测，教材编写也将从“方法时代”步入

“后方法时代”。

3. 技术进步是教材发展的支撑

每一次技术进步都会带动教材形态革新，使教材内容和形式在高科技支持下实现有机结合。国际汉语教材研制技术也大致经历了 4 个发展阶段。第一阶段：单色纸质教材阶段。20 世纪六七十年代的汉语教材是以铅版油墨印刷制成的，只能满足学习者最基本的阅读需求，与同时期西方国家的教材研制水平差距较大。第二阶段：音像教材的出现。80 年代磁带配书让语言学习者有了听觉体验，电子技术、激光照排提高了教材印制的质量与功效，双色印刷令读者的阅读体验也有了质的飞跃。CD-ROM 光盘的出现改变了传统的信息储存方式，这种新型载体可以容纳文字、音频、视频等各种格式的文件，教材教辅的形态开始发生变化。配有 CD/MP3 光盘的汉语教材十分普及；配有 DVD 影像光盘的视听教材随着电视教学片的兴起而出现，通过加入视频影像，学习者可以感受到真实的语言交际。第三阶段：多媒体教材的崛起。多媒体技术引入汉语教学，使汉语教学手段更加多样化、学习方式更加个体化，借助计算机技术，多媒体教材实现了集声、图、文、像于一体，电脑的普及和各种播放器的出现使学习者不受时空限制，可以随时随地以任何方式进行汉语学习。电子教案、多媒体课件可以为教师教学提供了便利。第四阶段：数字化教材的变革。目前，教材研发正在经历数字变革的浪潮，有人甚至预言：纸质图书正在走向消亡。新兴媒体的出现使得教材加快了进化步伐，网络课程、多媒体教材层出不穷，基于无线终端的手持阅读器、平板电脑、智能手机等相继应用于汉语教学，教材建设正在由“树状结构”向“网状结构”发展。另外，CTP① 数字化印版技术

---

① CTP，Computer-to-plate，脱机直接制版，即计算机直接到印版，是一种数字化印版成像过程。

进一步提高了教材印制的质量和效率，POD① 按需印刷满足了用户个性化的即时印刷需求。

第二节　对评价的认识

评价是人类的一种认识活动。它与认知活动不同，认知揭示世界是什么，评价揭示世界对于人意味着什么、有什么意义，它是一种以把握世界的意义或价值为目的的认识活动。从本质上说，评价的核心在于价值判断。

一、评价的内涵

评价在日常生活中无处不在，人们时时刻刻都在评价着世界、社会、他人或自己，同时又时刻被评价着。评价表现为人们对客体的态度。有时是无意识、本能的反应，比如“吓一跳”之类的动作或心理反应；大部分评价是从心里直接流露出来的、未经思考的愿望、兴趣、情绪等，如“你的汉语说得真好”“汉语真难”“我喜欢张老师的课”；当然还有上升到理论水平的评价，如“对某部文学作品的评价”。“评价”这个词在日常工作、生活中也是个常用词，例如“领导给予他的工作很高的评价”“评价艺术作品”等。人们时常进行评价活动，那么评价的含义到底是什么？在我国，“评价”一词最早出现在《宋史·戚同文传》中，“市物不评价，市人知而不欺”讲的是，有个叫宗翼的人，到市场去买东西从来不讨价还价，那些卖东西的人知道他这个特点，但也不会缺斤短两。所以评价的本义是“评论货物的价格，还价”，今亦

---

① POD，Print on demand，按照用户的要求，依指定的地点和时间，直接将所需资料的文件数据进行数码印刷、装订。是数字技术在印刷环节的实践，它能实现零库存、即时出书和可选择的个性印书。

泛指衡量人物或事物的价值。[①]《现代汉语词典》(第6版)中定义评价为“评定价值高低”。评价对应的英文词汇是evaluate,《牛津高阶英汉双解词典》(第6版)的解释是:to form an opinion of the amount, value or quality of sth after thinking about it carefully (经认真思考后对事物的数量、价值或质量形成看法)。evaluate这个词的词根是value(价值),前缀是e-,有“引出、出自”之意。

在哲学视域内,评价是人把握客体对人的意义、价值的一种观念性活动(冯平,1997:39)。人的认识活动有两种:一种是要认识世界是什么,世界运动规律是什么,这在认识论中属于“认知”范畴,它要揭示世界的本来面目;另一种是要认识世界对人的意义、价值是什么,哪些是对人有利的、哪些是对人有害的,从而建立一个价值系统为人所用,这就是评价,它要揭示世界的意义和价值。评价是以认知为基础的,是包含认知、更高一级的认识活动。评价和认知又是实践的基础,实践既要基于对客观规律本身的认识,又要基于对满足人的需要的价值关系的认识。

在教育学中,美国学者格朗兰德(Gronlund, N. E.)对教育评价的界定十分简洁明了,他认为,评价可以简单地用以下公式表述:

评价=测量(量的记述)或非测量(质的记述)+价值判断

对事物进行量(或质)的记述是一种事实判断,是对事物的现状、属性和规律进行的客观描述,评价是在事实判断的基础上进行的价值判断的活动(陈玉琨、瞿葆奎,1999:8)。

在语言学领域,评价一般指系统收集资料而做出的判定。评价方法有定量方法(如测验)、定性方法(如观察、定级)以及价值判断等。[②] 例如,在语言规划研究中,对某种语言的评价常常要

---

① 《辞海(第6版)》,上海辞书出版社,2010年,第1295页。

② 《朗文语言教学与应用语言学词典释义(英语版)》,外语教学与研究出版社,2003年,第242页。

收集人们使用语言的模式，人们的语言能力以及人们对语言所持的态度等资料。在语言课程评价中，评价活动与评定课程本身质量高低、学习者在课程中的表现有关。对课程做出评价，要对课程计划、教学目标、教材、测验与评分方法进行研究。对学习者做出评价，要对入学、编班、个人进步及学业成绩做出评定。无论是评价课程或学习者，都常使用测验及其他测量手段。

从词义、哲学内涵、教育学和语言学应用四方面来看，评价与价值密切相关。价值是评价活动的认识对象。评价与价值的关系体现为：第一，价值先于评价活动而存在，不是因为评价才产生价值，价值是第一性的，评价是第二性的。第二，价值是独立于评价而客观存在的，即使是人们没有意识到的事物，它也有自身的价值，也和人发生着价值关系。评价既可以正确地反映价值，也可以错误地反映价值，但价值本身不会因此而有所改变。第三，价值可以通过评价活动在主体中呈现出来，价值是客观存在的，评价活动可以揭示客观属性与主体需要之间的价值关系，使主体认识到它的存在。

评价不是创造价值，而是揭示主体与客体之间的价值关系。主体与客体之间的关系是一种“需要”与“满足”的关系，如若客体属性满足了主体需要，客体的价值就得以体现，那么价值就是客体属性满足主体需要的这种关系。从本质上来看，评价就是一种价值判断的活动，是对客体属性满足主体需要程度的判断。

二、评价的构成

要分析和理解评价，首先要搞清两组关系。一组关系是价值主体和价值客体的关系。前文说到，价值是客体属性满足主体需要的特征，因此，价值主体是对价值客体的需要，价值客体是满足价值主体需要的特性。两者相互依存，构成一组客观存在的价值关系（见图2-6）。在教材评价中，价值客体是教材，价值主体蕴藏在教材的功能中。教材是为了满足学习者学习知识、技能及身心发展的需要，也是为了满足教师传授知识的需要，同时教材还具有促进知识传播、社会发展的功能，因此价值主体是使用教材的学习者或教师，及得益于教材的社会，前两者为直接价值主体，后者为间接价值主体。教材满足学习者、教师、社会的需要构成了它们的价值关系，这种关系既受到学习者等需求变化的影响，也受到教材发展的影响，因此价值关系是不断变化的。

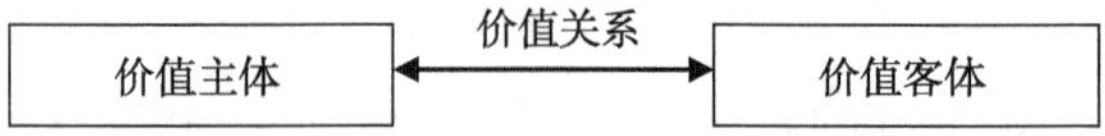

图 2-6　价值主客体关系

另一组关系是评价主体和评价客体的关系。评价主体为评价者，是发起并实施评价的人。评价客体是价值主体和价值客体之间运动变化着的价值关系，在价值论中，也称为价值事实。所谓价值事实，是“价值关系运动后果的事实”，它“存在于价值关系运动的现实的或可能的效果、结果之中”（李德顺，1987：262）。由此也可以说，评价客体是价值主体和价值客体构成的价值关系运动变化的状况和结果（见图 2-7）。在教材评价中，评价主体是多元的，既可以是行政人员、评审专家、出版商，也可以是学习者、教师，评价客体是教材与学习者、教师、社会构成的价值关系。

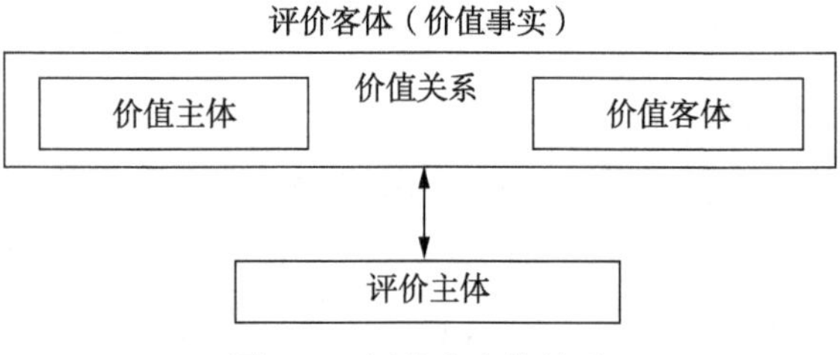

图 2-7　评价主客体关系

有时评价主体是外在评价者，对价值主体和价值客体构成的评价客体（价值事实）进行判断，例如评价者是教材评审专家，这时评价主体和价值主体是不一致的；而有时评价主体和价值主体合二为一，即评价者是价值主体自己，对它自身与价值客体构成的价值事实进行评价；还有时候评价者是价值主体的成员之一，如果评价者为学习者，那么他既是使用教材、对教材有特定要求的价值主体，又是实施评价的评价主体。需要特别注意的是，价值关系中价值主体是不变的、既定的，而评价主体是变化的、不定的。

三、评价标准

在具体的评价活动中，确定评价标准是实施评价的前提。评价标准是进行价值判断的尺度，是衡量主客体之间是否存在着价值关系的准则。在评价活动中，评价标准是以主体需要为基础的，主体总是自觉或不自觉地从主体需要出发来揭示客体属性对于主体所具有的价值。评价标准具体表现为一个辩证统一的系统，具有以下特点：

（一）主体性和客观性的统一

评价活动中主客体之间的内在关系决定了评价标准具有主体性特点。评价活动总是从主体需要出发，总是从是否满足主体需要的角度来看待客体对于主体所具有的价值和意义。可以说，主体需要是评价活动的出发点和动因，这使评价标准具有主体性的特点，在评价活动中尽可能准确把握价值主体的需求是确定评价标准的第一步。

然而，评价标准的主体性并不意味着评价活动及其结果是完全主观的，评价标准具有它独特的客观性。首先，价值主体的需要和现实利益是客观的。主体是在一定社会历史条件下社会关系的总和，这决定了主体需要具有特定的社会性，主体需要的产生、发展、衰减、消失都服从该社会历史条件下客观的因果规律。其次，价值客体的存在状况是符合客观规律的，这就要求评价标准必须符合价值客体的规律。再次，主客体之间的价值关系是客观存在的。价值先于评价，且独立于评价，即使没有评价活动，价值依然是不依赖主体意识而存在的。

（二）多元性和统一性的统一

在评价活动中，价值的形成既与客体属性有关，也同主体需要有关，而其中的决定因素还是后者。在实践中，一百个人进行评价就会有一百种不同的评价结果，这反映了价值主体的多层次性和价值主体需要的多样性会导致评价标准的差异。价值主体可能来自个人、集体、民族、阶级等不同层次，不同层面的主体各有不同的需要，同一层面的个体也各有不同的需要，同一主体内需要也是多方面的，马斯洛的“需要层次论”把人的需要归为5类：生理需要、安全需要、归属和爱的需要、自尊需要、自我实现的需要。马克思、恩格斯将人的需要划分为三个层次，即主体有生存、享受和发展三个层次的需要，这都说明了主体需要的丰富性和发展性。由此看来，评价标准具有多元性特点。

在评价标准多元性特征的背后又隐藏着统一性。这里的统一不是“单一”，那种认为“不同的主体或同一主体对于同一客体只有唯一的评价标准”的观点是错误的。统一是指多方面的联系和综合，即多元评价标准之间的一个共同基础、最终尺度。就不同层次的主体和同一层次的不同主体而言，个体利益应服从集体利益，集体利益应服从社会利益，那么以社会主体利益为出发点的评价标准就是最高评价标准，这是评价标准统一性的最根本表现。就同一主体内部需要的多样性而言，主体的根本需要是生存和发展，其他需要都是由此衍生出来的。主体的根本需要是评价标准的出发点和归宿，由此，尽管主体需求多样，但最根本的评价标准就是是否有利于主体的生存和发展。

（三）变动性和稳定性的统一

评价标准的变动性主要源于主体和主体需要的变化和发展。主体需要的产生和消亡不仅与主体自身规律性有关，而且与客体是否能够满足主体需要相关，主体处于某种匮乏状态，客体又不能填补这种匮乏，需要由此产生，而获得满足的需要也就消失了。在主客体相互作用下，主体需要不断增加或衰减。“变”是评价标准的本性，是必然规律，因循守旧、一成不变的评价标准观是根本错误的。

评价标准的变动性不能简单地理解为主体可以随意选择、确定评价标准。因为评价标准的变化和发展是有据可循的。其稳定的基础在于价值主体的客观存在和发展，在于价值主体的客观需要和利益。据此，在变化着的评价标准中可以找到一条稳定的线索。特别是较高层次的主体，评价标准的变化具有较强的规律性，例如科学理论体系对人类社会历史发展的评价，就可以发现其中内在的、连贯的线索，稳定的规律。主体本身越是具有普遍的代表性，越能够确立具有一定普遍性的评价标准，这就是评价标准的稳定性。

综上所述，从本质上看，评价是一种价值判断的认识活动，在价值论中，价值是客体属性满足主体需要的关系，那么评价就是对客体满足主体需要程度的判断。主体需要是评价活动的出发点和内在动因，主体的评价标准以主体需要为基础的价值尺度，它体现了主体性与客观性、多元性与统一性、变动性与稳定性的协调统一。认清评价的本质可以帮助我们避免错误认识。那些认为评价是完全主观的、评价标准是唯一的、固定不变的等观点，都是有所偏颇的。

第三节 对国际汉语教材评价的认识

评价是评价主体对评价客体进行价值判断的过程，评价主体是指评价者，评价客体是由价值主客体之间的关系构成的。任何科学的评价活动都离不开两个核心要素：主体需要和客体属性对主体具有的价值。国际汉语教材评价中，价值客体是国际汉语教材，它的价值主体有两大类，一是直接价值主体：教学活动及其参与者，二是间接价值主体：学科建设和汉语国际传播事业。本节将着力分析国际汉语教材的价值所在，以及直接和间接价值主体的需要，试图揭示主客体之间的价值事实。

一、国际汉语教材的价值体现

教材价值，也可称为教材功能、作用、功用。教材的基本功能是教学功能，这是由教材的本质属性和在教学系统中的地位决定的。教学系统的组成要素众多，大致可以归纳为3+X，其中学习者、教师、教材是教学的基本要素，除此以外，教学活动还包括教学目标、教学思想、教学方法、教学环境、教学效果等。根据以上分析思路，可以比较清晰地勾勒出教材[①]在国际汉语教学系统中的位置，并从教材与其他要素的关系中分析教材的功能和价值。

（一）国际汉语教材的直接功能

1. 对教学活动的作用

沈庶英（2012：4）比较全面地论述了教材在教学活动中作用，即教材在实现教学目标、体现课程设计、规约教学内容、形

① 本节中的“教材”指“国际汉语教材”。

成教学模式、规划教学过程和影响教学效果6大方面的作用。此外，还需要强调的是，要从汉语作为第二语言教学的角度去认识国际汉语教材在教学活动中的功能，始终不能偏离第二语言教学的学科性质。作为第二语言/外语教材，它对教学活动的作用还体现在：

（1）承载教学思想

第二语言/外语教学思想是一种对语言本质和语言教学本质的认识，它直接影响着教材编写。教材编写是以某种教学思想和与之相应的教学方法为基础的。Hidalgo（1995）① 认为，设计外语教材就像建造一座大厦，在建构之前，要先打地基，这是大厦的立足之处，承重之地。这个地基由三个理念构成：语言是什么？语言是如何学习获得的？当代外语教学方法提倡什么？据此，语言观、语言教学观、语言学习观和先进的教学方法就构成了教材中蕴含的教学指导思想，在这种教学思想指导下编写教材，才能在设定教学目标、进行教学设计、规划教学流程等环节上做到紧密围绕“一条主线”，因此也可以说教学思想决定了教材的基本面貌，使之具有“体现教学思想”的功能。纵观语言教学史，语言观和语言学习观的演进发展历程，各种外语教学流派百家争鸣，与之相应，教材不断推陈出新，它不但凝聚并体现了教学思想和教学方法的创新与发展，并且推而广之，令其在教学实践中广为运用并得以检验。

（2）营造语言环境

研究证明，语言环境对第二语言习得的影响主要体现在以下四个方面：语境可以为学习者提供大量、丰富的语言输入；可以提供互动交流的机会；可以创设语言交际的情境和场合；可以营

① 转引自夏纪梅：《现代外语课程设计理论与实践》，上海外语教育出版社，2003年。

造目的语文化氛围。

教材可以建构真实、具体、丰富的语言文化环境。教材中的语言素材、交际活动、文化内容等是构成语言环境的最基本要素。当前大多数教材都是以培养学习者的实际语言应用能力为目标，多以交际功能、话题或任务为线索，这就使得教材在语料选取和活动编排方面尽可能体现交际性和情景性，为学习者创造真实的语境。

广义的教学资源为改善语言教学的物质环境提供了便利。利用各种挂图、卡片等教辅产品布置教室可以营造适宜的语言文化环境和学习环境，融合音、像、文几种感官因素为一体的数字化教材可以为学习者提供更加逼真、丰富的语境，使他们获得更加真实的语言交际体验。教学资源对物质环境的作用在非目的语国家的语言教学中尤为重要，因为脱离了目的语环境的优势，第二语言课堂便成为学习者体验语言、体验文化的唯一场所。而教材所营造的语言环境必将对第二语言习得起到促进作用。

2. 对学习者的作用

（1）提供交际机会

Tomlinson（1998）指出，现代外语教材本身已成为交际的依托或工具，而不再是传统意义上的“语言范本”或“语言知识课本”。换句话说，教材不仅担任“呈现者”“解释者”“示范者”的传统角色，更为重要的是，它是引发学习者接触语言的刺激物，是激励学习者使用语言的“兴奋剂”。外语教学的基本原理是将“外部输入”最大限度地转化为“内部接受”，从而达到语言“输出”。当前外语教材研究普遍提倡，教材应为学习者创造接触语言、运用语言、进行真实交际的机会，这种机会是通过大量的互动性、有意义的活动实现的，而教材编写也应突破过去以呈现语料为主的编写模式，采取以交际活动为主线的编写方式，为学习者提供大量的交际互动和意义协商，这是现代外语教材最突出的功能，也同样适用于国际汉语教材。

（2）便于自主学习

教材为学习者提供了自主学习的材料。教材被称为“沉默的教师”，但是外语教材更像是一位“贴身教师”。外语教学是集语言知识和语言技能为一体的综合性、应用型学科，它需要调动多重感知器官，需要大量的语言应用，教材可以随时随地为学习者提供参考和帮助。教材还可以培养学习者自主探究、合作学习的精神。通过教材设计，融入发现学习、参与学习、合作学习的先进理念，有利于开发学习者的潜能，展现个性，也有利于促进教学方式的转变。

当今，以学习者为中心的人本主义教育思想深入人心，以人为本，尊重学习者差异，个性化、差异化教学成为主流教育理念。在个性化学习需求的促动下，泛在学习、MOOC 学习、移动学习等新型学习方式出现，以数字技术和互联网技术为支撑的教学资源建设为满足学习者个性化、差异化学习提供了可能。这种教学资源在充分尊重学习者认知结构差异的基础上，最大限度地满足他们的个性化学习需求。学习者不再拘泥于固定的时间和空间，而是根据自身情况、兴趣和学习方式来设定学习目标，选择学习内容和方法，控制学习进程和节奏。

3. 对教师的作用

（1）提供教学便利

教材是教师教学的依据，它为教师提供了明确的教学目标、适当的教学内容和清晰的教学流程，也因此能够在一定程度上保证教学的科学性和规范化，提高教学质量和效果。此外，结构合理、内容丰富、活动多样的教材，可以为教师提供极大的便利，不仅有利于教师节省备课时间和精力，使他们将注意力更多地集中在学习者和教学方法运用方面，使他们更加专注于教学设计和课堂组织与管理，而且有利于他们从学习者的特点出发在教学中创造性地使用教材，优化教材使用。

（2）促进职业发展

教师与教材之间是“教学相长、教研相益”的关系。教师使用某种教材，即在学习教材中蕴含的教学理念，理解其中的教学方法，实践一种教学思路，并在实践中不断反思、改进它，在这个循环往复的过程中得到历练和成熟，为提高和创新教学技能打下基础。同时我们也看到，教材资源化对教师提出了更高的能力要求，面对丰富的教学资源，如何选择、把控教材，成为教材的主人，这要考验教师的资源整合能力。夏纪梅（2008）提出教师对教材要做到 7 个“善于”，即“善于选择为我所用的教材品种，善于利用教材资源，善于把玩、品味、消化教材的精华，善于使用并且超越教材，善于开发、编写、创作、再创作教材、教案活动和课件，善于评价或评论教材的特质，善于研究教材的功能、效能、价值”。教师就是在与教材为伴的职业生涯中不断磨炼、不断成长、不断进步。

（二）国际汉语教材的间接功能

1. 对学科建设的作用①

教材建设的水平体现了学科发展的水平。教学设计的过程，是根据教学对象分析和教学情境分析，确定外语教学目标和人才培养目标，据此制定或选择相应的教学大纲，根据教学大纲中确定的教学目标、教学理念、教学内容和教学顺序等制定课程计划，然后根据课程计划中确定的课程目标、类型、内容、教学方式编写或选择相关教材。可见，教材集中体现上述过程中的教学目标、教学理念、教学内容、教学方法等诸多方面，而这些方面也是学科发展水平的象征。

教材建设也可以促进学科的发展。教材编写可以促进各类教

① 该部分引自李泉：《对外汉语教材通论》，商务印书馆，2012 年，第 18-19 页。

学大纲和课程标准的研制，教材可以体现并检验某种新的教学理论和教学方法，教材的更新可以改进教学评价手段，教材建设可以促进课程建设，推动教学改革，从而提高教学质量。以上都表明教材编写与研究对整个学科建设具有重要价值和推动作用。

2. 对汉语国际传播的作用

从宏观层面看，国际汉语教材建设的终极目标是促进汉语国际传播事业的发展。国际汉语教材具有语言教学和文化传播的双重功能，是外国学习者学习汉语、了解中国的窗口，其跨国发行和合理使用，能够对汉语走向世界和中华文化"走出去"有所裨益。世界主要国家语言推广经验无不证明教材建设对语言传播的巨大推动力。特别是英国培生、麦克米伦、剑桥、牛津等世界知名出版社研发了大量优秀英语教材，其中不乏像《新概念英语》《英语900句》这样的经典之作，行销全球，对英语在其他国家的传播产生巨大影响。

现阶段汉语国际推广的主要任务是提高汉语教学质量[①]。质量是教学的生命线，教材建设是提升国际汉语教学质量的重要抓手，间接地保障汉语国际传播健康、可持续发展。教材建设又是当今汉语国际传播过程中亟须解决的瓶颈问题之一。造成瓶颈的原因在于现有教材资源开发和供给能力同国外学习汉语需求的多样化和急剧增长不相适应。然而我们坚信，随着教材研究和编写实践持续发展，精品教材建设不断加强，教材对教学活动中各因素的积极作用必将放大、深化，从而整体带动教学质量的提高。

国际汉语教材是教学产品，与其他出版物相比，文字规范、体系科学、内容积极向上，极少涉及社会意识形态问题和社会阴暗面，整体散发着"正能量"，对外国读者可以形成正面引导作

① 刘延东：面向未来，携手合作，共同谱写孔子学院发展的新篇章——在第六届孔子学院大会开幕式上的主旨演讲。

用。教材建设是文化软实力的代表形态之一，教学中潜移默化的信息传递更容易让外国学习者，特别是来自不同社会意识形态国家的学习者群体接受，正可谓“随风潜入夜，润物细无声”。

二、国际汉语教材的主体需要

学习者和教师是国际汉语教材的使用群体，通过科学系统的方法获取并分析学习者和教师的需要是科学评价教材的前提条件。学习者是教材最直接和最根本的价值主体，学习者需要是共性与个性的统一，既存在共同需要，又有自己的个性需要。教师是价值主体组成部分，教师的需要同样存在普遍性和特殊性的统一。因此在对待价值主体时要特别关注三种需要：共同需要、根本需要和真实需要。首先，发掘并归纳价值主体的共同需要是科学实施评价的关键。其次，在某些情况下，教师和学习者的需要可能是相互矛盾的，例如学习内容的多寡等，学习者的需要和教师的要求往往是不一致的。归根结底，教材服务于学习者知识、能力和世界观的全面发展，因此要在评价中体现价值主体的根本需要。第三，要正确区别价值主体的“需要”和“愿望”。特别是中小学生评价者，他们还不具备完善的认识能力和自我意识，对自己真正的需要并不清楚，无法理性对待自己的需要，通常把需要和愿望混为一谈。

汉语国际传播需要高质量的精品教材，由此成为教材发展的间接价值主体。总体来讲，国际汉语教材建设应该与时俱进，适应时代发展的需要，能够“走出去”并“走进去”，“落地生根”，能够代表我国最高的教材研发水平，与世界其他外语教材并肩。这个总的要求具体包括：第一，教材建设应该能够适应海内外多元化的教学环境和由此带来的多样化的学习需求；第二，教材建设应该能够适应当前多元化的教学理念和由此带来的多样化的教学方法；第三，教材建设应该能够适应现代信息技术的最新发展和由此带来的学习方式的变化；第四，教材建设应该适应世界文化多样化和由此带来的文化视角的变化。

教材的教学需要和汉语国际传播的间接需要也存在对立统一的关系。它们之间也会出现不一致的情况，例如教材教法的创新可能会超前于师生的实际需要，需要师生在实践中去认识、体会教材的改进。但从根本上说，教学需要和汉语国际传播需要应该是一致的，都是以促进国际汉语教学质量的提升、利教利学为目标的，因此在评价中要善于整合两者的需要。

以上我们通过观察国际汉语教材在教学系统和国际汉语传播事业中的位置，分析了它对各教学要素的直接功能和对国际汉语传播的间接功能，可以视为优秀汉语教材发挥的积极作用，也是国际汉语教材评价中客体价值的体现。通过剖析价值主体的需要，我们可以发现，教师需要和学习者需要、教学需要和汉语国际传播需要是既对立又统一的关系，这就要求我们在评价时，遵循基本规律，把握价值主体的共同需要、根本需要、真实需要。在此基础上，判断国际汉语教材满足价值主体需要的程度，即是国际汉语教材评价的本质。

第三章　树立新型国际汉语教材观

第一节　教材观与教材评价

任何有目的的行为都不可避免地受到行为背后的观念的驱使，教材评价也不例外，尽管人们还未能意识到它的存在，但是它都实实在在地支配和影响着教材评价行为，这种观念就是教材观。为使人们清楚、自觉地理解教材观，有必要对它进行系统、深入的研究。为此，本节从教材本体理论出发界定了教材观的概念，论述了教材观的历时发展，以及教材观与教材评价的关系。

一、教材观

所谓教材观，就是人们对教材本质、教材价值、教材功能的基本认识和基本看法，它反映了人们对待教材的态度、观念、立场和视角，体现了教育活动中教材的地位和作用，决定了教材与教师、学习者、教学环境等因素的相互关系，它是影响教材设计、内容编写和进行教材评价的基础。教材观也被称为教材本质观、教材价值观或教材功能观。

教材观是特定历史时期社会文化发展和教育改革的产物，教材观的转变源于教育观、课程观、教学观、知识观的转变。在教材本体研究中，教材观的理论研究十分稀少，主要有以下几种观点：郭晓明（2001）将两种教材观描述为“圣经式”教材观和“材料式”教材观；毕华林（2006）提倡教师教材观要从“教本教材”向“学本教材”转变，从“唯一课程资源”向“重要课程资源”转变，从“教教材”向“用教材教”转变；钟启泉（2007）提出“目的型教材观”和“手段型教材观”的分歧，具体反映在教学实践中是“教教科书”还是“用教科书教”的区别。目前最新、最全面教材观研究有如下两例：陈柏华、高凌飚（2010）梳理了20世纪以来专家学者们所探讨的教材观，归纳出7种典型的教材观：圣经式教材观、经验自然主义教材观、科学取向教材观、结构主义取向教材观、范例式教材观、人本取向教材观和建构主义教材观，他们认为未来教材观将向着更具开放性、实践性与整合性的方向发展。孙智昌（2011）认为30多年来教材本质观演进变化的情况为：教材是“教学用书”、“教学材料”、“对话者”、“经验”、“社会经验”、“活动本质观”，并在此基础上提出，教材的本质是“教学活动文本系统”的论点。

总体来看，教材观经历并正在发生根本性的转变，主要体现在以下几个方面：

（一）从“狭义教材观”向“广义教材观”的转变。对教材本质的认识，狭义的观点认为教材就是“课本”或“教科书”，即“课程之本”、“教授某一科目的书”，这显然是在知识本位的教学观和课程论的影响下给出的定义。一旦知识成为课程的主宰，教材将被知识、真理牢牢束缚，成为教条式的、神圣不可侵犯的唯一真理，成为考评测试的指挥棒，与教师的创造力和学习者的兴趣再无关联。广义的理解认为教材是“教学材料”、“教学素材”，这是一种以提高能力为导向的教学论观点，教材的本质是开放的资源集合体，这将本末倒置的教师、学习者、教材关系扭转过来，将主动权交还给教师和学习者，唤起师生教与学的主观能动性。

（二）从“静态教材观”向“动态教材观”的转变。教材为知识载体的观念带来的后果是，教材必然呈现为一个静态的观念系统或理论体系。人们常说的“读死书，死读书”就是对这种静态教材观的生动描绘。而现代教学观倡导让“课堂活起来”，也促使教材观“由静转动”、“起死回生”。在教材生成方面，摈弃以知识为中心的设计初衷，利用多种教育技术手段，使新一代教材更加丰富、立体、生动；从教材使用主体来看，转变学习者“被灌输的容器”的角色和教师照本宣科的教职特点，根据学习者的认知规律，将学习者的情感、态度、偏好、兴趣融入教材视域。

（三）从“独白教材观”向“对话教材观”的转变。顾名思义，独白式教材观体现了教材的“唯我独尊”、“盛气凌人”和“不容置疑”，在此观念下，教师唱独角戏，向学习者单向传输知识。陈月茹（2009：51）生动地阐述：“教科书话语霸权式的‘独白’，源于传统教科书编制理念主导下‘知识代言人’的目标定位；另一方面，还源于它的‘目中无（个）人’。”而对话式教材观将教师、学习者、教材置于对话交流的平等地位，“达成‘视界的融合’、‘精神的相遇’、‘理性的碰撞’和‘情感的交流’，是教学的理想境界，也是建构主义编制理念指导下教科书应有的目标定位”。

（四）从“知识教材观”向“活动教材观”转变。在实践论及认识论基础上，人们逐渐认识到，实践活动是人类发展的唯一途径，这是因为，马克思主义实践论认为，实践是认识过程的基础、动力、归宿和检验标准（肖前等，1996：268）。认识论也证实，人的认识是从活动中产生的，这种活动是主客体相互作用的过程。以此为理论基石，教材则不仅仅汇聚着人类的文化知识，更鼓励师生把教材作为体验之源、实践之本、自主选择、理解感悟和积极建构，这与互动交流的教学理念和发现探究的学习精神相得益彰。

二、教材观与教材评价

教材观是教材评价的基础，在一定的教材观念下产生与之相应的教材评价观，不同的教材观，评价教材优劣的标准也有所差别。具体来说，教材观是开展具体教材评价活动的宏观指导思想。要正确认识教材观与教材评价的关系，应做到以下四个方面：

（一）注重教材观的基本特征

教材观具有鲜明的时代特征、地域特征和民族文化特征。不同历史时期、不同社会政治文化背景、不同教育体制，教材观念和评价标准会有所不同，甚至有天壤之别。任何一种教材观都是在一定的历史时期内，一定的社会环境中，依据一定的哲学思想和教育理论提出的，既受到同时代社会、政治、经济、文化发展的制约，又体现出鲜明的时代特征。人们经常提及的“经典”教材，多半已失去往日“风光”，究其原因，是我们当今的教育观念和教学理念产生了变化，评价教材的标准当然也必须与时俱进。任何教材观都是国家意识、民族精神、社会习俗、文化传统在教育领域的集中体现，都会受到国家教育水平、教育理念、教育目标的约束，因而不可避免地带有地域特征。虽然当代教育倡导去政治化、去意识形态化，鼓励多元文化观，然而，教材天生具有文化传承功能，教材观又会体现出鲜明的民族特色和文化性格，教材观的时代性、地域性和民族性又会影响教材评价标准的制定。

（二）实现教材观念上的转变

教材的“用户”是师生，他们是教材的直接“使用者”，对教材质量优劣有切身体会，因此他们最具发言权和评判权。教材观的转变使师生作为内部评价者对教材评价活动的参与度更高，他们不仅要参与教材评价指标的构建，而且要参与评价实施的过程，并以评价标准来观察教材的使用情况，以此作为调整教材内容和教学方法的依据。即使评价主体为师生以外的外部评价者（非使用者），他们也要通过了解、认识使用者的主体需要才能进行评价。另一方面，教材质量的概念已经从实物质量规格延伸至符合性、适应性质量。教材的符合性质量是指教材符合教学目标、教学规律、教学环境等教学要素的程度；教材的适应性质量是指教材使用者对教材的满意度。因此可以说，教材评价是在符合教育规律的前提下，教材满足师生、社会发展需要的特性总和。按这种观点，教材评价不只是要检查教材的静态规格，而是要将其置于实际教学活动中，多维度地检验其符合性和适应性的动态性能，从使用者的需要出发，深入到教材的底层结构，全面系统地评价教材质量。

正如前文所述，在现代教育学视域下，教材观经历了由狭义、静态、知识型和独白式教材观向广义、动态、活动型和对话式教材观的转变。教材观即教材评价的根基，由此评价教材的标准也向着同样的态势和方向转移，从侧重知识传授的容量和形式等指标转为知识、技能、情感与策略并重。教育理念的发展总是比教材建设和教材评价超前，只有及时转变教材观念，才能正确指导实际的评价活动。

（三）树立教材质量的整体观念

丁朝蓬（2001）认为，（教材）质量包含内容质量和印制质量两个方面，这两方面的质量都直接影响到用户对教材的满意度。孔凡哲（2008：11）认为，教科书质量包括文本的内在质量和使用效果的外在质量。而我们进一步认识到，要全面、正确地理解教材质量，应该把它看作由多种因素通过相互影响、相互渗透，相互交织、相互融合，构成的一个全面互动的系统。割裂地看待这些因素，将教材质量片面地看作某一部分、某一局部的质量都会导致认识上的局限性。我们认为，应当树立教材质量的整体观念，综合、整体、多维地看待教材质量，由原来对教材质量的单一化认识向多元化认识转变。教材质量是一个多种因素相互作用的多元体系，它们相互联系、相互制约，合则兼美，离则俱伤。

明确了教材观的时代性、地域性、民族性、发展性和整体性，有利于我们正确处理教材观与教材评价的关系。纵观国际汉语教材观的发展脉络，我们还需要强调，它具有汉语作为第二语言教材的性质和特点。不同于其他学科教材，国际汉语教材是以汉语言文字和中国文化为基本教学内容的，它重实践，重交际，具有文化传播的功能，其教材观的演变轨迹始终没有偏离汉语作为第二语言教材的性质和特征这条主线。

第二节　传统的对外汉语教材观

新旧世纪之交可视为对外汉语教材向国际汉语教材转型发展的分水岭，特别是在 2005 年召开的首届世界汉语大会和 2006 年开始实施的“六大转变”，发展战略从对外汉语教学向全方位的汉语国际推广转变，成为对外汉语教学向国际汉语教学转型的重要标志，汉语推广理念、发展思路、推广机制、教学模式、教学方法都产生了巨大变革，教材观念也经历了洗礼和重大转变。

21 世纪到来之前，对外汉语教材的教学对象主要是来华留学生，以高校大学生和成人为主要学习群体，学习目的和需求相对单一，教学模式和方法趋同。在国内对外汉语教师和研究者的不断探索和努力下，编写出了几套反映当时主流教学法思想的典型教材，推动了对外汉语学科建设。本节分析了对外汉语教材的普适特点，从中总结出通用性、知识型、操练式、单向文化的对外汉语教材观。然而随着国际汉语教学时代的到来，在向国际汉语教材转型升级过程中，对外汉语教材发展遭遇了瓶颈。

一、典型的对外汉语教材特征

对外汉语教材主要指针对国内来华留学生的汉语教材。1958 年出版的《汉语教科书》是汉语教材的“首创”作品。它为对外汉语教材建设奠定了基础，使对外汉语教学从语文教学中分离出来，首次提出了针对外国学生的汉语教学语法体系。1980 年出版的《基础汉语课本》继承了以往汉语教材在语法结构上的优点，尝试了句型法的编写方式。该套教材将研究成果和教学经验融入语法点的编排和解释中，增强其科学性和针对性，成为当时以结构法编写的一部最成熟的教材。1982 年出版的《实用汉语课本》是第一部专门为我国教师在国外进行汉语教学而编写的教材，是第一套贯彻“结构、情景、功能相结合”原则的教材。该套教材在当时获得了“最先进的对外汉语教材”、“优秀教科书”、“在美国使用最多的基础汉语教材之一”、“世界上使用最广的基础汉语教材之一”、“我国第一部获奖的对外汉语教材”等赞誉。

这几套教材，也可称为几“代”教材，“代”既有代代相传的意思，体现了它们血脉上的连续性，但又有更新换代的意思，说明每一代教材都有其先进性、创新性。尽管它们代代相隔，不断突破，各具特色，但还是带有特定语言教学时代的烙印和一些共同的特质。

（一）通用型教材居多

从教材的研制背景和适用对象可以发现，以上几套典型教材在当时具有较为广泛的通用性。1950 年第一批东欧学习者来华，组成北京大学外国留学生中国语文专修班，教学需要促成了《汉语教科书》的诞生。《基础汉语课本》是在北京语言学院（现北京语言大学）试用了一年的基础上正式出版的教材，是典型的来华留学生教材，在目的语环境中，在校外国学习者，不分国别，不分母语，使用这类教材学习汉语。《实用汉语课本》是我国出版的专供国外学校使用的第一部基础汉语教科书。它们的教材定位都体现了通用性、普适性的特点，没有特定的教学对象和个性化的教学需求，以适应许多国家或地区学习者的学习需要为目标，多以英文为注释语言。在当时零星、分散的海外汉语教学中，这些教材是海外汉语教学者能够获得的稀少的、珍贵的汉语材料，从而成为那个时代具有代表性的权威教材。

（二）均以语法结构见长

以上几套典型教材中，大部分是翻译法和结构法的代表作。《基础汉语课本》使用了句型法，注重句子的结构规律，主张通过句型操练培养语言习惯。尽管《实用汉语课本》已经开始关注言语功能，探索结构与功能相结合的路子，但基本上还是把语法结构放在了非常重要的位置，包括其后全新出版的《新实用汉语课本》和杨寄洲编写的《汉语教程》，都继承了语法结构系统性强的优势，在使用者中树立了口碑。杨德峰（2001）引证高彦德等1993年的调查，《实用汉语课本》（刘珣编）被认为语法好的有26人，占本教材优点总人数的29.9%；对《基础汉语课本》（李培元编）填这一优点的有8人，占优点总人数的36.4%。整体来看，初级汉语教材中语法点的编排还是令人满意的。

这几套教材的语法体系基本一脉相承。自《汉语教材书》建立了第一套对外汉语教学语法体系以来，虽然不断精简，但基本语法体系沿袭下来，而且明确了“教学语法”的定位，从汉语语言学语法体系中分离出来。经过简化聚焦，语法讲解更加精练、操练更加实用。这个体系对汉语教材语法条目的选择、组织、排列和编写影响深远，基本上沿用至今。

除此以外，这三套教材奠定了演绎法语法编排模式在汉语教材中的统治地位。演绎法语法编排模式是指“语法解释（含外文解释）+典型例句”的语法解释模式。丁安琪、景黎黎（2012）考察了18部综合课教材的语法编写模式并发现，其中有17部教材都采用了“先给出语法说明，再给出语法解释和例句”的编写模式。

（三）教材体例趋同

这几套典型教材采用了相近的单课设计体例，即“课文——生词——注释——练习”的编写模式，这种体例以呈现语言材料、传递语言知识为主要特征。它对之后汉语教材编排体例产生了非常广泛而深刻的影响，在相当长一段时间里，无论是综合课教材、分技能教材，还是专门用途教材，这种体例设计几乎适用于所有类型的对外汉语教材，该体例成为一种“根深蒂固”的编写模式。

教材体例的编排方式是教学模式研究与实践的结果。在翻译法和结构法盛行的时代，教学模式偏重语法结构，把语法知识的学习当作教学的中心任务和主要内容，无论是生词处理、课文讲解，还是练习设计都以掌握语法项目为目标，教学评价也以掌握语法的程度为标准。这种教学方法简单、易行、有效，体现在教材体例上，结构明了，板块清晰。

教材体例又会直接地影响使用者的教学模式和方法。因此随着教材的广泛使用，这种教学模式很快得到了普及，受到广大教师的青睐。胡春洞（1990：338）评价：语法翻译法是一种“没有人提倡，但又相当流行”的教学方法，这种评价用于汉语教学也十分贴切，至今翻译法和结构法的教学模式仍然占据重要的地位。总结其流行的原因主要有五方面：一是教师熟悉这种教学模式，便于理解这种模式和具体教学方法；二是这种教学程式不要求教师具备很高的汉语能力，教师只要把教材读熟，记住一些语言规则和生词讲解，便可以胜任教学工作；三是不要求教师具备较强的组织教学的能力；四是对教学设备没有要求，一支粉笔、一块黑板、一本书就可以完成教学；五是对班级人数没有要求，大班、小班都可以采用这种方法。

（四）练习形式类似

《汉语教科书》的主要练习形式有填空、造句、翻译、语言形式转换等。《基础汉语课本》的练习大致分为三部分：第一部分是机械性练习，主要形式有填空、改正错句等；第二部分是结合生活情景进行语言训练，主要形式有：给出一个内容，让学习者根据所给的内容会话，或者看图说话等；第三部分是学习方法练习，形式如：让学习者熟读“借——还”、“容易——难”等反义词组，给出一个用汉语解释的句子，如“衣柜——放衣服的柜子”，然后让学习者用汉语解释同类结构的词，如“书柜、书箱、药箱”等。《实用汉语课本》的练习形式有替换与扩展、改写句子、回答问题、完成对话、看图说话（写作）、翻译等。

以上练习均是翻译法和结构法提倡的典型练习形式。在当时，语言教学界普遍认为，大量的重复、模仿、操练是习得语言最有效的方法，由此产生了各种机械性的练习形式。之所以称之为练习（exercise），是为了与活动（activity）、任务（task）和游戏（game）相区别。练习最突出的特征是，以复习和巩固语言知识为目的，操练语言形式，学习者可以独立完成，并且往往只有一种标准答案。时至今日，语言操练仍然是课堂教学中最常见的活动方式，机械性练习也受到众多教材编写者的青睐。即使时下最流行的任务型教学法也并不排斥语言形式的练习，语言形式聚焦是任务链中的重要环节。在当下美国大学汉语教学模式中，以明德模式为代表，“操练”也是一种不可或缺的语言教学方法，因此它是一种极具生命力的语言教学方法。

（五）中国式教材内容

语言与文化密不可分，语言学习离不开对文化的理解。文化向来是汉语教材的重要内容，教材编写者一向重视文化内容的编排。通过对部分对外汉语教材的考查，我们发现，初级对外汉语教材大多将交际场景设定在中国，以来华学习者、旅游者、商务人士等为主要人物，以来华学习、生活、工作为故事线索，以发生在中国的事件为主要内容；中高级对外汉语教材的课文选编大多来自中国现、当代的文学作品、报纸、杂志、网络文章，其中不乏名家名作；教材中还经常设有专门介绍文化知识的板块，文化点多选自古代传统文化，例如历代古都、四大发明、唐诗宋词等；物质文化也很常见，如剪纸、葫芦丝、饺子等；还会融入大量文化故事，如孟姜女哭长城、刻舟求剑、嫦娥奔月等。汉语教学往往被赋予文化传播使命和文化宣传功能，即弘扬中华上下五千年的悠久文化，展现文明古国的历史风貌和民族精神等。对外汉语教材的文化呈现方式也略显单调，表述方法以平铺直叙为主，缺少直观、生动、形象化、情景化的文化呈现方式。

二、传统对外汉语教材观的主要内容

（一）通用性教材观

在对外汉语教学时代，进行汉语教学的场所主要在国内，主要教学对象为来华留学生。在目的语教学环境中，一方面，由于学习者来自不同的国家和地区，有不同的语言背景和文化背景，在中国高校组成大大小小的“国际班”、“混合班”，在这种教学状况下，采用的教材需要具有通用性，尽量满足学习者的共同需要；另一方面，组织一套教材，从调研到最终出版发行，需要大量的经费支持、人员投入，精力耗费，受当时对外汉语界人力、财力的限制，我们只能尽量扩大适用范围，采取一举多得、事半功倍的做法，“集中火力”，组织通用性强的教材，而无力支持局部的、地区性的、受众面窄、针对性强的汉语教材。

教材“通用性”越强，适用范围就越广，受关注度就越高，便越容易形成规模效应，产生一定的反响。同时，通用性教材易于统一和规范教学模式，全面提高教学质量，以上提到的几套典型教材就是实例。反之，通用性差的汉语教材使用范围小，使用人数少，不利于推广。鉴于此，针对来华留学生的汉语教学需要通用性的汉语教材，通用性强弱便成为衡量对外汉语教材品质的标准之一。

（二）知识型教材观

对外汉语教学时代的典型教材擅长汉语言知识的组织和讲习，

教材体例也集中体现了“知识本位”的观念，从而构成了认定教材质量的一种标准趋向，即知识型教材观。知识型教材观认为，教材是知识的载体，教材的功能是呈现知识、传递知识。教师角色是原封不动地把知识教给学习者，学习者只需接受即可。在这种教材观的指导下，教材中语言知识的系统性、科学性、规范性便成为衡量教材优秀与否的重要标准。

第二语言/外语教材的功能之一是体现一种语言观和一种语言学习观（Hutchinson and Waters，1987），换句话说，一本好的外语教材要体现出对语言本质和对语言学习的认识。知识型对外汉语教材观是当时主流的语言观和语言教学观的集中体现。在结构主义盛行时期，人们认为，语言就是一套语法规则。学习语言规则就等于学习这门语言。反映在教材上，语法知识成为“重头戏”，教学内容主要围绕语法知识而设计。形成这种教材观的另一个原因是当时对外汉语教学的现实状况所致。在对外汉语教学时期，来华留学生构成了主要学习群体，他们中大部分人的学习目的是为进入中国大学学习专业知识做语言准备，因此这种专业汉语教学要求教材必须提供规范的、标准的、系统的汉语言知识。

（三）操练式教材观

结构法认为，语言是一套习惯，通过模仿、重复，使之成为习惯，自然就习得了语言。直接法和早期的听说法秉承这种语言观，创造出多种经典的语言操练方式，如模仿、重复、替换、扩展、完成句子等，通过对句型结构进行反复操练，强化记忆。“操练”这个词很形象地体现了结构法把语言作为一种技能的训练方式。这个词从军事技能训练中引申而来，暗含机械、单调、整齐划一的训练模式。中国的成语“熟能生巧”和英语中“practice makes perfect”不谋而合，描述了相似的学习理念，使得操练这种语言训练方式很快被对外汉语教学界吸收采纳，“精讲多练”的教学模式得到了广泛应用。

教材必然要体现一种或几种教学方法，其中练习设计是教学方法的集中体现。早期的对外汉语教材强调实践性原则，主要体现和诠释了语言操练的编教理念。经典的练习形式得到了继承和发扬，在操练的“量”和“质”两方面日臻完善，兼顾了形式多样化和训练有效性，成为教材中主流、典型、不可替代的练习形式，因此操练形式和效果成为考量对外汉语教材品质的一个重要方面，也构成了操练式教材观的主体内容。

（四）单向文化教材观

对外汉语教材编写前辈们在语言与文化相结合方面做出了不懈努力，在特定时期取得了丰硕成果。然而以下主要谈谈对外汉语教材中文化观念的问题所在。对外汉语教材中呈现的文化观突出体现为：以中国文化输出为主的单向文化观、以弘扬中国文化为目的的大国文化观、侧重中国古代传统文化的古代文化观和追求文化知识系统性、精细化的专业文化观。单向文化观主要指，教材以推介中国文化现象和文化内涵为主，缺乏中外文化对比和双向文化交流的视角和内容，忽略了学习者的社会文化背景和文化需求。大国文化观主要指，一味弘扬中国文化和展现中国文化特色的心态和优越感，说教意图明显，宣传痕迹较重，缺乏对他国文化的尊重和包容，忽略学习者的学习感受和接受心态。古代文化观主要指，文化选材厚古薄今，脱离中国的社会现实，缺乏现代意义和实用价值。专业文化观是指，文化内容全面具体，专业精深，追求讲深讲透，缺乏趣味性和可读性。同时，我们应该摒弃教材中的一些文化糟粕，例如缠足、纳妾、守丧、贞节牌坊等等，不能一味迎合外国学生的猎奇心理。

综上所述，在对外汉语教材编写实践与研究中逐步形成了“通用性、知识型、操练式、单向文化”的教材观。在这种教材观的指导下，对外汉语教材创立了系统、稳定、科学的教学语法体系，统一并规范了分散的、各自为政的教学模式，提高了来华留学生教学质量，具有积极的历史意义。以此作为检验教材的核心观念，符合对外汉语教学发展的实际需要。

我们认为，一味地将传统的等同于落后的，过去的等同于保守的，用“呆板、僵死、冰冷”这些消极词汇来贬低对外汉语教材观，是片面的、有失公允的。要客观地评价一种教材观，就要将之还原到特定历史时期，在特定的社会经济、文化教育背景下，以同期的科学理论发展水平为参照系，平视这种教材观的形成条件、内容价值和时代意义，在此基础上科学地判断和认定它的作用和影响。采用这种历史观，我们看到，通用性、知识型、操练式、单向文化的对外汉语教材观与教育学中教学观、教材观的发展脉络基本同步，走过了类似的历程；与语言学中语言教学理论的演进也大体吻合；与对外汉语教学学科发展状况相符合，可以说是具有历史先进性的观念。

三、汉语国际传播背景下对外汉语教材遭遇发展瓶颈

21 世纪的第一个十年是国际汉语教学快速发展的十年，发展带来变化，首先表现在海外汉语教学风生水起，逐渐成为汉语教学的主体；其次，汉语教学的对象逐渐低龄化，中小学汉语教学成为汉语国际教育的一个热点；再次，全球化带来多元文化碰撞与交融；最后，数字化风潮席卷全球教育领域，给汉语教学带来机遇和挑战。21 世纪初，几套以海外汉语学习者为主要教学对象的规划教材相继出版，标志着国际汉语教材萌芽的出现。这几套教材是：为以英语为母语或媒介语的汉语学习者编写的《新实用汉语课本》和《当代中文》；依据北美地区 500 多份调查材料的分析结果，为以英语为母语的中学生编写的《跟我学汉语》；国家汉办与英国文化委员会合作、根据英国 GCSE 考试大纲编写的英国本土汉语教材——《快乐汉语》；为海外儿童编写的寓教于乐型教材——《汉语乐园》。这些规划教材的集中出版，表明了业

界开始关注海外汉语教学的需求，并意识到汉语教材向“外向型”转变的必要性。

近年来，汉语国际传播的发展超出任何人的想象。世界范围内汉语学习人数成倍增长，学习环境、学习群体、学习动机、学习目标都呈现出多元化的趋势，需求的变化远远超前于理念的更新和教材的开发，由此“三教”问题凸显出来。以教材为例，在对外汉语教学时期编写和使用的汉语教材一走出国门，就遭遇了前所未有的尴尬局面。

问题一、教材缺口

面对汉语国际推广的大好时机和日益旺盛的教学需求，我们听到最多的竟然是“缺教材”“教材荒”的责难。教材缺口的现象主要表现在4个方面：

现象1　国家汉办等有关部门的赠书数量不足以满足教学需要。特别是在一些比较贫困的国家或地区，汉语学习热情高涨，但教材购买力低下，只能依赖中国政府免费赠送。

现象2　以部分小语种为注释语的汉语教材缺失。例如斯洛文尼亚，全国人口不足200万，尽管全国掀起汉语热，学习人数也不足2000人，定制斯洛文尼亚语的汉语教材成本高，难以实现，只能勉强使用英语注释的汉语教材。

现象3　教辅材料配套不全。信息时代，语言学习除了纸质教材，还需要声像、网络、动画等多种辅助材料，而目前汉语教材立体化、资源化配套不齐的现实问题十分突出。

现象4　对新兴的汉语教学模式，教材建设滞后。比较典型的是适合沉浸式汉语教学的教材奇缺的现象。

针对教材缺口问题，国家汉办立项建立了“全球汉语教材库”，对全球汉语教材进行统计分析，在库教材有15483种，统计数目之多与“教材荒”表象之间似乎存在矛盾，究其原因，一是图书信息拥有者（编写者、出版者）与图书使用者之间存在信息鸿沟，二是教材国际发行渠道不畅，以上问题不在本书讨论范围内，因此不多赘述。

问题二、教材不适

比起教材缺口现象，汉语教材的海外“水土不服”更令人窘迫，主要表现为以下“症状”：

现象 1 教学性质复杂

国际汉语教学的性质是汉语作为第二语言/外语教学，但实际情况远比我们想象中复杂得多。汉语课在各个国家（地区），甚至各个学校都会显现出各自的性质和特点。即使是海外第二汉语教学，情况也十分复杂。有些国家（地区）把汉语作为兴趣课、文化体验课，教学以体验为主，并不系统；有些国家（地区）把汉语纳入国民教育体系，作为一门课程进行系统的汉语教学，例如泰国汉语教学；有些地区采用用汉语教汉语和其他科目的教学模式，教学对象为第二语言学习者，例如美国犹他州的沉浸式汉语教学；有些地区在周末开课的中文学校开展汉语教学。海外华文教学的复杂性更加突出，正如案例 1 中指出的，现有的第二语言汉语教材不适用，甚至第一语言教材和第二语言教材都不适用的状况。

> 案例 1：印尼的华文教育并非单一的第二语言教学……当地一些华语学校使用新加坡的华文教材，也有使用中国的教材：侨办赠送的《汉语》或《中文》，但这两套教材对这里的华文教学似乎都不合适。前者虽说是供东南亚使用的教材，但主要针对的是第二语言学习者，后者则主要是根据北美中文学校的情况编写的。（郭熙，对海外华文教学的多样性及其对策的新思考，《语言教学与研究》2013 年第 3 期）

现象 2 教育体制不符

在中国目的语环境中，来华留学生每周至少接受 20 课时的正式汉语课程，每学期 18 周，大多来华留学生学完一年汉语不仅可以与中国人交流，还能转入专业院系进行专业学习。这与海外的教学情况大相径庭，现有的对外汉语教材与海外汉语教学的学制、大纲、教学目的均不匹配。正如案例 2，北美的外语课时有限，一个学生一学年仅能学完大半册数，大大削减了学习者的学习积极性和成就感。

案例 2：在美国的中学，选修课基本都是采用“走班”式的上课形式，汉语课也不例外。……汉语课一般是每周 4-5 节，一节课 50 分钟左右，这就是说，在一般情况下，学生能够接触到汉语的时间，每周不超过 5 个小时。……因此，在课程设置与时间安排上，在中国大陆使用的教材都无法适应美国本土的汉语教学。［陈绂，《如何使海外汉语教材更具国别性》，云南师范大学学报（对外汉语教学与研究版），2014 年第 2 期］

现象 3 教学对象不符

教学对象低龄化是国际汉语教学的发展趋向，同时教学界普遍认为，汉语国际传播持续发展的关键在于汉语教学能否进入各国基础教育系统。然而我们对低龄汉语学习者的研究还很薄弱，以往的教材积累多面向成人学习者，由国家汉办组织编写的《汉语乐园》《快乐汉语》《跟我学汉语》等幼儿和青少年汉语教材本土化程度不够，适用教材匮乏是显而易见的，案例 3 即指明了这类问题。

案例 3：60%的教师面临没有指定教材的挑战。教材质量不高，针对性不足，已经成为制约汉语国际推广的瓶颈，低龄儿童汉语学习同样面临缺乏适用性强的精品教材的困难。所有教师都面对针对教学对象及需求，改编教材与整合教学资源的任务。（王宏丽，海外低龄儿童汉语教学研究初探——以美国、加拿大为例，《第十届国际汉语教学研讨会论文选》，高等教育出版社：2012 年）

问题三、教材老化

我们处于世界全球化和中国快速发展的时代，中国社会充满活力，中国语言生活丰富多彩，这都为语言教材提供了热门话题和鲜活的语言素材，使教材散发出时代精神。同期，深受教育学、认知心理学和语言习得理论研究的影响，外语教学理念也在变革。在这样的背景下，传统的对外汉语教材却呈现出一副“老”态。

现象 1　内容（选材）老旧

传统的对外汉语教材如果不及时修订，部分课文内容很容易过时，如某本教材中描述了风靡一时的 BB 机（传呼机），现如今课堂上教师若不用实物演示，恐怕很难向学习者解释清楚这个词。很多外国学习者反映我们的教材内容“太难、没意思”，这反映出我们的课文内容通常以隐蔽在幕后的编者“我”为出发点，将“我”要表达的东西、“我”的喜好和兴趣，“我”的文化观、世界观和价值观传递给学习者。与此同时，“我”还受到“语言知识系统性”的束缚，把原汁原味的语料改得索然无味，甚至生搬硬套一些句型、生编硬造一些句子。案例 4 中的老师们即反映了这种课文内容老化的现象。

案例 4：大概在 70 年代末期、80 年代的时候，几乎美国高年级课本的选材都是中国现代短篇小说选读，有许多是鲁迅的《呐喊》《彷徨》里面的文字，再加上散文，比如朱自清的《荷塘月色》《桨声灯影里的秦淮河》……（周质平，美国本土汉语教材编写现状与前景，《世界汉语教学学会通讯》2013 年第 4 期）

现象2 教学方法陈旧

受到当时教材观和教学理念的影响，传统的对外汉语教材体例单一，练习设计以“操练”语言为主。教学理论的发展使得传统教材的体例和练习形式在今天看来略显枯燥单调，也与当今世界主流的教育理念不符。另外，教学方法也要讲究针对性和本土化，各个国家的教育理念不同，学习者的学习习惯不同，教学方法也应该有所差异。比如一些欧美学习者，他们从小被灌输了“兴趣驱动”的学习理念，他们思维活跃，喜欢交流，不喜欢死记硬背，操练式的练习形式显然不适合他们。案例5和6就突出地说明了教材中练习形式、讲解模式单一所引发的问题。

案例5：在对2009年暑期来华研修的30名德国本地汉语教师做过教材使用情况的调查问卷，选用中国编写出版的汉语教材的有24人，他们认为这些教材在内容、分量、讲解等很多方面都不太适合德国学员的需要，其中以练习分量不足和练习类型枯燥单一最为突出。（李明，试论汉语教材的针对性调整——以孔子学院教学为例，《国际汉语教育》2012年第2期）

案例6：国内主流的汉语教材每课一般设有五到六个板块。以知名的《汉语教程》为例，其板块依次为：课文—生词—语法—注释—练习。影响力较大的《桥梁》的板块设置依次为：课文—生词—词语搭配与扩展—语法例释—副课文—练习。其他一些综合类教材和分项技能类教材基本上也是以这样的结构来设计的。……汉语教材中练习与课文等“主体部分”的距离较大，输出和输入的距离相对较远，学习者的“注意间距”也比较大，因此难免会产生疲劳的情绪，不利于对新知识的吸收，

也不符合记忆规律。(田艳、陈磊，对汉语教材结构体系中练习设置的分析与思考，《语言教学与研究》2014 年第 3 期)

第三节　新型国际汉语教材观的理论基础与实践基础

60 多年来，我们对“好教材”的渴求从未停止，与国际汉语教学相适应的新型教材观正在逐步形成。本节将从理论与实践两个方面阐述新型国际汉语教材观的确立依据，为最终树立新的观念奠定扎实的基础。其中，当代社会学、教育学、第二语言教学理论的发展决定了新观念的走向，成为它赖以产生的肥沃土壤；同时丰富、具体且创新的教材编写活动成为践行新观念的试金石，对其确立和发展形成有力支撑。

一、新型国际汉语教材观的理论基础

新型国际汉语教材观是汉语国际传播时代人们对教材质量的新认识，这里我们将从社会学、教育学、认知心理学、第二语言教学研究四个理论视角，审视新型国际汉语教材观的形成基础。

（一）社会学视域中的教材观

从社会学的视角看待国际汉语教材观的原因有三：第一，教材是教育活动的产物，存在于一定的社会现实中，换句话说，社会现实对教材观念的转变产生巨大影响；第二，国际汉语教材的性质决定了它不是单一语言文化的教材，涉及不同社会背景下语言和文化的交会，国际社会大环境的变化对教材观提出了不同要求；第三，课堂即微型社会，教材是这个环境中的一个重要元素，

国际汉语教材观必然受到现代课堂教学发展趋势的影响。因此，从社会学理论出发透视和分析新型国际汉语教材观的形成理据，是十分必要的。

1. 多元文化背景下的汉语教材

世界格局的多极化使我们进一步认清文化多元的本质。文化是动态的、多元的，世界文明史就是多元文化相互交流、冲突、吸收、融合的过程。9·11事件使美国政府强烈地意识到外语教育与对世界多元文化理解之间的密切关系，因此出台了一系列提高国家外语能力的政策和具体措施，汉语作为关键语言之一也由此成了政策受益语言，获得难得的发展机遇。近年来，中国越来越多地参与国际事务，有学者提出，世界需要中国，世界需要了解中国。这样的世界环境给汉语走向世界创造了千载难逢的历史机遇，也使得我们深刻地认识到，从宏观国家战略角度看，语言教学的内涵是文化的传播和输送，文明对话是目的，语言交流则是手段和媒介。与此相应，新型国际汉语教材应突破以往中国文化单向输出的模式，体现文化的多样性和动态性，体现多元文化观，一种具有全球文化视野的观念。

2. 全球化浪潮中的汉语教材

“全球化”是当今社会生活的另一个特点，它给世界带来了巨大改变，经济、政治、文化、技术、信息等社会生活及其组织形式超越国家和民族的范畴，被赋予了跨国特色。与“全球化”相对应的另一个词汇为“本土化”或“当地化”。在全球化时代，汉语进入越来越多的国家，全球化特色越发彰显，全球化和本土化的张力关系越发突出。在本土文化的作用下，汉语正在形成或产生变体，例如新加坡汉语、中国城汉语等。这种相容、相争的关系，从根本上讲是目的语文化和本土文化之间的相遇、碰撞、冲突和融合。

全球化和本土化两种趋势相互依存，相互融合，催生了“全球本土化”的概念，即“全球化思考，本土化行动”的策略。它给予国际汉语教材编写与推广以巨大启示。汉语教材在吸收世界优秀第二语言教材先进编写理念的同时，应着力增强教材在海外本土的适应力和接受力，以更容易让他国接受的方式融入本土，其中涉及选题本土化、编写本土化、试用和使用本土化、印制和发行本土化（梁宇，2014）。

3. 数字化时代的汉语教材

数字化、信息化是现代社会生活的重要特征。现代信息技术不仅改变了知识的传播方式、速度和容量，而且对教学内容和学习方式也产生了深远影响。如今，网络可以满足人们无限量的求知欲望，人们可以利用网络查找信息，获取知识，信息呈现方式也从单一的印刷文字变为文字、图片、动画、影像等多元并用的形式。历史上的新技术，从幻灯、投影、录音机、广播到电影、电视，都不同程度地应用于学校教育，成为促进学习者有效学习的必要手段。如今数字技术为传统的教学模式带来了一场新的变革，翻转课堂、泛在学习、移动学习等新型教学模式正在兴起。目前国际汉语教学呈现出布局分散、发展不均衡、需求多样化的特点。“一套通用教材走遍天下”的时代已经一去不返，面对出版、发行等一系列实际问题，教材的数字化、资源化显然是最佳解决方案，教学资源从纸质单媒向数字化转型升级成为必然趋势。

4. 平等观念下的汉语教材

教育可以推进社会的民主与平等。教育可以赋予学习者机会，激发学习者潜能，消除社会不平等给各社会阶层的学习者所造成的影响。在课堂教学环境中，学习者、教师、教材被视为最基本的三个元素，然而，即使在学习者、教师、教材三个基本元素构成的环境中，也存在着不平等的现象。且不说传统观念中教材和教师高高在上的权威形象与学习者俯首称臣的被动身份形成的地位悬殊，在现实中，不同教师教授同一本教材，他们对教材的理解和使用策略不尽相同；同一位教师教授同一本教材，学习者获取知识和技能的结果存在明显差异；这两种现象都是由于教师个体和学习者个体的情感、态度、性格、背景、经验等诸多个体因素差异造成的。

为实现教学平等，新型国际汉语教材应改变单向知识传递的角色，转变为平等对话者。教材功能应首先从呈现知识转为激发投入，鼓励参与，促进合作，利于对话。其次，新型教材观应该充分尊重学习者个体差异。多元智能理论认为，人的智能是多元的，各种智能在每个人身上都存在，只是各自所占的比重不同，教学者应该鼓励学习者认识和利用自己的潜能来开展学习、发展自身。教材具有教师培训的功能，一部好教材应当对教师的教学理念起到引领的作用，但同时又不能限制教师的创作力。

（二）教育学视域中的教材观

教材建设的核心依据是遵循学习者的学习规律，符合教学规律是教材编写的重要原则，而对学习规律和学习条件的系统阐述则是教育学理论研究的重要内容，因此评价教材离不开教育学理论的支撑，其中认知主义教学观、建构主义教学观、人本主义教学观的核心观点都对新型国际汉语教材观产生了重要影响。

1. 认知主义理论

20 世纪 50 年代，对学习观的研究发生了根本性的转变：由强调外部刺激和反应的行为主义学习观，转向注重学习者处理外部环境刺激的内在过程与机制的认知主义学习观。认知心理学认为，外部环境只提供潜在刺激，至于这些刺激是否受到注意或被加工，则取决于学习者内部的心理结构。学习的基础是学习者内部心理结构的形成和改组。具体来说，个体根据自己内部的心理结构对外在环境刺激加以选择，赋予经验以意义，当新的经验改变了学习者现有的心理结构时，学习才会发生。在这个学习者内部结构与外部环境不断相互作用的过程中，新的心理结构始终受到原有

结构的影响。（施良方，2001）

认知心理语言学家认为，语言习得的过程是学习者对周围存在的事物与事物之间的关系进行分析、归类、概括，同时用认知能力对所接触的语言素材进行语义上的归类、理解、推理进而总结出语法规则的过程。可以说，语言习得的过程是人们认知概念、语义理解和语言环境互相作用的结果。一个正常的儿童运用语言的能力和他的认知能力、学习能力，以及对周围世界的认识都在不断发展、完善，相互作用，语言习得能力得益于认知概念的发展和对周围环境的认识，同时一定的语言习得阶段也会影响认知能力。与儿童有所不同，成年人习得第二语言时已经具备了高级认知能力，因此充分利用认知技能和学习策略可以促进语言学习，他们的社会经验和第一语言都会帮助语言学习。（温晓虹，2012）

以上认知主义理论的基本观点为评价新型国际汉语教材编写质量提供了重要原则：

原则 1：教材内容和形式必须符合学习者的学习规律、认知心理规律和语言水平。这是教材编写和评价的核心原则，也体现了“以学习者为中心”的教学原则。无论是编写教材、使用教材还是评价教材，都需要了解教学对象的年龄、学习水平、文化背景、学习动机等，并以此作为重要参照系。

原则 2：教材的内容和形式必须注重营造促进语言学习的外部环境。大量语言素材的输入和相应的语境对语言学习者来说至关重要，它们是语言习得的基础条件。因此，以教材为语言体验之源，提供大量、丰富的语言输入，提供互动交流的机会，创设语言交际的情境和场合，必然有利于语言习得。

原则 3：教材中要强调认知技能和学习策略的运用和发展。在语言习得过程中，语言理解与认知能力互相作用，学习者学会利用认知范畴的技能和策略将有利于语言学习。因此，教材中应该有目的地培养并调动学习者的认知技能，如分类、比较、鉴别、归纳、总结等，提供听说读写方面的学习策略，如猜测、预测、假设等，以提高学习效果。

2. 建构主义理论

（1）建构主义理论的核心观点①

建构主义是哲学家、心理学家、教育学家经常使用的术语，用来强调个体在学习过程中的重要作用。建构主义理论的发展有两条线索，一条线索是以皮亚杰为代表的激进建构主义，他更强调主体在学习中的积极作用，更偏重从主体心理结构的角度进行研究；另一条线索是以维果斯基为代表的社会建构主义，他更重视社会互动和文化情境在学习中的作用。两条发展脉络共同构成了建构主义理论，其中有益于教学的核心观点如下：

① 学习的主体性和建构性。知识并非大脑对于客观事物或现象的简单、被动的反映，也不是知识的简单累加，而是主体的主动建构活动。

② 知识的生成性和理解性。认识与现实是有距离的，知识并不是对现实的准确表征，它只是一种解释或假设，知识并不能对世界法则进行精确的概括，而需要针对具体情境进行再创造。

③ 知识建构的网络性和支架性。在学习者建构知识的过程中，原有的知识经验起重要作用。学习者对当前信息的理解是以原有知识经验为基础的，但又不是简单地提取和套用原有知识经验，而是要依据新经验对原有经验本身做出某种调整和改动。

④ 学习的社会性和情境性。个体在特定的社会文化背景下主动建构自己的认识和知识，所以学习从本质上是社会的，与特定的文化情境不可分割。

（2）建构主义教材观

① 该部分参考了吴庆麟：《教育心理学——献给教师的书》，华东师范大学出版社，2003 年；张大均：《教育心理学》，人民教育出版社，2003 年。

建构主义理论对传统教材编制形成了很大的冲击，它对传统教材观中知识的性质、获取知识的过程以及与此相关的学习者发展和教师角色都产生了巨大的影响。建构主义理论对新型国际汉语教材观的影响主要体现在提升四“性”：

① 提升自主性。建构主义强调“自主建构、主动学习”，教材设计能否唤起学习者的学习主动性和自主性尤为重要。“自主”可以解读为“选择”和“责任”。在国际汉语教材中，清楚地呈现合理的学习目标可以让学习者对学习过程和预期的学习结果“心中有数”，相应地引入自我评价，让学习者对自己的学习过程、学习方法、学习效果以及在学习过程中的感受、经验等进行总结、反思和评价，可以使他们对自己的学习负起责任；教学内容要给学习者留有“余地”，这一方面指教学内容的灵活性，另一方面指教学内容的开放性，非定论的、可协商的教学内容总是可以鼓励学习者积极参与意义建构。最后，教材中应适当体现学习策略，帮助学习者在完成各种语言任务时使用学习策略，监控自我表现。

② 提升真实性。建构主义理论提倡在真实情境中学习，随着语言学和应用语言学研究的逐步深入，语境化和真实性原则已成为语言教学的共识。国际汉语教材也应体现真实性原则和语境化策略。即使对精挑细选的语料进行了加工或简化，我们也必须保证这些语料是学习者可以在交际语境下使用的。国际汉语教材观中真实性原则体现在三个方面：一是语言输入的真实性，真实语料更接近真实世界里的语言，更贴近学习者的需求。学习者在课堂上输入的语料，在真实生活中同样可以听到或用到，成为真正有效的学习素材；二是语言环境的真实性，教材要充分利用声、像、图、文的相互结合，为学习者营造一种接近真实的语言环境；三是交际任务的真实性，教材中的活动应该尽可能接近或类似现实生活中的各种交际任务，只有任务具有真实性才能使学习者在使用语言的过程中掌握解决现实交际问题的能力。

③ 提升扶助性。建构主义学习观倡导“支架式教学”。顾名思义，它借用了建筑行业中的“脚手架”概念，来比喻学习过程中的支撑作用。这种教育理论来源于维果斯基的“最近发展区”理论，其意指认知发展真实水平与认知发展的潜在水平之间的距离（见图3-1），采取支架式教学有助于学习者超越当前知识水平，顺利通过最近发展区，向认知发展的潜在水平方向发展。采取支架式教学模式的前提条件是充分考虑学习者的认知水平和实际需要。在国际汉语教材设计中也要体现支架式教学模式，为学习者提供一定的帮助，使他们能够完成不能独立完成的任务。其中主要采取的方式有：激活学习者已有的背景知识和语言储备，以旧带新；将复杂的学习内容分解，将学习者的理解逐步引向深入；提供适当、典型的范例和演示；采取结对、小组等多种合作学习形式；给予一定的词汇提示、参考句型、策略建议，利用图片、表格等给予学习者辅助性信息和线索。

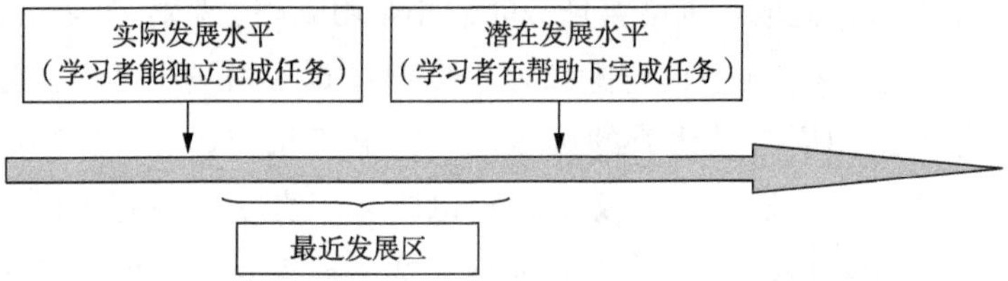

图3-1　维果斯基的“最近发展区”理论

④ 提升互动性。社会互动理论强调人的学习和发展发生在与其他人的交往互动之中，它极力主张教学中师生、生生之间进行丰富、多向的交流、讨论或合作，提倡合作学习和交互教学，以促进学习者的学习建构。大量的语言习得研究也证明，人们学习语言主要是通过与他人的交流。如果儿童缺乏与他人交流的机会，就无法达到应该具有的语言水平，甚至会造成终身的语言缺陷，可见社会交往对语言学习的重要作用。国际汉语教材也应注重活动性、互动性、交际性，鼓励教材设计以交际活动为主线，为学

习者创造大量语言输入、信息处理和语言输出的机会，促进他们积极主动地参与互动活动中，在使用语言的过程中学习语言。

3. 人本主义理论

（1）人本主义理论的核心观点①

人本主义理论兴起于20世纪60年代，该理论强调“全人教育”，即把人作为一个整体来看待，而不是被割裂成各个部分（如行为、认知、情绪）。该理论的代表人物罗杰斯倡导知情合一，即把认知与情感合二为一，他十分强调学习过程中作为独立存在的个体学习者的情感需求的重要性。该理论的核心观点包括“意义学习”、“自由学习”和“经验学习”三个方面。

人本主义理论特别强调意义学习。罗杰斯批评了无关个体发展的无意义学习，认为意义学习是一种使个体行为、态度、个性以及在未来选择行动方针时发生重大变化的学习，这不仅仅是一种增长知识的学习，而且是一种与每个人各部分经验都融合在一起的学习。意义学习主要包括四个要素：①学习是整个人（包括情感和认知）都投入的活动；②学习的动机来自内部；③学习是渗透性的，它会使学习者的行为、态度乃至个性发生变化；④学习的效果是以自我需要的满足为标准的。

人本主义的另一个核心观点是要让学习者自由学习。人本主义认同以“个人为中心”和“以过程为定向”的学习方式。“自由学习”的观点是建立在学习者渴望学习的天性基础上的。每个人都具有发展自己潜力的能力和动力，个体可以自由地选择自己发展的方向和价值，并对自己选择的结果负责。因此，他们特别关注人的自我学习、自我实现。它的特点是：把愉快的教学和有意义教学视为学习的动力；把学习者的情感和思想整合起来，教师的作用是催化和促进。

① 该部分参考了施良方：《学习论》，人民教育出版社，2001年。

与实验行为主义学习理论不同，人本主义学习理论更注重经验。罗杰斯认为："每个人都存在于一种以自我为中心的、不断变化的经验世界中。""经验是最高的权威，正确与谬误的试金石，是我自己的经验。……真理处于我内心的形成过程之中。"虽然这种观点有唯心主义倾向，但它肯定了经验在认知过程中的重要作用，认为学习是以学习者的经验为中心的。在罗杰斯看来，大多数意义学习是从做中学的，促进学习的最有效的方式之一，是让学习者直接体验到面临的实际问题。

（2）人本主义教材观

人本主义思想对教材编制理论与实践产生了巨大的影响。受人本主义思潮的冲击，人们跳出了以知识或功能为纲的藩篱，开始关注教学内容以外、真正的教材使用者的感受，把更多的注意力放在了学习者需求、情感、态度和个性的发展上。陈柏华、高凌飚（2010）归纳了人本取向教材观的特点：在教材内容上重视学习者的生活经验与体验；在教材组织上，重视认知与情感的整合；在教材功能上，凸显教材在促进学习者发展的作用；在教材教学上强调以学习者为中心，同时考虑教师作为学习促进者、合作者的角色。

国际汉语教学界很早就引入了"以学习者为中心"的教学思想，并将之带入教材编写理论与实践中，如何理解"以学习者为中心"？在教材设计中如何体现学习者的主体地位？至今仍然是一个仁者见仁、智者见智的话题。本文认为，人本主义思想赋予了这些问题比较合理的答案，那就是基于学习者感受的体验式教材编制理念（梁宇，2011）。该理念的核心思想是让学习者在体验中处于感受的主体地位。依据该理念，教材设计应当体现人文情怀，尊重个体差异，调节学习者的情感状态，降低学习焦虑，激发内在动力和自信心，使语言学习真正成为体验汉语和中国文化、体验成功与快乐的过程。

（三）第二语言教学视域中的教材观

第二语言教学理论研究对国际汉语教材观的影响是最直接、最深刻的，特别是汉语语言学、第二语言教学理论、第二语言习得三方面的研究成果。对新型国际汉语教材观的形成奠定了坚实基础。

1. 汉语语言学研究与汉语教材

陆俭明先生（2005）在《对外汉语教学与汉语本体研究的关系》一文中提出对外汉语教学与汉语本体研究之间是一种互动关系：对外汉语教学是汉语本体研究的试金石，对外汉语教学拓展了汉语本体研究。经过对外汉语教学实践，汉语本体理论得以拓展：进一步细化汉语知识和汉语语言规则，进一步加强在一定语义背景中词语或句法格式的用法研究，进一步深化固定格式的研究。语音、词汇、语法、篇章等语言知识的研究成果，可以直接应用在教材编写中，特别是在词语注释、语法讲解等方面，可以有效增强国际汉语教材的系统性和科学性。

2. 第二语言教学研究与汉语教材

第二语言教学理论、教学模式、教学方法的研究直接影响教材观的形成和发展。以近期热议的“后方法”理论为例，它所倡导的第二语言教学思想也在冲击国际汉语教材观。

“后方法”理论的代表人物——库玛，尖锐地批判了“有限且带有限制性”的传统语言教学法，以及由此引发的教学理论与实践脱节的现实。他提倡基于全球化的宏观社会文化背景，以教师与学习者为主体，专注于特定教学环境与需求，鼓励教师从丰富的教学环境和师生互动中实现“教学实践理论化”和“教学理论实践化”。为此，他建构了一个以“特殊性”、“实践性”、“可能性”三个教育参数为核心、包括十条宏观教学策略的理论框架。（库玛，2013）

在“后方法”理论关照下，教材的地位和作用依旧不容小觑。

该理论对国际汉语教材观的影响主要体现在三方面：第一，教材编写思想与体例不拘一格，更具多元性。完全遵循一种教学方法的教材越来越少，取而代之的做法是，综合几种教学方法、取长补短。第二，教材将具有高度的适应性和针对性。教材将更加关注学生主体的社会文化背景、心智发展、学习策略和学习方法，使教材尽可能地贴近学习者需求。第三，教材由“结构型组合”向“资源型教学单元体”转变。以往教材按课号顺序编排，内部组织结构相对固定；“后方法”更加注重教材的灵活性和便利性，活页式、组装式的资源型教材应运而生。

3. 第二语言习得研究与汉语教材

Tomlinson（2008）在 *English Language Learning Materials: A Critical Review*（《英语学习材料：重要回顾》）一书中写道：第二语言习得研究成果为第二语言教材编写提供了有力支撑，他从第二语言习得研究的共识性结论出发，分别提出了促进和阻碍语言习得和发展的教材特征（见表 3-1）。

表 3-1 促进和阻碍语言习得的 ELT 教材特征

促进语言习得和发展的 ELT 教材特征	
1	教材包含了多样的语言风格、体裁多样。
2	教材的版式设计和插图美观、吸引人。
3	教材配有多媒体资源，提供丰富多样的语言体验。
4	教材利于学习者发现学习。
5	教材利于学习者自主学习。
6	教材配有辅助资源，提供泛听和泛读材料。
7	教材利于学习者进行个性化学习。
阻碍语言习得和发展的 ELT 教材特征	
1	低估学习者语言水平和认知能力。
2	误认为语言水平低的学习者智力水平低。
3	简化语言输入，从而减少语言体验。

续表

阻碍语言习得和发展的 ELT 教材特征	
4	将语言习得过程简化为 3P 模式。
5	误认为语言学习就是完成一些背诵、重复、替换、改写等简易活动。
6	在听、读活动中强调语言形式，混淆知识学习和技能发展。
7	平淡无奇的内容，无聊乏味的活动，阻碍学习者情感投入。
8	范例无语境，或者提供了语境，语言体验却不足。
9	在听、读语言输入中设计的活动大多是细节题或理解题，真正激发学习者兴趣的材料却很少。
10	不利于学习者在课堂以外使用语言。
11	注重解码和/或编码的单向语言加工活动，忽视充分启动大脑资源的多维语言活动。

二、新型国际汉语教材观的实践基础

国际汉语教材观的转变不是空穴来风，也不是单纯的理论演绎。国际汉语教材建设向来有着“实践先行”的传统，从未间断的教材编写实践和探索是新型教材观产生和发展的源泉。

（一）本土化教材建设

近些年，国际汉语教材“本土化”“国别化”“语别化”“区域化”等问题引起了教学界的讨论和热议。部分学者认为，本土化是汉语教材走向世界的唯一出路；也有些学者认为，语言教材没有普适和本土之分，英语教材就是明证。教材本土化问题同样引起了我国有关政府部门的密切关注：继“一版多本”的汉语教材改编翻译工程之后，国家汉办实施加强版的教材“本土化”政策，鼓励并支持各国孔子学院和教育机构编写本土教材。在 2010 年 12 月举办的优秀国际汉语教材评选活动中，共选出国内外 20 套优秀汉语教材，其中 8 套为本土化教材，这也从一个侧面印证了教材本土化建设的政策导向。

由英国伦敦大学教育学院孔子学院与培生出版集团共同出版

的初级汉语教材——《进步》是一套典型的英国本土教材。它是为英国 11 到 14 岁中学生编写的汉语教材，据该孔子学院下属 Queens School 孔子课堂的陈庆江（2013）老师介绍，这套教材从多个维度上实践了汉语教材的本土化：由在英国教授汉语的中国教师和英国的汉语学者一起编写，由英国的出版社出版发行，根据英国国家语言课程大纲设计教材内容，练习中夹杂大量中英文转换训练，全英文介绍中国文化等等。这套教材做到了满足目标国的教学需求，适合目标国的学习者特点、教师特点、学制特点、母语迁移特点、教学设备条件等种种本土特征。

这个案例对本土汉语教材建设有如下五点启示：

1. 精良的教材编写团队应该中外结合，以便促进优势互补；
2. 以当地语言课程大纲为指导，与当地测试大纲相衔接；
3. 教材编写要体现本土适应的教学理念；
4. 教材编写要了解本土教师需求，方便本土教师使用；
5. 教材应当由本土出版社出版，促进教材顺利发行。

其他典型的本土化教材还有：加拿大不列颠哥伦比亚理工大学孔子学院编写的《汉语教学直通车》；为母语为西班牙语、特别是拉丁美洲的汉语学习者编写的《循序渐进汉语》等。

（二）资源型教材建设

教育技术的发展使传统的纸质教材研发模式受到数字出版的剧烈冲击。出版咨询专家迈克·沙兹金曾大胆预测："到 2020 年，印刷纸质图书将基本消失，只留有少数作为富人手中的收藏品和玩具。"①时至今日，虽然我们并没有看到纸质教材阅读时代的终结，但教育技术带来的丰富、形象、立体的教学素材资源，给语言教学注入了活力。

---

① 房平：e-book 会取代传统图书吗？《出版经济》，2002 年第 9 期。

《长城汉语》在教材资源建设和教学模式创新方面展开了积极的探索。《长城汉语》是基于网络多媒体技术开发的新型国际汉语教学模式，旨在向海内外教学机构及广大汉语学习者提供教学资源和课程。《长城汉语》以培养学习者的汉语交际能力为主要目标，运用网络多媒体课件与面授教学相结合的多元化教学方法，依托丰富的教学资源，采用即时跟踪学习进度和测试学习效果的管理模式，向学习者提供个性化的学习方案，满足海内外汉语学习者任何时间、任何地点、任何水平的学习需求。目前，《长城汉语》的用户已遍布海内外，其中包括海外 330 多所孔子学院（课堂）、国内 17 所高校和中学。从图 3-3 中可以形象地展示出该套教材的资源形态、构成及相互关系。①

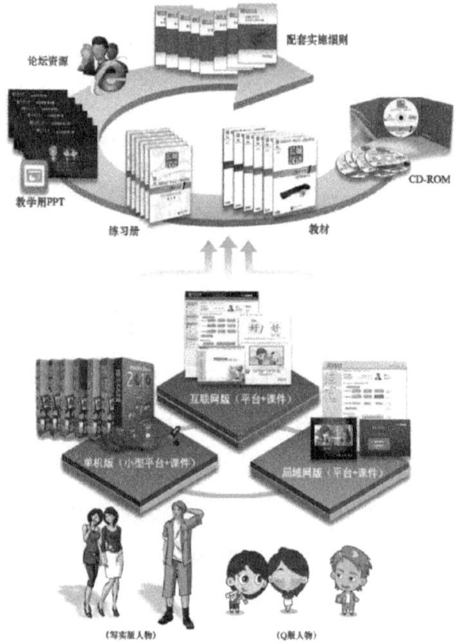

图 3-3 长城汉语的资源形态

① 该部分参考了长城汉语中心网站 http：//www. greatwallchinese. com. cn/portal. do。

另一个资源型教材建设的实例是“国际汉语教材编写平台”的建设与运营。该平台依托大数据和数字处理技术，设计教材编写种类、热点素材、实用资源和评价工具四大板块，提供丰富的语素语料、权威的课程标准、智能化的开发工具和量化的评估体系。该平台有助于教师量身定做个性化教材，推出后受到广泛好评。[①]

（三）体验式教材建设

体验式教学理念蕴含了深厚的人本主义思想，集合了丰富的第二语言习得研究成果。体验式外语教学是一种“以学习者获得积极心理体验为驱动力和导向特征，以情景、互动、任务/项目、合作学习为主要方法，更多借助现代信息技术整合外语教学资源，搭建外语学习的生态环境，营造外语学习的人文环境，通过参与、愉悦、共鸣的体验学习机理，帮助学习者获得语言交际能力的新型外语教学模式”（刘援，2012：7）。体验式语言教学的核心观点体现为三方面：关注学习者的内心感受是体验式语言教学最鲜明的特征；创设促进语言学习的环境是保障体验式语言教学有效实施的外部条件；做中学是体验式语言教学的核心思想。

《体验汉语》系列教材是一套依据体验式教学理念而编写的新型国际汉语教材。在教材设计中始终关注学习者的情感态度对语言学习的影响，尝试多种教学设计手段，激发与引导学习者参与学习，调动学习者积极的心理感受，促进学习者在语言学习中得到共鸣。面对国际汉语教学发展的新变化和新趋势，《体验汉语》在教材设计中进行了创新性的探索与实践，并在出版后获得了成功，在国内外获得了良好的教学效果。

（四）教材的文化内容建设

文化内容在海外汉语教学中举足轻重，例如美国 AP 中文项目

---

① 该部分参考了国际汉语教材编写平台网站 http：//www. cltguides. com/main. jsp。

的全称是“AP 中国语言与文化课程”，美国中文旗舰项目的课程设置特色是：围绕汉语强化训练，延伸到汉语所承载的中国文化。可见文化在汉语课程和教材编写中处于至关重要的位置，如何处理语言交际和文化融入的关系，是教材编写需要重点考虑的问题。在这方面，为美国 AP 中文课程编写的《加油!》和中美合作打造的《环球汉语——汉语和中国文化》是其中的佼佼者。前者遵循“发展学生对中国文化的体认”这一原则，在题材选择、课文编写、背景资料介绍等方面，以文化内容为明线，语言要素以及听说读写各种练习均围绕文化命题展开，在充分展现中华文化特质的话题中培养学生的交际能力（陈绂，2014）。后者通过视频等技术手段，让学习者完全浸入汉语和中国文化，帮助学习者在体验中迅速并稳定地取得语言进步。

以上实例说明了教材编写实践方面的探索和突破，如果深入研究，不难发现，这些教材都是面向海外汉语教学而设计的，具有国际化特色，这也印证了当前教材建设的重心是外向型产品研发。此外，成功的国际汉语教材都在本土化、数字化、体验式、多元文化方面颇下功夫，也都兼具了这几方面的优势。

第四节 新型国际汉语教材观

盛炎（1989：251）在专著中提出：一部好的汉语教科书必须具备以下几个特点：科学性、实用性、趣味性。时隔 20 余年，另一位在海外从教 20 多年的学者李伟（2011）又一次提出了好教材的共性：听说在先、读写跟进，真实性，趣味性，互动性，功能性（使用价值），易学性，重复性，视频性和文化性。简单对比两位学者在国际汉语教学发展不同时期的论点，可以发现，对好教材的认识发生了明显的变化，差异主要体现在以下三方面：第一，对“实用性”的理解得以升华，从语言内容“静态”的实用特征，转而强调以现实生活为题材，设计互动性活动，使学习者学会“动态”地使用语言。第二，对“科学性”的综括发生了转向，从结构与功能相结合的知识本位转向学习者为主体，更加强调教材符合学习者的认知规律、语言环境，并具有文化适应力。第三，体现了教材建设的新趋势，注重新媒体对课堂教学的延展功能。

正值对好教材的认识悄然变化之际，在丰富的理论与实践基础上，确立新型国际汉语教材观是十分必要和迫切的。本节将论述树立新型国际汉语教材观的必要性和主要内容，以此作为统摄新型教材评价思想的纲领，并将其作为建构评价体系，确定评价标准，选择评价方法的基础，从根本上提高教材评价的先进性和科学性。

一、树立新型国际汉语教材观的意义

（一）国际汉语教学发展使得转变观念刻不容缓

正如前文所述，国际汉语教学发展的新形势给教材建设带来了新的矛盾和挑战。现实已经告诉我们，教学的新需求已经迫使教材建设必须转变思路，顺势而为，与时俱进，其中关键在于观念上的更新换代。只有在观念上寻求突破，才能针对性地解决现实中的问题。实践证明，教材观不转变，编再多的教材，利用再先进的技艺，也将是“换汤不换药”、“新瓶装旧酒”，走上教材同质化的道路，无法通过教学的实际检验，更谈不上满足教学需求。同时我们发觉，教学理论的发展也在推动教材观的转变，而且这种转变已经客观地、自发地产生并持续蔓延和深入。

（二）观念的转变是教材理论现代化发展的根本所在

建构新型教材观是对教材理论框架的顶层设计，它对教材理论的现代化发展发挥着统摄作用。当前，国际汉语教材理论的进

步亟须在教材宏观理念上实现转变，以宏观层面的转变影响中、微观教材理论的建构、完善和修补。然而观念的转变不是无理可据的，我们要从哲学、社会学、教育学、心理学、语言教学等多个领域取得的先进成果中汲取养分，寻找理论支持，将新型的国际汉语教材观置于更开放、更多元的理论基础之上。同时，观念的转变可以为教材理论拓展领域，突破传统的研究范式，转向一种整体、有机的思维方式，使得教材理论研究的视野更为宽阔，这是教材理论现代化发展的核心所在。

（三）观念的转变是教材实践现代化发展的直接动力

观念是行动的灵魂，观念决定行动。教材观直接指导教材编写实践，如果对好教材认识不清，编写过程就会失去导向，自然也会影响编写结果和使用效果。树立新型的教材观有利于教材编写实践的创新发展，有利于教材编写吸收现代语言教学理论的精髓，有利于教材编写人员研究和实践水平的提升，也有利于教材在实际使用中更加贴近教学需求。

（四）观念的转变是教材评价现代化发展的前提条件

教材观是进行教材评价的指挥棒，影响着教材评价的指导思想和具体实施。确立什么样的教材观对于教材评价理论与实践具有至关重要的意义。只有确立了对教材评定的指导思想，才能建构与之相应的评价标准体系。也可以说每一项评价指标都迸发着教材观的思想火花。因此，树立新型教材观，在此基础上建构评价指标体系，是进行科学评价的必由之路。

二、新型国际汉语教材观的主要内容

在深厚的理论基础和丰沛的实践基础之上，新型国际汉语教材观可以概括为 16 个字：适配优先、体验为本、多元文化、资源集成。

编写与评价教材，要充分考虑教材的适用环境，基于对教师和学习者的需求分析，从第二语言教学规律出发，融合汉语教学的特点，以学习者为主体，符合学习者的认知规律和学习规律，调动学习者积极的心理体验和学习策略，创设真实的语言文化环境，设计多种形式的交际活动，重视师生和生生之间的互动与合作，促进学习者树立多元文化观，增强对多元文化的理解、尊重和包容，为教师提供立体丰富的教学资源，发挥教师的自主性和创造性。

（一）适应性教材观

“适应性”是一个生态学术语，指生物体与环境相适合的现象。新型教材观认为教材不是“静”物，而是具有“生命力”的，它与之存在的环境密不可分，正如生物体离不开环境，教材在一定教学环境中也要遵循适者生存法则。国际汉语教材适应性的提出，是由教材与环境的关系决定的，也是国际汉语传播形势发展的必然要求。国际汉语教学发展表明，汉语教学环境的变化带来教学需求的多样化，教学环境因素在课程设计和教材编写选用中的重要性越发凸显。只有认真进行环境因素分析和需求分析，增强教材在一定教学环境中的适应力和针对性，才是国际汉语教材创新发展的必由出路。

从环境适应性角度去认识、编写、分析、评价、选用教材，是新型国际汉语教材观的核心内容。适应性教材观，将传统观念中好与不好的评价标准，转变为适用与不适用的衡量尺度，强调教材“适用优先，不适淘汰”的自然法则。适应性教材观适用于当前任何类型的国际汉语教材。本土化、国别化、区域化教材对适应性要求更高。通用性教材、为留学生编写的对外汉语教材也要考虑“给谁用、适不适合”的问题。

增强教材适应性的基础是教学环境分析和使用者需求的调研分析。新型教材观指导下的教材编写与评价，尤其重视教材与环境和需求的符合度，要求全面考虑各种环境因素和需求因素。与国际汉语教材相关的环境因素包括，宏观的社会环境、中观的教育环境和微观的课堂环境，使用者的需求包括学习者和教师的基本情况。

（二）体验式教材观

“体验”是一种认识事物的方式，是一种心理过程，强调了主体的内在心理感受。将体验理念引入语言教学，是对“以学习者为中心”教学原则的最佳诠释。知识型教材观将知识作为学习主体，学习者作为知识传播的客体，导致了学习者被学、厌学、甚至弃学的负面情绪。转变这一学习观念，就要把主客体关系颠倒过来，将学习的主体地位归还给学习者。不仅如此，注重学习主体的外在行为并非真正的体验，体验更加重视主体在学习（体验）过程中的感受，因为主体的情感态度才是其激发学习的根本动力。因此，体验式教学设计和教材设计均要以学习者为中心，关注学习者的内心感受，顺应学习者的学习规律和认知规律。这是符合现代教育理念的教学观和教材观。

体验式教材观，是新型国际汉语教材观内涵最丰富的组成部分。它注重教材的情感性特质，强调教材内容与形式对学习者自信心、动机、态度、兴趣、创造力的积极作用。在这种观念指导下，教材编写要把学习者的体验过程放在第一位，根据学习者的认知水平、学习习惯、学习风格和感情因素选择语言项目、编排语言活动，将学习者的个体差异、多元智能、自主性和方法策略纳入教材设计与编写范畴。语言学习是一项实践性很强的认知活动，没有实践就没有语言习得。现代教育理念已经逐渐摒弃了单调机械的操练方式，转而提倡促进语言使用的体验过程。互动性的语言活动被认为是进行语言体验的最佳途径。因此，体验式教材观，非常重视教材的互动性、活动性、交际性、协商性，为师生开展语言交流活动创造机会。在体验式教材观指导下的教材评价，同样以关注学习者内心体验为鲜明特色，以学习者的积极情感态度和认知能力为依据，考查教材在多大程度上利于学习者体验语言，实现主体的语言发展。

（三）多元文化教材观

在各民族文化融合和重组的基础上，“世界文化”的概念得以确立。因此，我们提倡在新型国际汉语教材中体现一种多元文化观，一种具有全球文化视野的观念。这种观念主要包括五个方面：双向文化交流观要求新型教材应该突破以往中国文化单向输送的模式，将学习者看作未来的世界公民，体现文化的多样性和动态性，鼓励多元文化的多维互动，培养学习者的全球文化意识和对多样文明的认知。多元文化平等观要求新型教材改变大国心态，改变弘扬笔调，改变宣传口吻，以平和的态度对待、处理多元文化，培养学习者理解、尊重、包容多元文化的习惯，帮助学习者建立对他国文化的兴趣和感情。古今连接文化观要求新型教材兼顾古今文化，传统文化和当代文化并重，注重古代文化的现实意义和实用价值。普世价值文化观要求新型教材立足当今世界具有共同价值的文化观念，增强文化通感力。需求导向文化观要求新型教材了解学习者的文化需要，并在此基础上引导、贴近、满足这种需要，教材要考虑学习者的文化接受能力，采用图片、故事、视频、漫画、手工等多种呈现方式，增加文化内容的趣味性和可读性。

（四）资源型教材观

“教学材料”越来越多地被“教学资源”这一术语所代替，这一方面是教学需求的真实反映，另一方面也是信息时代造就的产物和教材本体发展的必然趋势。国际汉语教学时期，一本教材、一支粉笔、一块黑板已不能完全满足当代个性化的学习方式和多样化的学习需求，教学材料必须呈现可选择、可搭配、可整合的灵活组织形式，使所提供的信息更具有针对性、实用性和实效性。语言学习对资源的渴求更胜于其他学科，它不是简单的知识呈现，更具有“重实践、重交际、重体验”的学科特点。语言学习需要真实而丰富的语言输入，需要图文声像并茂的多模态、多媒体形式，需要创设逼真的语言情境，需要听说读写看相结合的呈现形态，需要交流对话和协作学习，这些要求都呼唤教材建设从单一的教材编写向教学资源集成转型升级，资源型教材观应运而生。

资源型教材观，是新型国际汉语教材观最富挑战性的组成部分，因为它有可能改变我们传统印象中教材的形态特征。在这种教材观念下，教材将改变以往线性的知识结构，而是根据连接主义思想，将知识置于多维信息流中，通过信息节点寻找和拓展更多的信息源（李霄翔，鲍敏，2009）。资源型教材观，不是海量信息的堆砌，而是在海量信息中进行价值提纯，注重信息选择、加工、整合的创造性研制过程。资源型教材观，不是信奉技术为王，而是要把内容研发放在首要位置，坚持内容优先的原则，数字技术、信息网络技术是进行内容选择、组织、生成、传播的技术工具。资源型教材观，要求增强教材的开放性和整合性，为教师教学提供多重选择和灵活的调整空间，为学习者实现个性化学习、延展性学习，实现自主发展提供可能。资源型教材观，要求实现知识技能与技术的融合，利用形式各异的教学形态，为学习者搭建动态、多维、互动的汉语学习环境，吸引他们参与到汉语学习中来。

三、新型国际汉语教材观的特点

新型国际汉语教材观在教材内容、组织形式、功能、教学4个方面的特点总结如下（见表3-2）：

表 3-2 新型国际汉语汉语教材观的特点

	新型国际汉语教材观
教材内容	基于教学环境分析和需求分析，以体验真实的语言与文化为目标，注重汉语和学习者母语之间的语言比较和文化比较，利用多模态、多媒体形式，创设逼真的语言情境，有利于调动学习者的积极情感态度，有利于促进学习策略的形成。
教材组织	根据学习者的语言学习规律和认知规律组织教学内容，以多种形式的语言文化活动为主线编排教材内容，设计结构和体例，以语言知识为暗线贯穿其中，强调活动设计的互动性、参与性、趣味性和有效性。
教材功能	兼顾师生发展的需要。一方面它为教师提供教学资源和教学思路，同时能促进教师的专业发展；另一方面它要为学习者提供适宜的语言文化环境，激发学习者的学习动机，促进学习者的语言发展和心智发展，帮助学习者树立多元文化观。
教材教学	提倡教师根据教学实际情况创造性地选用、改编教材内容，综合运用多种教学方法；鼓励学习者积极参与语言活动，创造性地使用语言。鼓励学习者进行个性化学习和自主性学习。

第四章　国外第二语言教材评价量表评述

第一节　20世纪八九十年代国外英语教材评价量表评述

量表①是最常见、最基本的教材评价工具。一份量表通常由反映教材不同侧面的一系列问题或描述构成，反映了研制者的第二语言教学观、教材编写观以及教材评价观。教材评价量表可用作选用教材的依据，评选教材的量尺，也可作为教材编写的参考标准。

Jayakaran Mukundan and Touran Ahour（2010：336-52）对1970—2008年间公开发表的48份英语教材评价量表进行了历时研究和统计分析，这表明在国外针对英语教材的评价研究起步很早，且伴随着英语教学持续发展，从未间断，成果颇丰。本节将列举20世纪八九十年代三份比较有代表性的量表，并对这三份量表的特点进行简要说明。

---

① 部分文献中使用检核表（checklist），它与评价量表（scale）在外观和运用方法上类似，形式略有区别：量表一般按照“等级”评定，检核表一般按照“是否”判断。本文不加以严格区分，统称为量表。

一、量表列举

（一）英语教材评价量表（Tom Hutchinson and Alan Waters，1987）

主体需要分析（课程要求）		客体情况分析（教材分析）	
使用者			
1A	你的教学对象是谁？ ·年龄 ·性别 ·国籍 ·学习或工作专业如：银行、医学 ·专业身份（如：出纳员、专业麻醉师） ·英语知识、专业知识、其他知识 ·教育背景 ·兴趣	1B	教材是为谁编写的？
目标			
2A	课程目标是什么？	2B	教材编写目标是什么？（注：仔细检查教材的编写目标是否与其所说的一致。）
内容			
3A	你需要哪种语言描述？结构的、意念的、功能的、语篇的，语言类型的，或以上几种的组合？	3B	教材采用哪种语言描述？
4A	应该包括哪些语言点？（如：语言结构、功能、词汇等）	4B	教材包括哪些语言点？
5A	你认为每项语言技能（如：阅读）应该占多大训练比例？需要综合技能训练？	5B	每项技能（如：阅读）在教材中占多大训练比例？有没有综合技能训练吗？
6A	需要语言微技能（如：猜测词义）的训练吗？	6B	教材涉及哪些语言技巧的训练？
7A	语料应有哪些类型？ ·手册、指南 ·书信 ·对话 ·实验报告 ·图像文本（图片、图表、漫画等） ·听力文本 ·其他	7B	教材语料有哪些类型？

续表

主体需要分析（课程要求）		客体情况分析（教材分析）	
8A	需要哪个专业领域（如：医学、生物学等）？ 知识水平如何（如：高中、大学一年级、研究生等）？ 需要涉及哪些话题（如医学：医院组织、医学技术等）？ 应该采用怎样的话题处理方式（如：开门见山、人文立场、幽默诙谐、特殊视角、热点探讨、争议辩论等）？	8B	教材涉及哪个专业领域？专业知识水平如何？涉及哪些话题？采用怎样的话题处理方式？
9A	课程内容如何组织？ ·围绕语言点 ·根据专业主题 ·其他方式（如：学习技巧） ·以上几种方式的组合	9B	教材内容如何组织？
10A	课程单元内容如何组织？ ·按照固定模式 ·多种模式 ·其他方式 ·注重某种技能或交际任务等	10B	教材单元内容如何组织？
11A	课程内容如何排序？ ·从易到难 ·提供多种排序方式 ·提供循环复现 ·其他方式 ·没有明显的顺序	11B	教材内容如何排序？
12A	课程单元内容如何排序？ ·从引导到自由 ·从理解到活用 ·从准确到流利 ·其他方式 ·没有明显的顺序	12B	教材单元内容如何排序？
教学法			
13A	课程的学习理论依据是什么？行为主义、认知主义、还是其他或几种理论兼顾？	13B	教材编写依据什么学习理论？（仔细检查全书，不要轻信编者写出来的。）
14A	课程了解哪些学习者的英语学习态度和预期？	14B	教材编写基于怎样的英语学习态度和预期？

续表

主体需要分析（课程要求）		客体情况分析（教材分析）	
15A	需要哪几种练习/活动？ ·有控制的活动←→自由的活动 ·理解性活动←→产出性活动 ·语言/技能训练←→语言/技能使用 ·唯一答案←→多种答案 ·全班活动←→小组活动←→个人活动 ·基于语言/技能的活动←→基于内容的活动 ·机械的活动←→解决问题的活动 ·角色扮演、模仿、表演、游戏 ·运用图像的活动 ·自主学习	15B	教材包含哪几种练习/活动？
16A	需要使用哪些教学技巧？ ·陈旧古板的操练方式 ·双人活动 ·小组活动 ·学生陈述 ·技术性专业活动 ·其他	16B	教材使用了哪些教学技巧？
17A	需要哪些辅助用品？ ·录音机 ·投影仪 ·教具 ·挂图 ·录像 ·其他	17B	教材需要哪些辅助用品？
18A	需要提供哪些教学指导/支持？ ·目标陈述 ·词汇表和语言点列表 ·语言指导 ·教学技巧信息 ·教学法指令和提示 ·建议 ·其他	18B	教材提供哪些指导？
19A	教材需要给予多大灵活性？	19B	教材在哪些方面具有灵活性？ ·可以从不同部分开始教学 ·单元顺序可以打乱 ·可以和其他教材搭配使用 ·在缺少录音带等辅助产品的情况下可以照常使用

续表

主体需要分析（课程要求）		客体情况分析（教材分析）	
其他			
20A	需要怎样的价格范围？	20B	教材价格多少？
21A	什么时间可以买到书？可以买多少？	21B	什么时间、如何买到书？
说明： 1. 先回答 A 列问题以确认你的需求，在此基础上编写或评价教材。 2. 回答 B 列问题以分析教材。 3. 比较 A 和 B 的结果。可以主观比较，也可以评分：0=不符合需求；1=部分符合需求；2=非常符合需求。分数相加，分析结果。高分并不一定是最合适的教材，因为分数可能集中在某一个维度上。 4. 做出选择。			

（二）英语教材评价量表（Alan Cunningworth，1995）

	目的和方法
1	□ 教材目标是否与课程教学目标一致？是否与学生需求一致？
2	□ 教材是否适合你从教的教学环境？
3	□ 教材内容是否全面？能否满足大部分或全部教学需求？能否为学生和教师提供优质资源？
4	□ 教材是否具有灵活性？是否适合不同的教学风格？
	设计与结构
5	□ 教材包中包括哪些组成部分（如学生用书、教师用书、练习册、录音带等）？
6	□ 内容如何组织（如依据结构、功能、话题、技能等）？该组织结构是否适合学生和教师？
7	□ 内容如何排序（如基于难易程度、可学程度、实用度等）？
8	□ 该编排是否适合学生？是否有助于学生达到大纲要求？
9	□ 教材是否提供了足够的复现和复习？
10	□ 教材是否提供了语法列表等附录？是否提供了适合个人学习的材料？
11	□ 教材是否提供了清晰的学习路径？版式设计是否清晰？
	语 言 内 容
12	□ 教材是否包括适合各个级别的主要语法项目？语法项目的编排是否考虑到了学生需求？

续表

	语言内容
13	□ 教材是否提供了足够的词汇量和合适的词汇范围，是否注重个人词汇积累和词汇学习策略？
14	□ 教材是否提供了语音训练材料？如果有，它包括哪些？单项语音练习、词汇语音练习、句子语音练习、语调？
15	□ 教材是否提供了句型和习惯用语方面的内容？如参与对话、组织作文、找出一篇阅读文章的主要观点（多用于中高级）。
16	□ 教材是否考虑到了语言风格和语言适用性？如果有，语言风格是否符合实际社会环境？
	技　　能
17	□ 教材是否依据课程目标和大纲要求涵盖听说读写四项技能？
18	□ 教材是否包括了综合技能练习？
19	□ 阅读文章和相关活动是否适合学生的水平和兴趣等？是否有足够的阅读量？
20	□ 听力材料的音质是否良好、是否足够真实、是否包括背景知识和理解性练习？
21	□ 口语材料（对话、角色扮演等）能否满足学生真实交际的需求？
22	□ 写作活动在写作指导、语言准确度、长篇作文组织、不同风格运用等方面是否恰当？
	话　　题
23	□ 教材中是否包括足够的、学生真正感兴趣的材料？
24	□ 话题范围是否足够广泛？
25	□ 话题是否有助于拓展学生的认识、丰富他们的经验？
26	□ 话题内容是根据学生的语言水平精挑细选的吗？
27	□ 学生能否与教材中展现的社会文化情景建立联系？
28	□ 教材展现的女性人物跟男性是否平等？
29	□ 教材是否展现了其他民族、各种职业、残障人士等？
	教　学　法
30	□ 教材体现了哪种或哪几种语言学习方法？它是否符合教学环境？
31	□ 学生参与度将会如何？教材是否与你的学生的学习风格、学习期待相符？
32	□ 教材采用哪种呈现/操练语言的方法？它们适合你的学生吗？
33	□ 教材是怎样教授语言技能的？

续表

	教　学　法
34	□ 交际能力是如何发展的？
35	□ 教材是否包括对学生技能和策略方面的帮助？
36	□ 能否让学生承担自己的学习责任？（如：确定个人的学习目标）
	教 师 用 书
37	□ 是否对教师提供了足够的指导和辅助材料？
38	□ 教师用书是否全面、有帮助？
39	□ 教师用书是否包括教学方法、语法规则、文化知识等项目？
40	□ 编者是否提出并证实了教材编写的基本假设和原则？
41	□ 是否提供了练习答案？
	实际考虑因素
42	□ 整个教材包多少钱？物有所值吗？
43	□ 教材是否耐用？外观设计吸引人吗？
44	□ 教材容易买到吗？能在短期内供货吗？
45	□ 是否需要特殊设备，如：语音室、听力教室、录音机等？如果要，你有这些设备吗？这些设备在使用中可靠吗？

（三）英语教材评价量表（Penny Ur，1996）

	重要程度	通用标准	评分
1		前言中明确介绍了教学目标并在教材中得以贯彻。	
2		教学方法适合学生。	
3		版式设计清晰美观，易于阅读。	
4		提供了适当的视觉素材。	
5		话题和任务吸引人。	
6		多种话题和任务，适合不同学生的学习水平、学习风格和兴趣等。	
7		指示语明晰。	
8		系统地覆盖了课程大纲。	
9		语言内容组织编排明晰（按难度排列）。	

续表

	重要程度	通用标准	评分
10		提供了阶段性复习和测验。	
11		大量的真实语言。	
12		语音讲解和练习得当。	
13		词汇讲解和练习得当。	
14		语法讲解和练习得当。	
15		提供了听说读写技能方面的流利性练习。	
16		鼓励学生发展各自学习策略，增强自主学习能力。	
17		为教师提供充足的指导，减轻教师的备课负担。	
18		提供了配套录音带。	
19		能在当地及时买到。	
标注说明：非常重要=√，重要=√×，不确定=?，不重要=×，完全不重要=××			

	重要程度	具体标准	评分
范围（语言知识和技能）			
1		语音练习。	
2		新词汇的学习和练习。	
3		语法讲解和练习。	
4		听力练习的录音材料。	
5		听说交际任务。	
6		读写交际任务。	
7		综合技能交际任务。	
8		长篇和短篇阅读材料。	
9		词典释义。	
10		已学内容的复习。	
11		有趣的活动。	
语言材料			
12		（阅读和听力）语料是否适合该级别学习?	
13		语料是否有趣?	
14		语料是否多样?	

续表

	重要程度	具体标准	评分
任务（活动，练习）			
15		任务能否提供大量使用语言的机会？	
16		任务是否多样化，能够引起不同学习程度学生的反馈？	
17		任务是否恰当地覆盖语言点和语言技能？	
18		任务是否有趣？	
19		任务是否适合你的班级？	
20		语言准确性和流利性练习安排是否平衡？活动目标兼顾产出正确的语言形式和语言交际应用。	
管理			
21		教材中某一特定部分，是否以“教师主导、师问生答”的方式有效地进行？	
22		学生通过阅读和写作自主学习？还是通过组对或小组活动合作学习？还是两种策略相结合使用？	
23		教材是否提供活动指导？	

二、量表评述

通过我国学者（钱瑗，1995；张雪梅，2001；赵勇、郑树棠，2006；程晓堂，2011）的介绍和评述，我们熟悉了 Grant（1987）、Breen and Candlin（1987）、Hutchinson and Waters（1987）、Sheldon（1988）、McDonough and Shaw（1993）、Cunningsworth（1995）等 20 世纪八九十年代的英语教材评价量表，这一时期的量表建构为教材评价研究打下了坚实基础。

Jayakaran Mukundan and Touran Ahour（2010：342）使用 Wordsmith Tool 4.0 提取了这一时期量表（共 23 份）的高频词，分别有：activity（活动），availability of the materials（可获性），clarity（清晰），culture（文化），interest（兴趣），guidance（指导），layout（版式），methodology（教学法），objective（目标），sequencing and review（排序和复习），test（测试），vocabulary

（词汇）。他们指出，这一时期的量表特别强调6个方面：①教材实际问题的考虑，如耐用性、吸引力、印刷质量等；②语言技能；③主题和内容；④目标；⑤背景信息，通常作为量表的第一个部分；⑥清晰度，它是提高量表信度的关键因素。

（一）Tom Hutchinson and Alan Waters 量表（1987）

Hutchinson and Waters（1987：96-8）量表实践了他们对教材评价的“对照观”。他们认为，评价是以特定目的来判断某物合适度的行为，因此，评价涉及相关价值，所有事物本无绝对的好与坏，只有合适的程度不同。教材评价实际上是一种对照过程（见图4-1）。“主体需要分析”（subjective analysis）是指由教师或评估者列出某一语言课程的教学目的及对教材的要求，“客体情况分析”（objective analysis）是指列出某一候选教材的特点。然后两相对照，对照一般在下列5方面进行：学习者情况、教学目标、教学内容、教学方法、价格等实际问题。

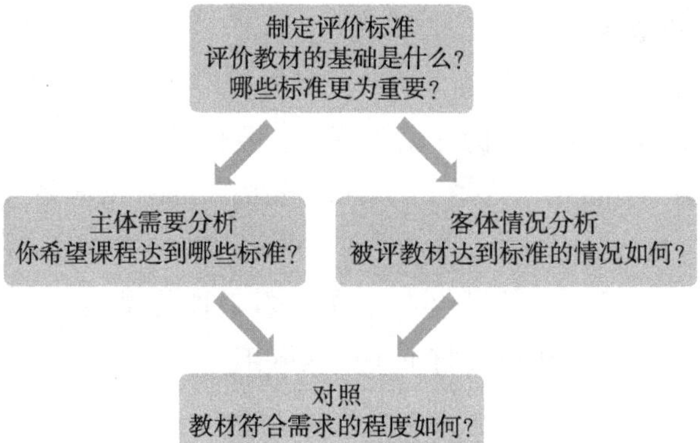

图4-1 Hutchinson and Waters 教材评价过程

Hutchinson and Waters 量表还具有“特殊用途英语”教材评价的特色。量表预设的学习者为高中以上的学生，量表设计重视他们的专业知识结构和学科背景，除了语言教学相关标准以外，量表还设计了与专业相关的标准（如：专业知识、专业话题等）。量表也体现了内容教学法的特色，把其他学科知识引入外语教学中，围绕学科主题安排、组织教学，将语言学习和专业学习真正结合起来。这些特点可为专门用途汉语教材的编写和评价提供启示。

（二）Alan Cunningsworth 量表（1995）

评论和引用 Alan Cunningsworth 量表的文献很多，赵勇、郑树棠（2006）对其基本情况、理论背景进行了详细介绍和分析。该量表符合 Cunningsworth 本人提出的教材评价指导方针：①教材应当符合学生需求，与学习目标吻合；②教材应当符合学习者现在和未来运用语言的需要，帮助学习者有效地使用语言；③教材应当考虑学习者的需求，促进学习过程，不应武断地强加给他们一种严格的“方法”；④教材应当对学习者起到辅助作用，就像教师一样帮助学生学习语言。

Cunningsworth 的评价理念体现了他的语言观和语言教学观。Cunningsworth 把语言看作一个系统，因而针对每个语言层面都给出了详细的评价表，他关注语言本身，认为语法、词汇、语音等语言知识才是复杂教学过程中一切活动的基础。其中语法教学是任何一个语言课程中的主要组成部分。同时他强调语言行为，即学习者在不同场合使用不同技能的语言应用能力，强调 4 种语言技能的平衡发展。关于教学方法，他认为，教材的功能之一就是把语言尽可能有效、快捷地呈现给学习者，这体现了教材编写者的语言观和语言教学观。教材不应该强加给学习者或教师某种学习方法，但他相信语言内容的组织方式和课堂活动类型能够对学习过程产生深远的影响。

（三）Penny Ur 量表（1996）

Penny Ur（1996：184-9）认为，教材评价包括通用标准（general criteria）和特定标准（specific criteria）两部分。通用标准适用于

评价任何教材，例如“清晰的版式设计”、“提供阶段性复习和测验”；而特定标准只适用于评价特定课程或特定学生群体的教材，例如“具有吸引力的彩色插图”（儿童教材）、“与话题相关的词汇和语料”（科技专业学生使用的教材）。Ur 从使用教材的角度提出，利用通用标准检验教材之后，还应该进行细致具体的教材审核，包括知识与技能范围、语言材料、任务（活动、练习）、教学组织与管理4个方面。通过考查“语言知识与技能的覆盖范围”，教师可以增减教材内容；通过考查“语言材料”，教师可以正确处理语料过难、过易、枯燥、题材单一等问题；对“任务（活动、练习）”的考查尤为重要，他特别强调了“好”活动的基本特征：

1	有效度：让学生有效地练习需要练习的内容。
2	有准备：活动前要有语言准备。
3	使用量：课堂上学生语言使用量越多越好。
4	有成功机会：保证学生能够不同程度地获得成功。成功不等于完美，允许有差错。
5	多层次：照顾到不同水平的学生，使他们都能获得练习机会。
6	教师辅助：教师在活动中应给予明确的指令，帮助学生成功完成任务。要给学生思考时间、提示、引导性问题、肯定、在巡视中回答问题等。
7	有趣味：要有趣味性的话题，要表达有意义的信息，任务游戏化，教材吸引人，能激发学生的情感和挑战欲。

他也提出了能够激发学生兴趣的学习任务：

1	目标明确：学生知道明确的任务目标，包括语言学习目标和内容目标；
2	话题广泛、任务多样：话题和任务要尽量有趣和多样；
3	有视觉材料：材料要对学生具有视觉冲击力，又与任务密切相关；
4	有挑战性：游戏化活动通过设定目标和游戏规则增强紧迫感和挑战性；
5	有娱乐性：娱乐类活动可以增强学习动机；
6	有表演效果：角色扮演、模拟场景等活动可以发挥学生想象力；
7	有信息差：信息差活动有利于学生了解和传递信息；
8	与学生相关：尽量与学生的观念、品味、经历等相关；
9	开放性：能够引发不同反馈的活动更具刺激性。

对“教学组织与管理”部分侧重考查课堂的互动方式，并建议了10种课堂活动交互方式：个人活动、双人活动、小组活动、全班活动、教师说话（学生做出非语言反应）、教师提问（封闭式问题）、教师提问（开放式问题）、学生提问教师回答、学生集体回应、学生自主活动。

第二节　21世纪国外英语教材评价量表评述

本节将列举三份21世纪国外研制的英语教材评价量表，通过共性分析和特性解读，了解国外英语教材研究的最新发展趋势，为研制国际汉语教材评价体系提供一些思路。

一、量表列举

（一）教材适配度评价表（Patricia Byrd and Marianne Celce-Murcia，2001）

适配度评价	非常适配	适配	不太适配	完全不适配
教材和教学大纲的适配度				
1. 符合教学大纲中设定的目标				
2. 有适当的语言内容				
3. 有适当的主题内容				
4. 符合项目/课程的教学法和第二语言习得原则				
教材与学习者的适配度				
5. 学生能理解并运用教材中的解释				
6. 学生能理解并运用教材中的范例				
7. 有适当的学生活动内容				
8. 教材中的主题内容能被学生所理解并符合其文化背景				

续表

适配度评价	非常适配	适配	不太适配	完全不适配
教材和教师的适配度				
9. 符合教师的语言技能				
10. 符合教师的知识储备				
11. 为教师提供了可用的解释				
12. 为教师提供了可用并可扩展的范例				
13. 符合教师的需求和偏好				
14. 为教师提供了教师指导				
教材与该课程适配度的全面评价				
15. 是否应当选择该教材?				

（二）教材评价表（Rani Rubdy，2003）

教材评价表	评分：0-5 分
一、心理效度	
（一）依据/学习者需求	
1. 教材的宗旨和目标是什么? 2. 教材是否清楚地阐明了教材的宗旨和目标? 3. 是否满足了学生的需求、需要、兴趣和目的? 4. 是否有效地帮助学生掌握英语? 5. 是否有利于提高并维持学生的学习动机? 6. 是否有利于增强学生开展交际活动的信心，在遇到困难时坚持参与交际活动? 7. 是否有利于满足学生语言技能的发展，使他们在今后的学习和工作中有效使用语言?	
（二）独立性和自主性	
8. 学生是一个自主的决策者还是被动的信息接受者? 9. 教材是否鼓励独立的语言学习? 10. 是否鼓励学生猜测、预测、发现、尝试选用其他语言形式? 11. 能否让学生根据自己的语言水平、学习风格、可投入的精力和时间做出自主选择? 12. 是否有利于学生思考学习过程，体验不同的学习活动? 13. 是否允许学生有充足的时间对所学内容进行思考和反思? 14. 能否帮助学生发现他们自己的学习风格、偏好、学习习惯和学习策略?	

续表

教材评价表	评分：0-5分
15. 是否提供对各种学习策略的详细说明，并对如何有效利用、发展这些策略提出建议和方法？ 16. 是否提供了充足的策略？ 17. 是否鼓励学生对他们的学习策略、学习活动、学习内容进行评估？ 18. 是否提供了自我监督和反馈？	
（三）自我发展	
19. 教材能否在认知和情感上吸引学生？ 20. 是否信任学生具有理性思考和解决问题的能力？ 21. 是否有利于学生将情感投入到学习过程中？ 22. 是否有利于提高学生创新性和批判性思考能力？ 23. 是否有利于学生发展积极的学习态度？ 24. 是否有利于学生尽其所能发挥他们的特长？ 25. 是否将学生看作“人”，而不是仅仅把他们视为语言学生？ 26. 是否有助于学生塑造人格，发表意见，以及更好地了解自己？	
（四）创造力	
27. 教材是否有利于调动学生原有的知识和经验，并为其进一步发展提供机会？ 28. 能否为学生的创造力和活力提供足够的机会，鼓励他们参与教学资源的生成？ 29. 能否为积极性高的学生提供额外的、富有挑战性的活动？ 30. 能否为学习努力的学生提供更多机会？	
（五）合作精神	
31. 教材是否通过双人或小组活动和信息交换任务，为学生提供合作学习的机会？ 32. 是否鼓励学生在互相帮助的过程中学习，更重要的是，能否让他们在一个压力较小的环境中完成任务？ 33. 能否通过给予每个学生一个特定的角色，让他们积极投入到小组互动中，从而形成相互依赖的关系？	
二、教学效度	
（一）指导性	
34. 给教师的注释是否明确、有用？ 35. 是否有足够的指导，还是过多的指导？ 36. 教师用书是否提供了录音文本、参考答案、词汇表、结构/功能列表以及每课总结？ 37. 教材能否满足不同的教学风格和不同个性的教师？ 38. 是否考虑到母语非英语教师的观点、预期及偏好？	

续表

教材评价表	评分：0–5 分
（二）可选性	
39. 是否鼓励教师使用不同的方法授课？ 40. 是否为教师对教学内容的改编和本土化改编留有余地？ 41. 是否鼓励教师对教学内容增、删、改，或是即兴发挥？ 42. 能否培养教师选择和控制教学内容的意识？	
（三）反思/探究/创新	
43. 是否有利于培养教师不断创新和试验？ 44. 是否鼓励教师发挥创造力，想象力和探索精神？ 45. 能否促进教师对教材本身及其所提倡的教学方法进行反思，从而提高他们的批判意识？ 46. 是否鼓励教师进行课程评估？	
三、过程和内容效度	
（一）教学法	
47. 教材是否体现了近期二语习得理论的研究成果？ 48. 学生需要理解句子/课文的意义还是只需简单地使用其形式？ 49. 教材是否充分利用了学习起始阶段或是学习新内容时存在的沉默期？ 50. 能否促进学生的陈述性知识和程序性知识的共同发展，同时作用于更广义的教育目标？ 51. 是否均衡地处理了分析性学习模式和体验性学习模式？ 52. 是否明确且有意识地聚焦于规则及其解释，还是让学生去发现语言规则？ 53. 是否包含学生已有知识？是否有利于学生利用交际知识？	
（二）内容	
54. 是否提供了丰富、多样且可理解的输入语料，以促进自然语言习得，以及有意识地关注语料的语言特征和语用特征？ 55. 教材话题/课文是否现代，富有认知上的挑战性，能否丰富学生的个人知识和经验，培养积极向上的性格？ 56. 教材是否含有不同难度等级的活动？ 57. 是否很好地将内容情景化了？ 58. 是否兼顾了封闭式与开放式问答练习？ 59. 语法解释是否适当？ 60. 是否使用了复杂的元语言？ 61. 是否过多地使用术语？	

续表

教材评价表	评分：0–5 分
（三）适配性	
62. 教材是否清楚地说明了适用的语言水平和目标读者？ 63. 是否符合学生的心理水平、语言水平、认知水平？ 64. 是否具有足够的趣味性、多样性和时事性来吸引学生的注意力？ 65. 作者的幽默感和人生观表现得十分明显还是相对恰当？ 66. 作者表现出友好协助的态度还是居高临下的态度？	
（四）真实性	
67. 教材是否通过目的明确的阅读/听力活动来提供广泛且地道的英语？ 68. 教材内容是否具有真实性，能够反映现实世界的话题、事件和语料？ 69. 教材中的活动是否与学生的兴趣和现实生活中的真实任务相关？ 70. 教材中的任务是否鼓励使用交际中或现实生活中的语言？ 71. 如果不是，课文是否过于简化或虚假，令人难以接受？ 72. 课文能否呈现现实生活中的交际过程？	
（五）文化敏感性	
73. 教材重点关注了哪方面的文化内容？ 74. 教材是否与学生的文化背景相关/适合？并触及他们的价值观和信仰？ 75. 是否反映了对社会文化变化的意识和敏感性？ 76. 是否反映出学生母语文化和目的语文化之间的相似和差异？ 77. 文化上的相似和差异是否以平和的方式呈现？ 78. 是否含有与性别、种族、社会等级或民族相关、僵化、失真、傲慢或冒犯的图像？ 79. 教材是否准确且平和地描述了美国和英国的形象？举例来说，不包含某些令人不安的社会现实（如：失业、贫困、家庭破裂以及种族歧视）。	
（六）版式设计/制图	
80. 版式设计是否清楚？ 81. 每一页的图文内容疏朗清晰，还是一团杂乱？ 82. 插图和字体是否具有功能性？彩色的吗？吸引人吗？ 83. 每一页是否留有足够的空白？	

续表

教材评价表	评分：0-5 分
（七）可获性	
84. 教材体例是否清晰，易于阅读？ 85. 教材是否含有索引、词汇表、各部分标题以及其他具有指示功能的形式，方便学生使用，尤其方便学生复习或自学？ 86. 教材是否清楚地告知学生如何有效使用这本教材及其内容？ 87. 开展活动的指令是否清晰、简洁且说明充分？ 88. 学生能否通过教材掌握学习方向，清晰地了解自己的学习进度？	
（八）联系性	
89. 是否在主题、情境、话题，技能或语法/词汇之间，单元与练习之间联系紧密？ 90. 教材是否内外保持一致（如：与同一系列里的其他教材）？	
（九）内容选取/分级	
91. 教材中呈现的语言知识是否适用于学生的学习目的，同时考虑到了他们的母语背景？ 92. 活动和任务的选择和分级是否基于一个清晰的体系（如：词频、任务的认知负荷）？ 93. 语言知识的介绍、练习、复现对学生来说太浅、太少还是太深、太多？	
（十）充分性	
94. 教材是否完备，教师只需使用该教材就可以完成教学，还是必须添加一些辅助、衔接的材料才能使它切实可行？ 95. 使用学生用书就可以教授这门课程，还是要使用所有相关教具？	
（十一）平衡/综合/挑战	
96. 教材中的活动能否帮助学生超越课文/语篇的表面理解，让学生利用更高级的批判性思维（如：解释和推理）？ 97. 教材在接受性知识和产出性知识、技能与能力之间是否处理均衡？ 98. 教材更注重学习成果还是学习过程，或是两者兼顾？	
（十二）激励/实践/复习	
99. 是否有足够的机会让学生使用和实践对话策略和技巧？ 100. 能否通过广泛阅读获得足够丰富的语言接触？ 101. 是否提供了内容、词汇和结构的循环复现？是否提供了复习、测试和学习中的评估？是否提供了学生自测？	

续表

教材评价表	评分：0–5 分
（十三）灵活性	
102. 教材中的任务/课文/活动可以灵活运用吗？可以根据课堂环境运用并修改吗？教材在形式、结构和方法上是否过于僵固？ 103. 教材中的任务/课文/活动可以改变顺序/套路/途径吗？或是该课程中活动的顺序和步骤必须是固定的？ 104. 教材是否对教师的备课时间有过多要求？ 105. 是否要求学生花很多时间做作业？ 106. 是否包含了大量的补充材料和可用的教具？	
（十四）教育性	
107. 教材是否与广义的教育问题相契合（如：学习技巧的性质和任务、中小学生的认知发展、“世界知识” 的作用等）？	
说明：根据以上标准给教材打分，分值范围为 0–5 分。可以适当调整权重。另外，留下评价意见有助于补充定量分析。	

（三）教材评价表（David R. A. Litz，2005）

学习者评价表	评分：1–10 分
一、实际考虑	
1. 教材价格合理。	
2. 教材容易买到。	
二、版式和设计	
3. 版式和设计适宜、清晰。	
4. 教材组织结构合理。	
三、活动	
5. 教材提供了均衡的活动类型，如：兼顾控制性和非控制性练习/任务，兼顾语言产出的准确性和流利性。	
6. 鼓励充足的、交际性的、有意义的语言实践。	
7. 包括个人、结对、小组等多种活动形式。	
8. 在真实的、激发学习的语境中讲练语言点和词汇。	
9. 活动促进富有创造性的、独特的、独立的反馈。	

续表

学习者评价表	评分：1-10 分
四、技能	
10. 教材中包含并强调了我想要练习的语言技能。	
11. 教材均衡地处理了听说读写四项语言技能。	
12. 教材重视一些次技能的训练，如：听大意、记录要点、略读等。	
五、语言	
13. 语言真实，如：现实生活中的英语。	
14. 语言适合我目前的英语水平。	
15. 语言点和词汇的处理循序渐进。	
16. 语言点配有简明易懂的例句和解释。	
17. 语言功能展现了我将来会用到的英语。	
18. 语言包含了多样的语体风格和地方口音。	
六、主题和内容	
19. 教材提供了我需要的主题和内容。	
20. 总体来说，主题和内容是真实的。	
21. 主题和内容有趣味性，有挑战性和激励性。	
22. 教材主题和内容广泛、多样。	
23. 教材中没有文化偏见，没有塑造消极形象。	
七、结论	
24. 教材引发了我继续学习英语的兴趣。	
25. 我愿意再次学习这本教材。	

教师评价表	评分：1-10 分
一、实际考虑	
1. 教材价格合理。	
2. 教材容易买到。	
3. 教材是近期出版的。	
4. 教材配有教师用书、练习册和录音磁带。	
5. 作者的语言观和教学方法论与我相似（从教材简介或前言中获知）。	

续表

教师评价表	评分：1-10分
二、版式和设计	
6. 教材详细地列出了每单元教授的功能、结构、词汇。	
7. 版式和设计适宜、清晰。	
8. 教材组织结构合理。	
9. 包含词汇表和词汇总表。	
10. 包含复习部分和用于复习的练习。	
11. 包含评估小测验和测试建议。	
12. 教师用书包含了如何使用教材的教学指导。	
13. 教师和学生都能清晰地了解教材目标。	
三、活动	
14. 教材提供了均衡的活动类型，如：兼顾控制性和非控制性练习/任务，兼顾语言产出的准确性和流利性。	
15. 活动鼓励充足的、交际性的、有意义的语言实践。	
16. 包括个人、结对、小组等多种活动形式。	
17. 在真实的、激发学习的语境中讲练语言点和词汇。	
18. 活动促进富有创造性的、独特的、独立的反馈。	
19. 任务有利于新学语言的内化。	
20. 活动易于修改和补充。	
四、技能	
21. 教材中包含并强调了我/我的学生想要练习的语言技能。	
22. 教材均衡地处理了听说读写四项语言技能。	
23. 教材重视一些次技能的训练，如：听大意、记录要点、略读等。	
24. 教材重视练习自然语音（如：重音和声调）。	
25. 某项技能练习融入其他技能练习中。	
五、语言	
26. 语言真实，如：现实生活中的英语。	
27. 语言适合我/我的学生目前的英语水平。	
28. 语言点和词汇处理循序渐进。	

续表

教师评价表	评分：1-10 分
29. 语言点配有简明易懂的例句和解释。	
30. 语言功能展现了我/我的学生将来会使用的英语。	
31. 语言包含了多样的语体风格和地方口音。	
六、主题和内容	
32. 教材提供了我的学生需要的主题和内容。	
33. 总体来说，主题和内容是真实的。	
34. 主题和内容有趣味性，有挑战性和激励性。	
35. 教材主题和内容广泛、多样。	
36. 教材中没有文化偏见，没有塑造消极形象。	
七、结论	
37. 教材与我的语言教学目标相符。	
38. 教材适合大学层次中小班级、集体授课使用。	
39. 教材会引发学生继续学习英语的兴趣。	
40. 我愿意再次选用这本教材。	

二、三份评价量表评述①

（一）三份量表②的总体情况

总体来看，三份量表（见表 4-1）多采用 2 级或 3 级指标③，但具体指标项数悬殊较大，多则 107 项，少则 15 项。从表 4-2 可见，量表的维度和具体指标项的设计各具特色，视角多样，体现了不同的研制目的、用途，以及所依据的语言教学观和教材评价理念。三份量表均采取了平均分配权重的方式。

① 该部分原载于《云南师范大学学报（对外汉语教学与研究版）》，2015 年第 4 期。

② 本文将三份量表简称为：Byrd and Celce-Murcia 量表、Rubdy 量表和 Litz 量表。

③ 本文中的指标是指量表中设定的具体目标，也可看作是标准或要求。

表 4-1 3 份英语教材评价量表总览

序号	设计者	维度	指标级数	问题/描述总数	填表形式	权重
1	Patricia Byrd and Marianne Celce-Murcia (2001)	3	2	15	4 度评级	平均
2	Rani Rubdy (2003)	3	3	107	6 度评级	平均
3	David R. A. Litz (2005)	2	3	65	10 度评级	平均

表 4-2 3 份英语教材评价量表的维度和指标设计

设计者	维度（含一级指标或一、二级指标）
Patricia Byrd and Marianne Celce-Murcia (2001)	· 教材与教学大纲的适配度 · 教材与学习者的适配度 · 教材与教师的适配度
Rani Rubdy (2003)	· 心理效度（依据/学习者需求、独立性和自主性、自我发展、创造力、合作精神） · 教学效度（指导性、可选性、反思/探究/创新） · 过程和内容效度（教学法、内容、适配性、真实性、文化敏感性、版式设计/制图、可获性、联系性、内容选取/分级、充分性、平衡/综合/挑战、激励/实践/复习、灵活性、教育性）
David R. A. Litz (2005)	· 学习者教材评价表（实际考虑、版式和设计、活动、技能、语言、主题和内容、结论） · 教师教材评价表（实际考虑、版式和设计、活动、技能、语言、主题和内容、结论）

（二）三份量表的共性分析

1. 共同关注了教材使用者的需求

教师和学习者是教材的主要使用者，教材能否满足使用者需求是其成败的关键，而学习者需求和教师需求又是不同的。三份量表异曲同工，共同关注了使用者需求。Byrd and Celce-Murcia 量表从教材与学习者、教师适配（fit）的角度，重点考查了教材是否适合使用者，将教材与使用者的适配度作为评价的核心准则。Rubdy 量表关注了教材对学习者心理情感和教师职业发展的深层作用。Litz 量表设计了教师和学习者分别使用的评价表，区分了两类使用者不同的视角和关注点。

2. 教学内容是教材的主体

教材是教学内容的载体，任何教材评价都不能忽略这个重要方面，三份量表亦是如此，但它们对“内容”的内涵和外延有不同解读和呈现。Byrd and Celce-Murcia 量表将教材内容分为语言内容和主题内容两部分，语言内容是指语法、词汇、技能等，主题内容主要指用于呈现或实践语言内容的话题。Rubdy 量表认为教学内容与教学过程密不可分，将过程和内容放在一个维度中，教学内容的外延更广，包括了主题、知识、技能、活动、文化、形式等多个方面。Litz 量表将内容与语言、活动、技能等项目区分开，主要指在某一话题下展开的内容，考查了主题内容是否真实、有趣、广泛、积极。

3. 教学思想是教材的灵魂

体现一定教学思想是优秀教材的必备品质，也成为衡量教材质量的一条重要标准。三份量表均重视教材是否体现了一定的教学思想，Byrd and Celce-Murcia 量表认为，教材应该“符合项目/课程的教学法和第二语言习得原则”；Rubdy 量表认为，教材应该“体现了近期第二语言习得理论和研究成果”；Litz 量表认为，教师应该“能够察知教材的语言观和教学方法论是否与教师的观点基本一致”。

（三）三份量表的特性分析

1. Byrd and Celce-Murcia 量表（2001）的特点

Byrd and Celce-Murcia 量表从 3 个维度开展教材评价：教材与教学大纲（currilulum）的适配度、教材与学习者的适配度、教材与教师的适配度。整个量表共 15 个指标项，使用者可以根据适配程度的强弱进行 4 度评价。

（1）主要考查教材的适配性

目前大多数观点支持教材是教学的必需品，为此，教材挣脱不开与教学大纲（curriculum）、教师和学习者的联系，教材与上述三个方面的符合关系在许多教材评价量表中都有不同程度的体现。早在 1987 年，Grant 量表提出了三个适配性评价维度：教材符合学习者需要（suit）、教材符合教师需要、教材符合课程大纲和考试要求，这是英语教材评价中第一个以适配性为核心的教材评价量表。随后适配性指标在量表中经常出现，只是重视程度和设计目的不同。Byrd and Celce-Murcia 量表与 Grant 量表异曲同工，突出地考查了教材与教学大纲、学习者、教师的适配度。Byrd and Celce-Murcia 量表采用了教学大纲这个宏观的大纲概念，设计了教材与教学目标、语言内容、话题内容、教学方法和第二语言教学原则 4 个考查点，而 Grant 量表采用了课程大纲（syllabus）具体的大纲概念，指标内容也相对具体，这是二者的最大区别。

（2）纵横交错的网格设计

与 Grant 量表的另一个区别是：在三个适配性评价维度以外，Byrd and Celce-Murcia 还对量表纵向考查视角进行了设计。首先，他们认为教材主要由三部分组成：内容（解释）、范例、练习（任务）。教材运用的设计元素，如字体、字号、留白、插图等都是为以上三部分服务的。如果将教学大纲、学习者和教师视为三条横线，内容、范例、练习、设计可看作四条纵线，他们的评价量表基本上就是在这样的纵横交错的网格上建构起来的。量表对纵线的设计体现了设计者对教材结构的理解，纵横交错，这种网格式设计使得量表体系更加清楚。同时这个体系也反映了设计者的语言教学观，该量表大体遵循了 3P 教学法的模式，强调教学过程中演示（presentation）、操练（practice）和产出（production）三个阶段，教材对内容解释和范例的衡量标准也仅限理解（understandable）和运用（usable），而语言内容的真实性和输入量，实践活动的互动性和合作性，策略的运用，学习者情感与态度的调动等均未涉及。

总体来说，Byrd and Celce-Murcia 量表过于简单，通过三个维度上的15个指标项，难以全面、具体地评价教材这一复杂体系。将教材简化为内容（解释）、范例、练习（任务）、设计4个部分，反映了量表设计者对教材结构的理解趋于简单、平面化。教材虽是平面媒介质，但其实质是立体的、多层次的复杂结构。

Byrd and Celce-Murcia 在文章中对语言内容、主题内容、解释、范例等术语进行了界定和描述。然而在实际操作中，脱离指标释义，评价者与量表设计者对指标项的理解可能会产生差异。例如在教师维度上的两个指标项："符合教师的语言技能"、"符合教师的知识储备"，根据 Byrd and Celce-Murcia 的描述，前者是针对母语非英语的教师提出的，后者是针对教授专门用途英语的教师提出来的。单从量表指标项的表述，评价者很难准确理解设计者的意图，如果每个评价者带着自己的理解去评价教材，会极大地影响评价的信度。

2. Rubdy 量表（2003）的特点

Rubdy 量表设计了三个评价维度：心理效度、教学效度、过程和内容效度。深入分析这三个维度上的具体指标后我们会发现，它们分别侧重学习者的心理、教师教学，以及教学过程和教学内容三个方面。

（1）量表充满了人本主义气息

Rubdy 量表向我们传递了浓厚的人本主义教材评价思想。量表中的指标强调了学习者的"全人"发展，除了语言学习以外，学习者要"建立健全的人格"，要"发展理性思考和解决问题的能力"，要"学会与人交往、合作"，成为社会人和国际人；另一方面，量表体现了教材在教学功能以外，还具有更广泛的教育功能和社会功能，要对学习者树立正确的人生观、价值观、世界观发挥作用，要能够"丰富学习者的个人知识经验并培养学习者积极向上的性格"。这些内容突破了单一语言教学的范畴，将语言教材与学习者全人发展紧密联系起来，强调语言教材更广泛的教育意义和社会意义，强调教材与学习者之间平等对话的关系，充满了人文情怀。

Rubdy 量表将学习者的个体差异作为前提，也从另一个侧面反映了量表的人文主义思想。传统教材观将学习者视为整齐划一的群体，设置统一的教学内容、教学方法、教学进度、测试方式，忽略了个体差异的存在，以及个体差异与学习效果的关系，抑制了学习者的主观能动性，违背了“因材施教”的教学原则。Rubdy 量表突出了学习者的个体差异和自主性，提出教材应该“利于学习者发挥各自特长”，“利于学习者根据自己的语言水平、学习风格、可投入的精力和时间做出选择”，“利于学习者发现和利用学习策略”。这些指标试图发挥评价的导向作用，呼唤教材编写者和评价者对学习者差异的认识和尊重。

Rubdy 量表将学习者的心理效度引入教材评价，是对教材评价的发展和突破。20 世纪语言教学经历了“以教师为中心”向“以学习者为中心”的转变过程，学习者研究又从关注学习者外在行为向重视学习者内心感受转移。近年来语言教学研究中，学习者需求、学习动机、学习观念、情感与态度、学习能力等方面受到普遍关注，而这些关注点在 Rubdy 量表中均得到了体现。该量表在心理维度下设计了五项二级指标，分别是：学习者需求、独立性和自主性、自我发展、创造力、合作精神。以往我们认为，教材设计很难触及学习者的心理感受，只有教学过程才会直接影响学习者的情感与态度，因而教材评价大都忽略这一部分。然而，实证研究（丁安琪，2011；俞玮奇，2013）的结果却证明，教材及学习内容是造成学习者语言学习动机减退的重要因素之一，不恰当的教材内容是引起学习者焦虑的主要原因。由此看来，教材对学习者学习动机、自信心、学习态度等心理情感的影响是教材评价不可忽视的重要维度，也预示了教材评价的发展趋势。

（2）充分吸收了二语习得研究成果

Tomlinson（1998：5-22）曾指出，第二语言习得领域有大量的研究成果已成共识，可以作为教材编写原则和教材评价标准。Rubdy 量表中的指标设计就充分体现了这些“共识”。经粗略统计，该量表中有关第二语言习得的指标有约 55 项，约占全部指标的一半。例如关于语言输入研究的指标：“教材是否提供了丰富、多样且可理解的语言输入材料，以促进语言自然习得，以及有意识地关注语言特征和语用特征？”关于教材强调语言形式还是语言意义的问题：“学习者需要理解句子/课文的意义还是只需要简单地运用语言形式？”关于真实性的问题，指标涉及了语言材料的真实性、交际任务的真实性和与现实生活的联系性等多个问题。关于语境化的问题：“教材是否很好地将内容情境化了？”指标还涉及了接受性知识和产出性知识、技能与能力之间的平衡、学习结果和学习过程的侧重，以及教材中反映的文化意识问题。

（3）关注教材对教师发展的作用

教材评价中教师维度是不可或缺的，通常评价量表比较重视教材对教师的服务功能，例如是否提供教师参考书、练习答案，教学指令是否简明等等。与此不同，Rubdy 量表还关注了教材对教师发展的积极作用。教材应该为教师创造性地使用教学素材提供空间，教材应该鼓励教师综合使用多种教学方法，教材应该为教师改编教材留有余地，教材应该鼓励教师对教材使用效果进行评估和反思等有关教师职业发展的议题都在指标项中得以体现。

Rubdy 量表共设有 107 个指标项，几乎涉及了教材和语言教学的方方面面，力图体现语言教材评价的全面性和系统性，然而量表也存在以下缺陷：（1）内容过于庞杂，操作烦琐，指标重复的现象也时而发生。（2）评价性指标和分析性指标混杂，这是该量表的最大缺点。教材分析和教材评价的最大区别在于是否涉及价值判断，前者只进行客观描述，不涉及判断，后者涉及判断。

Rubdy 量表中存在评价性指标和分析性指标混杂的现象，例如分析性指标："教材更注重学习成果还是学习过程，又或是两者兼有？"评价性指标有："教材是否有利于提高并维持学习者的学习动机？"两类指标混杂会严重影响评价效度。（3）一个指标中包含多重指标，例如："教材是否有利于学习者发现自己的学习风格和偏好，学习习惯和学习策略？"这个指标中实际上涉及了学习风格、偏好、学习习惯、学习策略 4 方面内容，这就很难让评价者做出评判。（4）过多地使用专业术语，该量表对评价者的专业要求比较高，需要评价者具备良好的语言学和语言教学理论基础，才能准确地理解量表中的指标含义。例如，在学习起始阶段或是学习新内容时的沉默期、陈述性知识和程序性知识的共同发展、分析性学习模式和体验性学习模式、教材中使用复杂的元语言等等，这些指标项一方面体现了量表的专业性和前沿性，另一方面也为普通教师实施评价设置了障碍。

3. Litz 量表（2005）特点

Litz 量表是在对韩国大学英语教材的个案调查基础上建立起来的。量表有两个部分："教师使用的教材评价表"和"学习者使用的教材评价表"。两个评价表所设的维度相同，共 7 个维度（见表 4-2），但两个表的指标数不同，教师用表共有 40 项指标，学习者用表共有 25 项指标。

（1）针对"教材使用"的评价量表

针对"教材使用"的评价量表主要用于检验教材的可用性、可教性和可学性，更适合教职工作者以选用教材、获取教材使用反馈为目的的评价。Litz 量表是典型的教材使用评价量表，量表中采用了"我"、"我的学习者"的人称形式，使量表更具有针对性。

教材评价实际上是一种对照过程（Hutchinson and Waters，1987），是使用者主观需求和教材客观特点的比照，因此弄清"主观需求"是评价的前提。Litz 的教材评价首先调查了学习者的学习目的、学习动机、学习需求、语言能力、学习风格、对教材的态度等，然后对教材进行客观评价，最后将两者相比照，最终检验教材是否能满足学习者需求，以此作为教材评价的结论。表 4-3 显示出需求调查的项目与教材评价的指标之间有明显的对应关系。

表 4-3 Litz 的需求调查和量表指标的对应

	学习者的需求调查表	量表中的指标示例
学习目的	你为什么学习英语？	·教师和学生都能清晰地了解教材目标。
学习动机	你将会在哪种情境或场合下使用英语？	·教材为我提供了将会用到的语言功能。
学习需求	按重要程度，从 1（重要）到 6（不重要）给下列语言技能排序： ______阅读______听力______词汇 ______写作______口语______语法 你认为应该为以上每种技能各分配多少课堂时间？	·教材中包含并强调了我想要练习的语言技能。 ·教材均衡地处理了四项语言技能。
学习需求	你想在课堂上学到什么？	·教材提供了我需要的主题和内容。
语言能力	你的语言优势和劣势分别是什么？	·教材语言适合我目前的英语水平。
学习风格	你有没有自己喜欢的学习方式？如果有，是什么？	（无）
学习风格	你喜欢独立学习，结对学习，还是小组学习？	·教材提供了均衡的活动类型。 ·活动形式包括个人、结对、小组活动。
学习需求	你偏好美式英语还是英式英语？或两者都可以？	（无）
对教材的态度	你喜欢使用教材吗？为什么？	·教材激发我继续学习英语的兴趣。 ·我愿意再次学习这本教材。

（2）语言和技能是语言教材的重要内容

三份量表中，Litz 量表在语言和技能维度上的指标设计较为实用、具有较强的可操作性（见表 4-4）。

表 4-4　Litz 量表在技能和语言两个维度上的指标

技　能	语　言
1. 教材提供并强调了我/学习者需要练习的语言技能。	1. 语言真实、地道。
2. 四项语言技能的训练比重合理、均衡。	2. 语言符合我/学习者目前的英语水平。
3. 教材注重技巧训练，如听大意、记录要点、略读等。	3. 语法点和词汇的输入量适中。
4. 教材注重练习自然语音，如重音和声调。	4. 语法点配有简明易懂的例句和注释。
5. 教材注重融合多种技能的练习方式。	5. 语言功能符合学习者的未来需求。
	6. 教材包含了多样的语体风格。

以上指标是对语言教材的基本要求，几乎每条指标都是必要的。只是在追求语言真实性和多样性的同时，还应该兼顾语言规范性原则。特别是初、中级教材，规范的语言可以为学习者打下良好的语言基础，语言规范也是教材质量的基本要求。另外，Litz 量表中，语言知识与技能之间缺乏一定的联系性指标，教材能否妥善地处理好语言知识和技能的关系，也是考量教材优劣的因素之一。

Litz 建构评价量表的目的是要检验一本英语教材（English Firsthand 2）在特定课程中的教学价值和适配程度，也就是说，该量表的评价客体是固定的，使用环境也是特定的，评价主体由 8 名任课教师和 500 名学习者构成。这是一份典型的自用教材评价量表，量表中一些指标体现了该课程对教材的特殊要求，如教材价格、购买等实际问题。这类量表具有较强的针对性，根据这类量表形成的分析和评价结论比较准确，但在适用范围上也会有较大的局限性。

（四）三份量表对建构国际汉语教材评价指标体系的启示

1. 第二语言教材性质决定了评价教材适配性的重要性

教材的适配性是指教材与它所处的使用环境相符合、相匹配的性质。英语和国际汉语教材的性质是第二语言教材，包括了目的语环境和非目的语环境中使用的教材，随着语言教学在世界范围内开展，教材在不同国家和地区使用的情况十分普遍。不同国家和地区的社会文化环境、语言教育环境、课堂教学环境均不相同，教师和学习者的需求、教学风格也不相同。因此无论是在何种环境下的教材，与其所在的环境的适配度都是评价教材的重要方面。对教材适配性的评价，实质上是对教材在使用环境中的适应力和匹配度进行评价。Grant 量表、Byrd and Celce-Murcia 量表以及其他量表均不同程度、不同方式地强调了教材与其使用环境中诸多因素的关系，突出了课程、学习者和教师的需求，具体指标体现在表 4-5 中，这些指标也是国际汉语教材评价中不可或缺的指标。

表 4-5 教材适配性评价指标

教材与教学情境	
1	教材适合该地区或学校的教育文化特点。
2	教材适合该地区或学校的外语教学理念、教学方法以及教学手段。
3	教材适合该地区对（汉语及中国）文化的认知程度。
4	教材适合该地区或学校的教学设施及条件。
教材与教学大纲	
5	教材符合教学大纲的宗旨。
6	教材符合教学目标，并能够清晰地呈现。
7	教材参考教学大纲确定教学内容且分布合理。
8	教材容量适合该地区或学校汉语课的课时安排。

教材与教师	
9	教材易于教师使用，节省备课时间。
10	教材易于适应教师不同的教学风格和个性。
11	教材利于提升教师的自信心。
12	教材利于教师对学习效果和教学效果进行评估。
13	教材利于教师综合地使用多种语言教学方法和技巧。
14	教材具有灵活性，便于教师灵活处理。
教材与学习者	
15	教材适合学习者的年龄、认知水平、心理水平。
16	教材适合学习者的汉语水平。
17	教材适合学习者的文化背景。
18	教材适合学习者的学习需求、学习动机。
19	教材适合学习者的学习风格。
20	教材为学习者提供了差异化的学习内容。

2. “以学习者为中心”的教学原则决定了教材情感性的必要性

教材的情感性是指教材对学习者的情感态度产生积极作用的性质。注重学习者的情感态度是“以学习者为中心”的最佳解读。将学习者置于学习的主体地位，关怀学习者的内心需求和变化，关注学习者主体与语言客体之间的互动关系。学习者研究从正反两方面证实，兴趣和自信对第二语言习得的正面影响，以及焦虑的负面作用。为此，本文对三份量表中的相关指标进行了归纳、提炼，从而形成了以下针对教材情感性的指标（见表 4–6）。

表 4–6　教材情感性评价指标

1	教材利于提高并维持学习者的学习动机。
2	教材利于增强学习者的自信心。
3	教材利于吸引学习者的注意，引发兴趣。
4	教材利于发展学习者积极的学习态度。
5	教材利于调动学习者的创造力和活力。

关注学习者的情感态度，是近年来语言教学的主流思想，得到教学理论研究者和一线教师的支持和认可，并在教学设计和实践中广泛应用。教材是课程实施的重要依据和载体，如果教材本身能够按照“以人为本，关怀学习者情感”的理念进行设计，那么不仅可以为教师教学提供便利，同时也可以有效地营造轻松愉悦的教学环境，缓解学习者的焦虑感，使教学效果最大化。

3. 充分汲取第二语言习得研究成果，增强教材评价的先进性

三份量表都不同程度地吸收了相关教学理论的研究成果，这些理论成果主要集中在学习者研究和习得过程研究两个方面。与学习者研究相关的教材评价指标主要体现在“教材与学习者的适配性”和“情感与策略”两个角度，习得过程研究集中体现在以下方面：

表 4-7　与习得过程研究相关的教材评价指标

1. 与教学法相关的评价指标	
(1)	教材合理吸收了相关教学理论的研究成果。
(2)	教材涉及了多种语言教学方法和技巧。
(3)	教材的整体设计体现了教学思路和教学流程。
2. 与输入理论相关的评价指标	
(4)	教材应提供丰富多样的语言材料。
(5)	教材应提供真实自然的语言材料。
(6)	教材内容适合学习者的语言水平。
(7)	教材提供了主要的语言知识，每课新知识的输入量适中。
3. 与习得过程研究相关的评价指标	
(8)	教材采取螺旋上升的方式对语言知识进行了合理复现。
(9)	教材利于学习者发现语言规则，而不是简单呈现规则及其解释。
4. 与习得顺序研究相关的评价指标	
(10)	主题和内容的编排由易到难，循序渐进，符合教学规律。
(11)	教材对语言知识的编排合理有效。

续表

5. 与图式理论相关的评价指标	
(12)	活动利于激发学习者原有的知识和经验。
6. 与语言迁移研究相关的评价指标	
(13)	教材涉及了汉语和学习者母语之间的语言比较。
7. 与互动理论相关的评价指标	
(14)	教材提供了尽可能多的机会，使学习者使用汉语进行交流。

4. 妥善处理两个“区分”，提升教材评价的有效性

首先，要区分教材评价和教材分析。Littlejohn（1998）提出，教材分析是要形成客观的、可验证的描述，而教材评价是要形成价值判断。根据这种区分，通常以问题形式设计的指标分为分析性指标和评价性指标。例如：“教材包括听力文本吗?”这是分析性问题（指标），旨在客观地描述教材本身，不涉及与使用者的关系，不涉及判断；“听力材料能吸引学习者的兴趣吗?”这是评价性问题（指标），涉及判断。教材分析通常在教材评价之前进行，是教材评价的前提和基础，教材评价对教材分析形成结论。在指标设计中，两类指标混杂会影响评价主体的判断，造成信度降低。

其次，要区分教材编写评价和教材使用评价。不同的评价群体有不同的评价视角，研究者、教师、学习者对教材的诉求、标准和关注点不同。不同的评价目的产生不同的评价类型，以教材评优为目的和以教材选用为目的的评价侧重点不同，所建构的量表用途不同，据此，教材评价可分为两类：针对“教材编写”的评价和针对“教材使用”的评价。教材编写评价侧重教材的内质、特性，一般不涉及教材的外在的、现实的应用问题和与使用者的联系。例如“教材合理吸收了相关教学理论的研究成果”。这都是从教材自身情况出发，就教材论教材，判断其成败得失，与使用状况无关。教材使用评价主要从使用者“教与学”的角度，检

验教材表现出的性质是否适用，与使用者的实际使用情况密切相关，主要用于教材选用、获取教材使用反馈。例如“教材价格是否合理”“教材是否容易买到”。等实际问题是教材使用评价中常见的指标项。两类评价中，所指的同一个项目，可能表述不同。例如：

教材编写评价指标表述	教材使用评价指标表述
教材设计了多种语言教学方法和技巧。	教材为我提供了有效的教学方法和技巧。

根据不同的评价目的、用途和评价者，在建构评价量表时注意区分两类评价，避免混杂，有利于评价的可操作性和评价结果的效度。

第三节　北美外语教材评价量表评述

教材评价不仅是学术领域的研究热点，在许多国家和地区教材选用受到教育部门的统一行政管理（特别是基础教育阶段的教材选用），具有固定的教材评价和选用程序，以及相应的教材评价文件。本节将介绍美国《21 世纪外语学习标准》教材评价量表（以下简称：ACTFL 量表）和加拿大阿尔伯塔省中小学汉语教材评价量表（以下简称：Alberta 量表），并对 ACTFL 量表进行深度剖析。

一、量表列举

（一）ACTFL 量表

量　　表	分值	得分
1. 根据 5C 目标的评估		
1.1. 交际		
1.1.1. 是否提供了主要词汇和语法？	4	
1.1.2. 是否从控制性活动向过渡性活动、交际性活动延展？听说读写四项技能的训练是否平衡？	4	
1.1.3. 是否提供了多种多样的、有意义的活动，使学生能够进行独自、结对、合作学习？是否提供了信息差活动？	4	
1.1.4. 活动设计是否符合学生年龄和学习水平？	4	
1.1.5. 是否采取了螺旋上升的方式对词汇和语法进行不断复现？	4	
1.2. 文化		
1.2.1. 是否提供了有关目的语文化的广泛、真实、现实的图像？	2	
1.2.2. 提供的文化内容是否符合学生年龄，能否引起学生兴趣？	2	
1.2.3. 是否提供了对不同国家广泛而多样的表述？	2	
1.2.4. 教授目的语文化能否促使学生探究其母语文化？	2	
1.2.5. 大“C”文化和小“C”文化是否都有所表述？	2	
1.3. 贯通		
1.3.1. 能否使学生在使用目的语的同时联系其他学科，如数学和科学？	5	
1.3.2. 是否提供了鼓励学生完成跨学科任务的主题？	5	
1.4. 比较		
1.4.1. 能否使学生对其母语和目的语进行语言比较？	5	
1.4.2. 能否使学生比较其母语文化和目的语文化在概念和形式方面的异同？	5	
1.5 社区		
1.5.1. 是否提供了在生活中出于个人兴趣和喜好而使用外语的范例？	5	
1.5.2. 是否提供了今后在校园之外使用外语的途径？	5	

续表

量　　表	分值	得分
2. 根据7项教学内容的评估		
2.1. 语言系统		
2.1.1. 词汇是否具有功能性，是否与主题相关，是否真实、实用？	1	
2.1.2. 词汇量是否合适？	1	
2.1.3. 语法的讲解是否合乎逻辑？	1	
2.1.4 是否提供了足够量的语法说、写练习？练习设计是否从有控制、向有意义、交际性地使用语言延展？	1	
2.1.5. 语法讲解是否清晰、易懂？	1	
2.2. 交际策略		
2.2.1. 是否对听、说、读、写和文化策略进行了讲解和练习（如迂回、提出和证实假设、推理、预测）	5	
2.3. 文化知识		
2.3.1. 文化内容是否准确、现实？	3	
2.3.2. 文化注释/阅读是否有趣？是否有意义？是否符合学生年龄？	2	
2.4 学习策略		
2.4.1. 是否提供了听说读写方面的策略，使学生能够成功地使用语言？	1	
2.4.2. 是否提供了大量有意义的结对和合作学习活动？	2	
2.4.3. 能否调动课堂中不同学生的多元智能（如视觉、音乐、运动等）？	2	
2.5. 其他学科内容		
2.5.1. 是否在每章/单元提供了有意义的跨学科活动？活动中学生能够运用新学的语言技能、发现不同学科之间的内在联系。	5	
2.6. 审慎的思维能力		
2.6.1. 能否让学生不单是机械记忆？	2	
2.6.2. 能否让学生在每章中运用分析、综合、评价等高级思维能力？预期是否合理？	3	
2.7. 技术		
2.7.1. 学生用书中是否提供听力活动？	1	
2.7.2. 是否提供了与篇章相结合的视频材料？	1	

续表

量　表	分值	得分
2.7.3. 是否提供了含有意义性和互动性练习的多媒体 CD-ROM?	1	
2.7.4. 是否提供了配套网站?	1	
2.7.5. 是否建议了有趣的、有价值的网络活动?	1	
3. 其他		
3.1. 版式设计是否吸引人?	1	
3.2. 章节/单元结构是否组织合理，易于开展和推进?	1	
3.3. 教师用书的结构是否合理? 是否提供了实用的、有针对性的教学建议?	1	
3.4. 内容是否易于改编，符合不同的教学环境和课程安排?	1	
3.5 测试部分是否考查了四项语言技能和文化知识? 是否提供了多种形式的测试和学生成绩档案袋?	1	
总分	100	

（二）Alberta 量表①

第一份评价表：初评			
A　大纲适配性、内容、理念	是	否	不确定
A-1　教材与 CLA 大纲的理念基本一致。			
A-2　教材内容和教学过程与 CLA 大纲一致。			
A-3　内容正确、准确。			
A-4　内容包含了与加拿大相关的重要内容。			
评语：			
B　教学设计	是	否	不确定
B-1　教学目标和学习要求明确。			
B-2　内容清晰、结构合理，易于使用。			
B-3　学生用书的知识水平适合学生。			

① 该量表为加拿大 Alberta 省 Chinese（Mandarin）Language Arts（CLA，双语学制幼儿园——高中三年级“汉语”）课程教材选用的评审标准。

续表

第一份评价表：初评			
B-4　学生用书中词汇和阅读材料的语言水平适合学生。			
B-5　教材为学生提供典型的语言范例。			
B-6　有合适的测试或评估。			
评语：			
C　技术设计	是	否	不确定
C-1　教材内容的展示方式具有趣味性和吸引力——软件使用者很容易掌握课程内容的导航功能。			
C-2　字形、字体适合学生。			
C-3　插图合适、有效。			
C-4　教材结实耐用，符合课堂教学的需要——音频、视频，印刷和软件。			
C-5　软件易于安装。			
评语：			
D　认知多元化和提倡尊重	是	否	不确定
D-1　教材反映出对少数民族、原住民、女性和残障人士公正平等的态度。			
D-2　教材没有成见或偏见。			
D-3　教材反映了民族多样性（包括原住民），反映了加拿大西部地区现实社会状况。			
D-4　教材使用包容性语言。			
评语：			

第二份评价表：深度评价	
第一部分：教材符合教学大纲	
教材符合教学大纲的理念。	评分 0　1　2　3
总要求 1：学生能够使用汉语听、说、读、写、观察、表达（自己与他人的）思想、想法、感受和体验。	
1.1　发现与探求	
1.2　阐释与扩展	
总要求 2：学生能够使用汉语听、说、读、写、观察、表达，理解媒体内容。	
2.1　理解策略	
2.2　对课文做出反馈	
2.3　理解教材的形式和技巧	
总要求 3：学生能够使用汉语听、说、读、写、观察、表达信息与想法。	
3.1　计划与焦点	
3.2　选择与处理	
3.3　组织、记录与获取	
总要求 4：学生能够使用汉语听、说、读、写、观察、表达，提高与人沟通的清晰度和艺术性。	
4.1　生成与焦点	
4.2　巩固与提高	
4.3　注重规则	
4.4　表达与分享	
总要求 5：学生能够使用汉语听、说、读、写、观察、表达，构建社交群。	
5.1　建立社交群	
5.2　鼓励、支持与合作	
总要求 6：学生掌握汉语，理解并欣赏各种措辞，在交流、表达个人需求和进一步学习等各种场合中自信、恰当地运用汉语。	
6.1　语言要素	
6.2　语言能力	
6.3　社会文化/社会语用能力	
6.4　语言学习策略	
6.5　语言使用策略	

续表

第二份评价表：深度评价	
6.6　一般学习策略	
总要求 7：学生能够探寻、理解并欣赏利于其个人成长、提升与收获的汉语文化，学生能够参与加拿大乃至全世界的多元文化，并为之做出贡献。	
7.1　自我认同	
7.2　中国文化	
7.3　建立社交群	
7.4　全球公民	
第二部分：教学设计	
I-1 教学目标和学习要求明确。	
I-2 内容清晰、结构合理，易于使用。	
I-3 教材促进语言文化学习。	
I-4 教材的重点与学生个人和同龄人的知识水平相符。	
I-5 词汇和阅读材料的语言水平适合学生。	
I-6 教材为学生提供典型的语言范例。	
I-7 教材的知识水平适合学生。	
I-8 教材重视内容、学习风格、教学风格和动机。	
I-9 评估与教学策略相符。	
如果教材包括视频材料，请回答 I10-13 题：	
I-10 在纸质教材中提供了看视频前和看视频后的活动。	
I-11 视听材料与学习要求紧密联系。	
I-12 视频有助于促进学生思考。	
I-13 视频能够促进学生扩展语言文化知识。	
第三部分　技术设计	
T-1　版式设计吸引人/有趣味性。	
T-2　版式/图表/插图恰当、有效、与内容相关。	
T-3　字号、字体、版式适合学生。	
T-4　版式符合逻辑、体例一致，易于使用。	
T-5　教材设计适合课堂教学。	

续表

第二份评价表：深度评价	
T-6　教材耐用，最少可使用 5 年。	
如果教材包括视频材料，请回答 T7-13 题：	
T-7　音量、音质良好。	
T-8　故事合理，符合教学目的（节奏、清晰度、性别等）。	
T-9　音乐和声效符合教学目的。	
T-10　视频质量、动画、图像等合适、清晰，利于学习。	
T-11　标题合适、清晰。	
T-12　表演合理，富于变化。	
T-13　节奏合适。	
如果教材包括教学软件，请回答 T14-23 题：	
T-14　互动合理。	
T-15　图像恰当，标注正确、清晰。	
T-16　正确运用声效和图像以突出教学要点。	
T-17　界面合理、一致、清晰。	
T-18　菜单和指令合理、一致、清晰。	
T-19　包含导航功能，易于操作，适合学生。	
T-20　使用者可以利用“退出”功能回到主菜单或操作系统。退出主菜单，就能退出该软件。	
T-21　帮助功能设置合理。	
T-22　易于安装。	
T-23　使用上传和下载功能时，速度合适。	
第四部分　认知多元化和提倡尊重	
R-1　教材没有年龄、性别、文化、族裔、宗教上的偏见，提倡包容。	
R-2　没有暴力色情图片。	
R-3　对于有争议的问题，表述恰当，反映主流观点。	
第五部分　内容、理论、理念	
C-1　内容、理论、理念符合 CLA 课程。	
C-2　教材内容和教学过程符合 CLA 课程。	
C-3　内容正确、准确。	
C-4　教材知识水平适合学生。	
评分：0 =不确定，1=不太好，2=好，3=非常好	

二、美国 ACTFL 教材评价量表评述[①]

《ACTFL 量表》（Textbook Evaluation Instrument Based on the ACTFL Standards）是由美国外语教学学会（ACTFL）组织制定并公布的，是美国教学机构选择和评价外语教材的标准和重要参考。该《ACTFL 量表》根据《21 世纪外语学习标准》（以下简称《标准》）量身订制，体现了《标准》的核心思想，《ACTFL 量表》的介绍中写道："《标准》可以让我们审视教学活动中的每一个部分，教材选用是其中之一。"可以说《标准》是基础，《ACTFL 量表》是《标准》的有机组成部分。

《标准》代表了新世纪美国外语教学的最新理念，是美国外语教学的纲领和权威文件。经我国学者的介绍和解读，《标准》已经为学界所熟知，特别对"5C"已是耳熟能详。但是我们对教材评价量表还比较陌生，学界还未对其进行系统介绍和研究。

（一）《ACTFL 量表》简介

《ACTFL 量表》分为"根据 5C 原则的评价""根据 7 项教学内容的评价"和"其他方面"三个部分。评价指标设为 40 道封闭型问题，采取评分制，满分为 100 分。问题总量适中，问题分布重点突出，同时兼顾均衡，操作性较强。

《ACTFL 量表》和《标准》具有明显的对应关系，这是《ACTFL 量表》的突出特点。《ACTFL 量表》沿用了《标准》的"5C"和"7 项教学内容"的设计框架，体现了《标准》在美国外语教学中的权威性和统领性。《标准》中提出的教学思想、目标和要求具有宏观的指导作用，对教材编写具有直接的指导意义，《ACTFL 量表》提出了教材编写的具体要求，为教材编写中如何贯彻《标准》的教学思想提供了具体指南，同时也是对教材是否体

---

① 该部分原载于《汉语国际传播研究》，2014 年第 1 辑。

现《标准》的外语教学思想、是否符合《标准》设定的目标和要求进行检验。

（二）《ACTFL 量表》的高频词分析

我们首先对《ACTFL 量表》进行了初步量化分析，通过专业分词软件将该量表的英文文本进行了分词，建立了一个微型语料库，按词性进行了分类标注，对各类高频词统计如下：

表 4-8 ACTFL 量表高频词分类统计

名词（共 200 个）	词频（%）	动词（共 61 个）	词频（%）	形容词（共 88 个）	词频（%）
learner/student/individual/pupil/reader/listener/speaker/writer	14. 00	use/utilize	13. 11	cultural	5. 68
activity/project	5. 50	provide/offer	9. 84	meaningful	5. 68
Culture	5. 00	Present	6. 56	appropriate	4. 55
Language	4. 50	Have	6. 56	other	3. 41

表 4-8 显示，量表中名词高频词分别为：learner/student/individual/pupil/reader/listener/speaker/writer（统指“学习者”）、activity/project（活动/项目）、culture（文化）和 language（语言），这说明量表视学习者为教材的核心使用者，即使是教师选用教材，评价者也要从学习者使用感受、使用效果方面评价教材；量表也非常重视“活动、文化、语言”三项教材主要内容。动词高频词分别为：use/utilize（使用）、provide/offer（提供）、present（展示）、have（拥有）。通过高频动词的类联接分析，use/utilize（使用）的宾语搭配分别为：使用语言、使用语言技能、使用策略、使用多元智能、使用高级思维能力；provide/offer（提供）的宾语搭配有：提供机会、提供典范、提供策略、提供练习、易于推进

(offer easy progression)、提供测试；present（展示）的宾语搭配有：展示概念、展示国家、展示语法、展示策略；have（拥有）的宾语搭配分别是：有活动、有视频、有 CD-ROM 课件、有网站。量表中形容词高频词分别是：cultural（文化的）、meaningful（有意义的）、appropriate（合适的）、other（其他的）。从形容词高频词的类联接情况观察：cultural（文化的）的定中结构有：文化信息、文化概念、文化策略、文化知识、文化内容、文化注释；meaningful（有意义的）主要用在“有意义的活动/练习（activity/practice）”中；appropriate（合适的）主要指“与学习者年龄合适”和“与学习者知识水平合适”；other（其他的）主要指“其他学科”。

（三）《ACTFL 量表》的主要特点

1. 以“交际”为核心的评价指标体系

交际是语言学习的核心。教材对输入语言、营造语境、促进语言使用和互动交流发挥着重要作用。《ACTFL 量表》充分体现了交际为核心的理念，拓展了交际能力范围，建构了完整的指标体系。《ACTFL 量表》中交际维度的权重最高，共 20 分，占总分 20%，成为最重要的评价维度。

（1）对应三种交际模式，注重活动设计

交际是《标准》的核心思想，也是最重要的教学目标。该目标下包含理解诠释、表达演示和人际交流三个子目标，又称为三种交际模式。《ACTFL 量表》在交际维度上提出了 5 个评价问题，从 3 个方面考查教材是否达到了以上目标：教材应该从表达意义的目的出发，输入主要语言知识（相关词汇和语法结构）；并以螺旋上升的方式合理地提高语言知识的复现率；然后从使用语言的角度设计活动，活动要利于表达意义，要采取多种活动形式，要融合四项语言技能，要适合学习者年龄和语言水平。这 3 个方面强调了以下 4 个要点：第一，强调语言教学的交际性，以使用语言、表达意义为目的，重点在于活动设计；第二，强调语言学习的规律性，表现在语言输入到输出的过程、由易到难、循序渐进的过程；第三，强调语言发展的综合性，体现在四项语言技能的均衡发展，多种活动形式的综合运用；第四，强调对学习者的适宜性，以教材是否适合学习者为评价准则。

第二语言教材的编制理念正在发生转变，以往教材堆砌语言材料、传递语言知识的面貌正在逐渐淡化，取而代之，新型教材多以各种语言活动为主线，为学习者提供使用语言的机会，让学习者在使用语言的过程中发展语言能力。《ACTFL 量表》强调了“活动”在教材中的主体地位，突出了“活动”对提升教材交际内涵的作用。《ACTFL 量表》对活动的界定较为宽泛，认为凡是教材中设计的语言实践项目都是活动，包括机械练习、交际任务、课堂游戏等。《ACTFL 量表》中交际维度上的指标主要与活动相关，说明了活动对提高学习者交际能力的重要意义，也从另一个角度体现了教材活动设计的原则。第一，《ACTFL 量表》提倡教材应该设计多种多样的活动，鼓励教材采用个人、结对、合作等多种活动组织形式，体现了活动设计的多样性原则。第二，在多种活动形式中，《ACTFL 量表》特别强调“合作活动”“有意义的活动”“信息差活动”，意指活动应该能够促进学习者使用语言，进行意义协商和互动交流，表达了互动性原则。信息差活动的意义在于：让学生形成“真实”的语言交际动机，让教师通过提供的信息有效控制具体语言点，进而达到教学的目的（叶军，2012：127—135）。第三，《ACTFL 量表》对活动是否符合学习者年龄和语言水平也提出了要求，反映了适宜性原则。第四，《ACTFL 量表》其他维度上的一些指标也与活动相关，主要体现了活动设计的综合性原则，强调了活动设计对四项语言技能的综合、课内与课外的综合、语言与文化的综合、语言与其他学科的综合，语言与多媒体的综合。

另外，还要特别说明一点，《ACTFL 量表》中提出，活动是从控制性活动向过渡性活动、交际性活动层层递进的。通常我们认为，活动体现为两个层级：控制性活动和交际性活动。控制性活动，又称为机械性活动，主要是集中在语言形式上的语言操练，如重复、替换等练习；交际性活动是集中在语言意义上的语言使用，如一些合作型的交际任务。控制性活动为交际性活动提供语言准备，是完成交际任务的基础，是不可或缺的。但是也应该承认，交际性活动和非交际性活动之间并非泾渭分明，因为语言形式和语言内容往往难以分开。《ACTFL 量表》中使用“过渡性活动”的概念，来表示“控制”与“交际”之间的概念区间，比我们通常使用的“半控制活动”或“半交际活动”更为宽泛，其中包括了侧重语言意义的语言形式练习，以及侧重语言形式的交际性活动。总之，无论哪种活动，其最终目标都是培养学习者的语言交际能力。

（2）延展交际能力范围，拓宽交际外延

《ACTFL 量表》突破了传统的设计框架，最大限度地延展了交际能力的范围。交际能力理论源于 Hymes 的交际能力论和 Halliday 的社会功能语言学说，Canale and Swain 对交际能力理论的补充更具有教学意义。他们提出交际能力由 4 部分组成：① 语法能力；② 社会语言学能力；③ 话语能力；④ 策略能力（Richards and Rodgers，2008：159—62）。《ACTFL 量表》在“交际”和“语言系统”两个维度上设计了对教材中词汇、语法内容的评价。语言知识体系是语言教材的重要内容，是交际能力的一部分，即语法能力。人与人之间的有效交际不仅包括“说什么和如何说”（语法能力），还包括“什么时候、为什么和对谁说”（社会语言学能力和话语能力）。社会语言学能力是指在不同的社会语言环境中适当理解和表达话语的能力，语用能力主要指语言衔接连贯的能力（Richards and Rodgers，2008：159—62），总体来说这两方面强调了在正确的语言形式以外，语言交际得体性的问题，《ACTFL 量表》在“文化”和“文化知识”两个维度上考查了教材中包含的社会文化因素和情境因素，体现了在适宜的社会文化情境中使用语言的交际思想。在“社区”维度上考查了课堂之外使用语言，进行真实交际的内容设计，在“贯通”维度上考查了跨学科的主题和活动设计。策略能力体现在“交际策略”、“学习策略”以及“思维能力”三个维度，对教材中是否提供了必要的学习策略和交际策略，是否有利于学习者运用高级思维能力进行考查。在“技术”维度考查了教材多媒化、立体化、动态化对语言交际的支持作用。

以往的教材评价量表在维度设计上，大多从语言知识、语言技能的角度进行设计，而该《ACTFL 量表》突破了传统设计模式，从交际的角度考查语言知识和技能，突出“交际”核心，依据交际能力的内涵层次，布局并设计其他维度上的指标，从而构成一个完整而独特的评价指标体系。

2. 注重语言与文化的互动，拓展全球文化视野

语言与文化密不可分，没有“文化”的语言教材几乎不存在，这是众所周知的事实，但以往的教材评价更偏重语言教学内容，对文化的关注不足。这一现象在《ACTFL 量表》中得到很大的改观，《ACTFL 量表》把文化置于突出的地位，不仅占据较高的权重，而且提出了系统的评价准则。

（1）语言与文化相结合，提供丰富多样的文化内容

《ACTFL 量表》将交际和文化视为语言教材最重要的两个方面，反映了语言与文化之间的互动关系。语言学习的过程是一种文化体验，理解文化在很大程度上会影响语言学习和使用，语言交际能力的提高又是进一步获得文化理解的前提和手段。很多优秀的语言教材将二者较为完美地结合起来，达到语言学习和文化认知的双重目的，《新概念英语》就是这方面的典型案例。《ACTFL 量表》把文化看作教材评价的重要方面，既是对交际内涵的补充

和拓展，强调社会文化适应能力，又突出了文化和语言水乳交融的本质，注重语言交际的同时，要求文化认知。

《ACTFL 量表》涉及了两种文化分类，一是第一文化（母语文化）、第二文化（目的语文化）和第三文化（多元文化）；二是大 C 文化（知识文化）和小 C 文化（交际文化）。这两种文化分类拓宽了文化概念的广度。《ACTFL 量表》中的 5 个问题对教材中的文化内容提出如下要求：文化项目，①应该具有多样性和广泛性，这主要体现在教材涉及的文化类型和文化范围；②应该图像化、具有直观性、真实性、现代感，避免失真、偏颇的文化内容和厚古薄今的做法；③应该具有趣味性、可学性和对比性，这主要是针对学习者的认知特点提出的要求。

（2）提倡文化比较，突出文化多样性

《标准》和《ACTFL 量表》都提倡语言比较和文化比较。学习者可以通过文化对比，了解和理解目的语文化，探究母语文化，实现跨文化意识。比较是人类基本认知能力之一，是外语课程中文化教学的一种常用方法，通过学习者熟悉的母语文化引导学习者理解陌生的目的语文化，符合学习者的学习规律和认知规律。

现代外语教学中，“文化”概念的外延更加广阔，内涵更加丰富。文化范围已然跨越了“以我为主”的民族主义的藩篱，向世界多元文化拓展。外语教学中的文化观发生了转变：从传统的民族文化观转向了全球文化观，教学目标是要促进学习者通过语言学习和多元文化接触，理解世界文化的多样性，具备国际视野和全球文化意识，成为世界公民。教材是文化呈现的主要载体，是文化融入语言教学的最佳途径，因此在教材编写和评价中体现新型文化观和文化教学理念十分必要。《ACTFL 量表》中提出，教材应该涉及不同国家丰富多样的文化，将文化范围从母语文化和目的语文化拓展至世界文化，目的是要通过教材内容开阔学习者的文化视野，理解文化之间的异同，增强学习者在全球化时代的文化适应力。

3. 强调学习者策略的运用，鼓励自主学习能力

策略是学习者为了提高学习效果、成功使用语言而采取的各种行为和步骤。第二语言学习者研究证实，使用策略能够提高语言学习的效果和效率，利于学习者形成自主学习能力，为终身学习奠定基础。另外，策略是可教授的，西方学者建立了多种策略训练模式，策略训练也因此成为外语教学的重要组成部分之一。国内外许多语言课程标准已经把策略列为重要的课程目标之一，策略的重要性不言而喻。然而，无论在教材编写还是评价中，策略往往被忽略，这与它的重要性并不匹配。在这方面《ACTFL 量表》对教材编写提出了融入“策略”的要求，《ACTFL 量表》中有关策略的三个维度分别是：“交际策略”“学习策略”和“思维能力”，共六项指标。这些指标主要涉及了听说读写语言技能策略，如猜测、推理等听的策略，重复、解释等说的策略，略读、寻读等读的策略，组合、查词典等写的策略，这些是语言学习最常用的策略。在语言学习中还要注重培养学习者分析、比较、归纳等高级思维能力。

如何衡量教材中的“策略”？首先要明确，教材如何融入“策略”？策略在教材中的融入方式有两种：显性呈现和隐性融入。例如，有些教材单设一个栏目，讲解和练习阅读技巧，这就是策略的显性呈现方式。隐性融入又分两种类型，一种是融入教材的整体教学设计中，如教材对口语教学的设计，整体采取了“听说结合，以听带说”的设计方法；另一种是融入局部项目或活动中，如利用图片学习和记忆词语的设计方法。这些都可作为策略的考查点。

（四）对建构国际汉语教材评价部分指标的启示

《ACTFL 量表》内容非常丰富，体现了新型的外语教材评价理念，从中可以获得很多启发，但它并非十全十美，其中最大的问题在于它的地域局限性。它的评价范围更适合美国外语教材，特

别是在《标准》统辖内的美国中小学外语教材，因为它是《标准》的从属部分，与美国的外语教育政策、教育体制、教育理念、教育环境更加契合。如果它在美国以外地区使用，可能会产生“水土不服”的状况，因此结合当地实际教学情况，合理借鉴《ACTFL 量表》中的内容，设计或改造本土化教材评价量表，不失为明智之举。有鉴于此，本文试图在“活动”“文化”“策略”三个维度上建立国际汉语教材评价的标准。

1. 活动维度上的指标

前文提到，《ACTFL 量表》根据交际能力的范围建构了体系化的评价指标，同时又突出了通过活动促使学习者使用语言、提高语言交际能力的理念，为我们建立活动维度上的指标拓宽了思路。《ACTFL 量表》中有关活动的具体指标，主要体现了教材活动的①交际递进性原则（指标 3）、②多样性原则（指标 4）、③技能综合性原则（指标 2）和④适宜性原则（指标 10），这些原则也符合国际汉语教材活动设计的要求。

表 4-9 教材活动性评价指标

活动	
1	活动量适度，覆盖主要教学内容。
2	教材提供了综合运用语言技能的活动。
3	教材提供了控制性活动、过渡性活动和交际性活动。
4	教材提供了个人、结对、小组等多种活动形式。
5	活动提供了尽可能多的机会，使学习者使用汉语进行交流。
6	活动具有趣味性。
7	活动利于激活学习者原有知识和经验。
8	活动与活动之间层次清晰、具有内在联系。
9	活动指令清晰、简洁且易于理解。
10	活动适合学习者的年龄和学习水平。
11	活动易于教师灵活改编使用。

除此以外，活动设计还应该遵循以下原则：

⑤适量性原则（指标 1）。在考虑教材活动丰富、多样的同时，也要考虑活动的适度、适量，既要覆盖主要的教学内容，利用形式多样的活动吸引学习者的兴趣，调动他们的主动性，参与到活动中来，又要避免活动太多、太复杂，给师生造成负担。

⑥做中学原则（指标 5）。无论哪种类型或形式的活动，都应该以提高学习者语言交际能力为目标，促进学习者使用语言，当今外语教学界普遍认为，只有亲自实践才能掌握语言。因此教材不应偏重以测试为目的的活动设计，而应该依据做中学原则，为学习者使用语言提供尽可能多的机会。

⑦趣味性原则（指标 6）。活动设计应该从学习者的兴趣出发，利用活动引起学习者的好奇心和注意力，激发学习者的积极性和主动性。

⑧扶助性原则（指标 7）。活动设计应该尽可能启发学习者已有的背景知识和语言积累，这将对新知识的学习起到帮扶的作用。

⑨关联性原则（指标 3、8）。活动不应是孤立的、割裂的，活动设计应该由易到难，由简单到复杂，由控制到交际，层层递进，相互关联，前一个活动是后一个活动的准备，后一个活动是前一个活动的延伸。

⑩可操作性原则（指标 9）。活动设计不宜过于复杂，活动指令应清晰明了，易于师生理解，利于师生顺利、有效地开展活动。

⑪灵活性原则（指标 11）。教师和学习者都存在个性、学习风格上的变量，这就要求活动设计要具有一定的开放性，为使用者提供多种不同的选择，易于教师根据实际情况改编处理。

2. 文化维度上的指标

《ACTFL 量表》中体现的文化分类和指标设计具有一定的合理性，值得借鉴。对此本文进行了部分吸纳，同时进行了必要的改进和发展，主要体现在以下 3 个方面：第一，采用了我国学界普遍接受的术语，将大C文化和小C文化改称为知识文化和交际文化①（张占一，1990），刘珣（1994：64）提出："从培养语言交际能力的总目标考虑，既要选择一定的文化背景知识，也要选择与语言运用紧密相关的交际文化知识，并应以后者为主。"同时，我们对两类文化内容的编写要求分别进行了描述：知识文化应该尽量广泛、真实和准确（指标2），交际文化应该力求实用、得体（指标3）。第二，吸收了目的语文化和母语文化的比较视角，但进一步突出了对待文化异同的平和态度（指标4）。文化比较不是要褒此贬彼，不是要比出孰高孰低，文化没有高低优劣之分，我们应该保持平和、客观的心态，看待中外两种文化的异同。第三，汲取了《ACTFL量表》中反映的多元文化观，在此基础上阐释了对待多元文化应持有的客观、中立、包容的文化立场（指标5）。

表4-10 教材中文化内容的评价指标

文化	
1	教材的文化内容符合学习者年龄，能够引起学习者的兴趣。
2	教材提供了广泛、真实、准确的文化知识。
3	教材提供了得体、实用的交际文化。
4	教材以适当的方式处理文化比较中的相似与差异。
5	教材体现了多元文化观，文化描述客观、中立、包容。
6	文化内容的编排合理适度。
7	文化内容的融入方式自然恰当。

《ACTFL量表》中有关文化的指标偏重文化项目的选择，对文化内容的编排设计关照不足，对此本文提出了"文化内容的编排

① 交际文化是指用汉语交流时需要的文化内容，知识文化是指需要用学习者母语讲解的文化内容。

应该合理适度”“文化内容的融入方式自然恰当”的评价标准。首先应该明确语言教学中文化的定位：在语言教学中，语言学习是第一位的，文化为语言学习服务，不能喧宾夺主。在此前提下，“编排合理适度”是指，文化的比重、分量应该适度，编排应该符合学习者的语言水平和领悟能力，应循序渐进，由浅到深，由简单到复杂，由现象到本质。“融入方式自然恰当”是指，文化项目的编排应该与语言学习的主题相关，采取自然、和谐的融入方式，处理好语言形式和文化内容的关系。

3. 策略维度上的指标

国际汉语教材评价中，“策略”是一个崭新的评价角度，以往很少涉及。教材应该向学习者介绍和讲练必要的学习策略和积极的交际策略，让学习者能够运用这些方法策略来学习和使用语言。鉴于其重要性和必要性，本文尝试在策略维度上建构评价指标。首先我们对《ACTFL 量表》中有关策略的维度和指标进行了合并，以适度减少其权重。策略维度上包括了学习策略、交际策略和思维能力三个部分的内容，体现为 4 项指标。学习策略和交际策略各有侧重，前者侧重在语言学习过程中使用的策略，后者偏重保障交际顺利进行而采取的积极策略（不包括回避等消极策略）。指标 3 和 4 是从《ACTFL 量表》中直接提取出来的。Tomlinson（1998：20）曾指出，简单机械的语言练习几乎不涉及认知处理过程，只有那些需要做出分析和判断的活动才能导致深层次且持久的学习过程，这就需要教材内容充分激发学习者的思维和智力。此外，学习者的个体差异告诉我们，调动他们的多元智能，刺激左右大脑活动，可以充分发挥学习者的学习潜能。这为指标 3 和 4 提供了理论支撑。

表 4-11 教材中关于策略的评价指标

策 略	
1	教材提供了主要的学习策略，并注重培养学习者使用学习策略。
2	教材提供了积极的交际策略和技巧。
3	教材利于调动学习者的多元智能（如视觉、音乐、运动等）。
4	教材利于学习者运用分析、综合、比较、归纳、评价等高级思维能力。

《ACTFL 量表》在“交际、活动、文化、策略”几方面给予我们有益的启发，但同时该量表也表现出一定的局限性。量表与《标准》保持一致，凸显了理念的高度统一，也对其设计框架形成了一定的限制，其中也出现了部分指标重复的现象。再者，需要强调的是，《标准》是为美国中小学外语教学制定的标准文件，它具有高度的本土化特色，更加适合在美国基础教育阶段使用。如果我们要评价其他国家或地区、其他教学阶段的教材，还需要进一步考虑量表的适用性问题，也需要考虑当地教学环境和使用者情况。

第五章　国际汉语教材评价方法论研究

第一节　国际汉语教材的评价类型

依据不同的标准，教材评价有多种分类方式。例如，根据评价目的，可分为以选用为导向的评价、以选优为导向的评价、以编写为导向的评价、以检验效果为导向的评价、以比较为导向的评价、以反思为导向的评价等；根据评价主体，可分为教师评价、学习者评价、专家评价、出版者评价、行政部门评价等；根据评价方法，可分为定性评价和定量评价，等等。本节将着重介绍三种分类方式：根据教材评价性质、教材使用阶段和教材评价目的的分类。

一、根据教材评价性质的分类

（一）印象评价和系统评价

根据评价性质的不同，教材评价可分为印象评价（impressionistic evaluation）和系统评价（systematic evaluation），这是最常见的分类方式。印象评价是凭借印象、感觉、经验对教材进行的主观性、随意性、印象性的评价。与此相反，采取科学、系统的方法进行的评价就是系统评价。在现有的研究文献中，很多国际汉语教材评述类文章采取了印象评价，无论是自评还是他评，多以主观、感性的视角，得出结论，给予建议。一套教材从无到有，从设计编写到出版使用，与它接触过的任何人都有可能进行印象评价，进行印象评价也不必使用任何评价工具，易于个体掌控，但缺乏一定的客观性、科学性和系统性。

（二）外部评价和内部评价

对于外部评价（external evaluation）和内部评价（internal evaluation）的分类，有两种不同的解释模式。一是 McDonough and Shaw 模式（1993：62-70），他们认为外部评价是一种快速的预评价，根据作者/出版者在教材封面的广告词、简介、教材的前言和目录中表述的内容，来检验教材的整体结构。内部评价是对教材的深层次调查，检查教材内部情况是否与作者/出版者在前言、简介中声明的一致。

封面简介、目录、前言、使用说明、图片、版式、附录等，可称为教材的外部要素，通过它们可以快速了解教材的整体架构。教材的教学理念、教材采用的教学方法、教材主题和内容的选择和安排、教材中语言材料的选用、教材的体例、教材中的活动设计等，可统称为教材的内部要素。McDonough and Shaw（1993：67）还特别强调了内部评价的几个重要方面：听说读写四项技能的呈现、听说读写材料的类型、梯度和分级设计、测试和练习的适合度、自主学习条件以及师生在教材使用中的平衡度，这里的平衡指的是避免教材单方面取悦教师而对学习者没有吸引力，或者受到学习者喜爱却不利于教师教学的情况。将内、外部评价结合起来可以构建一个简洁、实用、全面的评价模型（见图 5-1）。

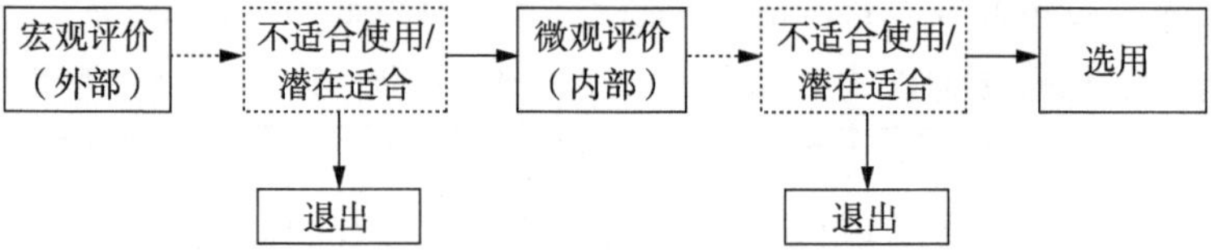

图 5-1 McDonough and Shaw 的教材评价模型

另一种模式是程晓堂（2011：100-6）提出的，他认为 McDonough and Shaw 所区分的内部评价和外部评价都是关于教材本身的评价，而没有将教材与使用者需求联系起来。他指出，外部评价就是“评价教材针对某个使用群体或者某个使用环境的适用性，考查教材能否满足学习者学习和教师教学的需要”。内部评价就是“评价教材本身或内在的科学性、合理性和有效性”。内部评价是关于教材本体的评价，是整个系统评价的基础；外部评价是基于教材适配性的评价，教材要适应一定的使用环境，这里的外部环境包括学习者、教师、学校、教育行政部门的需要。

McDonough and Shaw 模式体现了教材内部和外部“互表里”的特质，主要考查教材内部要素与外部要素的契合度，优秀教材要做到“表里如一”。程晓堂模式是一种教材外部环境与教材本体的适配性评价，将教材与具体的教学环境对照，评价教材的适用度。对比分析两种解释模式，我们认为，程晓堂模式更加符合当前国际汉语教学的实际需要，特别是在教材选用的环节，外部评价提供了一种简便可行的评价手段，可以在较短的时间内对教材适配性做出较为准确的评价。以教材选用为目的的教材评价应该重视教材适应性方面的考查，Grant（1987：118）曾说，“世上没有完美的教材，但一定有适合你的教材”，国际汉语教师对教材适配性的追求更具有现实意义，为此，教学环境、学习者需求的调查和分析是必不可少的参照系。从评价论（冯平，1997：93）的角度观察，价值的、深层的、本质的存在方式是价值主体与价值客体之间的一种特定关系。只有把握了这种特定关系才能真正把握价值，从而做出判断。

将两种模式相结合，也是一种可行的办法。结合国际汉语教学的特点，将外部评价和内部评价看作两次“对照”的过程。首先对教材外部要素进行评价，对教材形成初步认识；然后深入到教材内部，对教材进行细致、具体、深度的评价；将内外部要素评价结果相对照，检验两者是否相符，形成内部评价结论；同时对教材使用环境进行外部评价，将外部评价和内部评价结合起来，对教材的适配性做出综合、全面的评价（见图 5-2）。

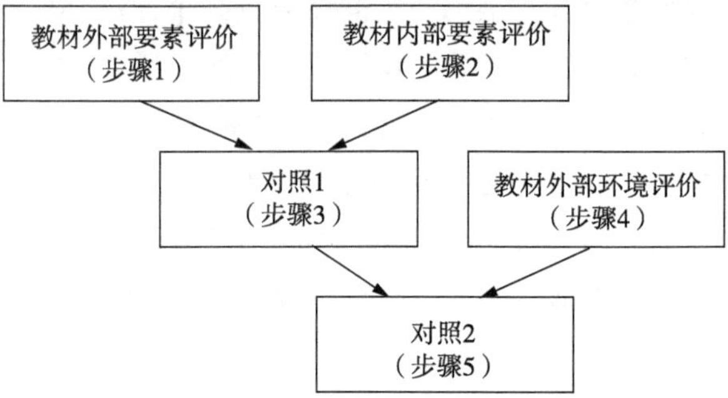

图 5-2　教材评价的“对照”模型

二、根据教材使用阶段的分类

根据教材使用的不同时期，教材评价可分为使用前评价（pre-use evaluation）、使用中评价（in-use evaluation）和使用后评价（post-use evaluation）。顾名思义，这种分类方式贯穿教材使用过程中。

（一）使用前评价

使用前评价是在教材使用之前进行的评价，Ellis（1997：36-42）又称之为预测性评价（predictive evaluation）。使用前评价是最常见的教材评价，因其没有实际的使用经验可供参考，还要对教材未来的使用情况进行预测，是信度最难把控的一种评价。我们刚才提到的外部评价和内部评价都可以作为教材使用前的评价，具体评价方法如下：

表 5-1　使用前评价的方法

阶段	评价主体	方法
使用前	教师	· 量表法 · 集体讨论 · 使用者访谈

（引自 Ian McGrath，2002）

为提高使用前评价的信度，可采用多人共同评价的方法，例如2–4位教师共同研制评价标准，分别对教材实施评价，然后综合各自的评价结论。

（二）使用中评价

教材的选择和使用并不意味着教材评价活动就此终止。评价者在教材使用前凭借专业经验回答的评价性问题只能在教材使用的过程中得到确切的验证，例如，词汇量是否合适？难度梯度是否合适？这些问题，评价者可以在使用前做出预测，但使用中的评判具有更高的信度。因此使用中评价是教材评价不可忽略的重要组成环节，是一种过程性评价。使用中评价将对使用前评价得出的判断进行实际验证，可能会巩固使用前评价得出的结论，也有可能会推翻之前的结论，导致调整、改编教材，甚至重新选择教材。实际上，使用中评价伴随在教师日常教学工作中，教师的备课、研讨都是在进行使用中评价，系统的使用中评价可以帮助教师进行教学反思，及时调整教学内容和方法，为适度改编、增减原有教材内容提供依据，提高教材适用度，优化教学。使用中评价的具体评价方法如下：

表5–2　使用中评价的方法

阶段	评价主体	方法
使用中	教师	· 使用日志（如：表5–10） · 对学习者的观察（如：表5–12） · 对学习者/教师的访谈（如：表5–13） · 集体讨论
	学习者	· 全体提问 · 焦点小组访谈 · 问卷 · 评级单 · 日志卡（如：表5–11） · 自评

（引自Ian McGrath，2002）

除了使用中评价对教材本身具有检验、调节功能之外，Ian McGrath（2002：181）还指出了使用中评价的另一种功能：检验教师使用教材的情况，这是教师教学评价的一个重要方面。但至今，在国际汉语教材领域针对教材使用中的评价十分少见，还没有典型的研究案例。

（三）使用后评价

使用后评价又称为回顾性评价（retrospective evaluation）（Ellis，1997：36-42），是在教材使用后进行的综合性、回顾性、诊断性、建议性判断，用以客观地认识教材，决定是否继续使用教材，如何改编、增补或删减教材内容。使用后评价是最具价值的评价类型，因为它能够测量教材使用的实际效果，信度最高，评价结果最具建设性。但使用后评价的研究成果又是最少的，在国际汉语教材评价中，还没有此类研究。2010 年出版的 *Research for Materials Development in Language Learning：Evidence for Best Practice*（《语言教材开发研究：实证研究》）一书中，收录了 Christopher Stillwell 等人实施的一项英语教材使用后评价研究，他们在课程结束后对 300 多名学习者和 15 名教师分别做了问卷和访谈调查，研究者不仅对比分析了学习者组和教师组的调查结果，而且将学习者组的调查反馈交由教师集体研讨分析，对教材使用形成客观认识，对改进教学起到了促进作用。该研究认为，使用后评价不仅有助于教师的教学技能发展，而且有助于学习者回忆和反思学习过的课程内容，回顾课程目标以及有价值的课堂活动，评价过程和评价结果对教师和学习者是“互惠互利”的。使用后评价还有如下具体方法：

表 5-3　使用后评价的方法

阶段	评价主体	方法
使用后	教师	· 教学测试 · 能做测试 · 访谈 · 课后日志、报告 · 问卷
	学习者	· 讨论 · 焦点小组访谈 · 问卷 · 自评

（引自 Ian McGrath，2002）

（四）评价是一个循环过程

使用前、中、后评价可以单独采用，也可以组合采用，如果将三者结合起来，将构成教材评价的完整过程，相互印证（见图 5-3），这是围绕教材使用最全面、最系统的评价体系。整个评价体系打破了以往孤立、静态的教材评价方法，而是将教材置于课程之中，历时地考查教材与课程、教师、学习者之间的交叉互动，多维度地检验教材的实际使用效果，最大限度开发教材的适用度。表 5-1、2、3 说明这个评价体系包括了丰富多样的定量和定性评价工具，选择合适的评价工具可以使教材评价更加科学。将一套教材置于使用前、中、后的评价体系中是一种深入的跟踪式评价，评价过程历时较长，但会获得丰富的回馈信息。遗憾的是，目前在国际汉语教学领域还没有见到这样完整的评价研究。

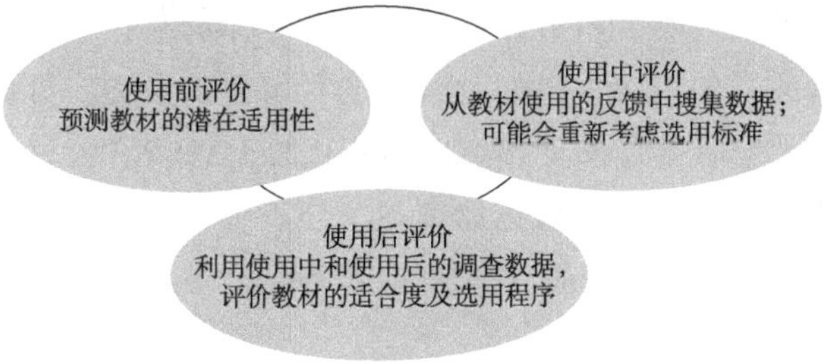

图 5-3　Ian McGrath 的完整评价环

三、根据教材评价目的的分类

根据不同评价目的，教材评价又可分为教材编写评价和教材选用评价。

教材编写评价，又可称为教材本体评价，是指对教材本身的情况、内质、特点的判断，一般不涉及教材外在的、现实的应用问题，与使用者和使用情况无关联。它侧重教材本身的编写质量，注重教材本身的特点，是教材编写者和研究者经常采用的评价，它可以直接为教材编写和教材研究服务，多用于教材评优活动和教材研究。

教材选用评价是直接为教材选择和使用服务的评价。该评价从教与学的角度，检验教材表现出的性质和特点是否好用，与教学活动紧密相关，与教材外部的使用者和实际使用情况发生联系，是教师教学活动中经常采用的评价。它通过判断教材的适用性，为教材选用者提供信息，有利于提高教材在教学活动中的使用质量。该评价可以用于教材选择、使用、增减、改编与调整。

第二节　国际汉语教材的评价主体

教材评价主体就是教材的评价者，是发起和实施评价的个体或机构。根据与评价客体的联系，评价主体可分为内部评价者和外部评价者两大类。内部评价者与评价客体有直接联系，是教材的编制者或者使用者，他们对教材的了解更加全面、具体，但往往在评价中带有主观偏见和感情色彩；外部评价者与评价客体没有直接联系，他们的评价更加客观、公正、理性，但由于缺乏对教材的亲身体验，他们的评价往往过于笼统、教条、缺乏针对性。

一、内部评价者

（一）教师作为评价主体

在教师日常教学工作中，教材评价贯穿始终。在课程设计阶段，结合课程选用合适的教材成为教学工作的重要开端；备课时，教师对教材内容的取舍、改编和补充是教材评价的具体体现；教学中，教师对教材的临时调整，以及学习者对教材的反馈是教材评价的真实反映，课程后，教师对教材的反思性评价有利于教师的自我发展。因此，教材评价是教师的重要技能之一，是教师培训的重要内容。

教师作为教材评价主体的特点：

第一，教师作为教材评价者，评价标准更侧重于教学，注重教学实际问题以及有关利教利学的评价指标，例如教材的可教性。

第二，教师常常从自己的教学理念、教学风格出发，结合自己的教学经验进行评价，例如偏爱交际法的教师会更加强调教材中语料的真实性、交际活动的设计等。

第三，教师对教材的评价具有较强的针对性，由于教师对课程和学习者的了解最为全面、具体，他们的评价角度常涉及教材与课程、教学、学习者的联系，因此他们最善于开展教材的适配性评价。

第四，教师对教材的评价可以贯穿教材使用的全部过程，涉及教材在不同教学环节上的表现，利于进行形成性评价，在过程中发现问题，解决问题。

第五，教师自发的教材评价更具有切身性，自主性。这种教材评价常与切身的教学利益相关，具有较强的实效性。正确选择教材是开展教学的基础，在使用过程中基于评价做出的教材内容或方法的调整有利于优化教学，因此教师的教材评价多以有助于教学为目的。除此以外，教材评价与教师职业发展密切相关，教材评价的过程也是教师自我发现、自我更新、自我提升的过程。

（二）学习者作为评价主体

学习者是教材的主要使用者，教材质量的优劣对他们有直接影响，然而与此相悖，学习者作为评价主体的地位常常被忽视。这一现状从一个侧面反映了“以学习者为中心”的教材评价观严重缺失，在我们心目中，学习者依然是教材评价结果的被动接受者。学习者对选用什么教材、如何使用教材等关键性问题并没有话语权。专家和教师的评价因其学术性、经验性和权威性，往往受到更多重视。而实际上，学习者的评价视角与专家和教师的评价不同，专家和教师认为重要的评价指标，可能对学习者来说却未必如此。与其他评价者相比，有时学习者的评价更加真实、客观，甚至十分犀利、不留情面；另一方面，这种现象也反映出，我们还未全面了解针对学习者的教材评价方法和评价工具，更谈不上运用自如。在这方面，林敏（2006）的研究富有建设性，她意识到了学习者作为教材评价主体的意义和价值，建立了一个以学习者为评估者的对外汉语教材评估模式。另外，国外英语教材评价中，用于学习者教材评价的量表、问卷、日志样本等资料非常丰富，可以作为参考。另外，针对儿童学习者的教材评价更加困难，不易获得准确的评价反馈，但也正因为如此，此类评价更具有研究价值。总之，我们应该走出认识层面和操作层面的误区，在教材评价中充分发挥学习者的主动性，让他们参与到教材评价活动中来。

学习者作为教材评价主体的特点：

第一，学习者主要参与教材使用中和使用后的评价，由于缺乏预测能力，极少参与使用前评价。

第二，学习者对教材的评价更倾向于教材内容的难度、多寡，以及教材的吸引力和趣味性。但这一点也使得学习者评价带有主观、随意的特点，毕竟学习者都希望学习内容轻松有趣，减轻学习负担是所有学习者共同的、永恒的主观诉求。

第三，学习者极少自发地开展系统性的教材评价活动，需要在教师指导下进行，评价正式开始前，指导者需要向学习者说明评价目的，争取获得学习者的理解和配合，以免他们误以为评价是课业的一部分，产生负面情绪。

第四，有利于学习者回顾学习要点，激发学习者的自主学习意识，培养批判性思维能力。

（三）研发者作为评价主体

1. 编者作为评价主体

编者凭借自己的教学经验和前期需求调查，依据一定的教学思想，编出一套具有特色的教材，完成一套教学设计，其中在教材整体构思和细节编排上体现了编者方方面面的考虑。教师在教学过程中不断揣摩编者意图，体会编者的构思，并根据自己的教学实际情况创造性地使用教材。显然，教师教学可能实现了编者设想，也可能发生背离。往往编者和教师之间存在编写意图与教学实践不对等的现象，编者意图与学习者喜好之间同样存在潜在差距，编者精心为学习者选配的课文，学习者未必喜欢，这往往是编者发起教材评价的原因。Peter Watkins（2010）就曾以编写者的身份撰文评价他自己的教材，他提出编者的身份会使他在评价中更准确地把握教材编写目标和设计依据，但他也承认难免会有失偏颇。

编者作为教材评价主体的特点：

第一，编者实施的评价活动，目的一是要验证自己的教学设计能否在教学实践中实现；二是想了解使用者对教材的理解与编写意图的差距，教师如何实践编写意图，学习者的反应如何等等，反馈信息可以促使编者反思教材设计的合理性，为教材使用培训或今后修订教材做准备。

第二，通常编者评价活动的评价对象只限于自己编写的教材，调查对象只限于教材使用者，评价问题也会针对教材本身。

2. 出版者作为评价主体

近年来，由出版者发起、组织或参与的教材评价活动越来越多。这种评价大体分两类，一类是教材自评，为了了解用户对教材的印象或使用情况等信息，出版者针对自己出版的教材发起和组织的评价。在这种评价中，与编者自评教材的角度不同，出版者的视角更加宏观，不单单针对教材本身，更关注教材的研发过程和商业价值。另一类是参与其他教材的评价，这种评价多由行政单位组织，出版者作为专家组成员参与评价。出版者作为教材评价主体展现了一种新的评价视角。

出版者作为教材评价主体的特点：

第一，出版者开展教材评价，往往以教材推广或者教材修订为目的。教材评价是寻找目标用户的手段之一，参与评价的教师和教学机构都将是该教材的潜在客户，特别是当他们做出正面评价的时候，他们选用该教材的可能性就会非常大。专家或行政人员做出的正面评价，可以成为出版者教材推广的噱头。出版者开展教材评价的另一个目的是为教材修订搜集信息，在新版教材中进一步完善教材内容，以便拓宽教材适用面，吸引更多用户。

第二，出版者评价的关注点除了教材使用的教学效果以外，还会关注教材的商业效益、成本核算、品牌知名度、与同类竞争产品的比较、专家鉴定等，这些是其他评价主体忽略或不擅长操作的方面。

第三，教师的教材评价针对性较强，会紧紧围绕某一类课程或学习者群体进行教材评价。与其不同，出版者的评价实施范围更广，以发掘更广泛的使用者。例如一套为欧美学习者设计的口语教材，出版者会将评价范围扩展至其他国别学习者群体和听说课、讨论课等相关课程类型，评价标准也会相对宽泛。

第四，试用教材是出版前评价的主要方式，采取试用的方法科学系统地评价教材，根据试用结果修改、完善教材后出版，可以提高教材质量，增强教材的市场竞争力。

二、外部评价者

（一）行政部门作为评价主体

行政部门主导的教材评价活动，是一种自上而下的教材评价，一般会赋予评价较宏观的意义，多以推荐精品教材，促进教材建设，提高教材整体质量为目的。这类评价在一定的经费支持下，活动规模较大，参选教材众多，参与评价的人较多，评选程序规范、严格。例如2010年国家汉办/孔子学院总部举办的“优秀国际汉语教材”评选活动。

行政部门作为教材评价主体的特点：

第一，这是一种由政府部门主导并组织实施的评价活动，具有较高的权威性。

第二，评价活动自上而下组织实施，有利于全面收集信息，形成综合的认识与判断，具有强制性、广泛性和行政力度。

第三，根据有关行政部门对教材建设的导向，专家组制定完整的评价方案，细化评价指标体系、评价方法、评价程序，具有较强的科学性和统一性。

第四，评价对象比较广泛，不会针对某一套或某几套教材进行评价。

（二）专家作为评价主体

教材评价是一项专业性很强的工作，在评价过程中采取专家评价的办法，能够有效地保证评价的信度和效度。教材专家和教学专家经常受托主持或参与教材评价，因他们在业界拥有较高的专业威望和学术地位，他们的评价受到更多的关注和重视，寄予更多的期待，也正因为此，专家评价更注重学术严谨性，重视从科学的研究方法中得出客观结论，形成一份学术报告，公开发表，产生一定的影响力。

专家作为教材评价主体的特点：

第一，专家评价教材具有一定的全局观，会站在一定的学术高度，从多个角度审视教材，对教材发展的纵向、横向展开比较，在此基础上进行教材评价。

第二，专家评价比较看重教材背后的教学思想，以及教材编写的创新性。

第三，在评价标准中会融入专家本人的教材理念和教学法思想。

第四，善于运用适当的评价工具，较好地保证评价结论的科学性。

三、评价主体的多元性

以往的教材评价，评价主体多以学校管理人员或者教育部门行政人员为主，教材的真正使用者成为评价的配角，或者评价结果的被动接受者，没有任何主动选择和评价的机会。现代教材评价向着评价主体多元化的趋势发展，评价主体由单纯的行政人员转向师生直接参与的多元评价。在评价过程中，各个评价主体从各自视角和需要出发进行教材评价，可以对教材使用和编写提出更系统、更全面的建议。表 5-4 列举了不同评价者的不同评价视角。

表 5-4　评价主体及其评价视角

评价主体		视　　角
内部评价者	教师	教学性评价
	学习者	适应性评价
	编者	验证性评价
	出版者	推介性评价、商业性评价
外部评价者	专家	学术性评价
	行政部门	选优性评价

评价主体不仅要多元化，而且要加强评价主体之间的互动。多元评价不是各评各的，最后将各自的评价结果综合起来。如果能够增强评价人员之间的讨论与沟通，加入评价反馈的互通与分析，才能辨别评价中出现的问题，才能使教材评价具有实际的操作意义，避免虎头蛇尾，草草了事。

提倡评价主体多元化，但不应为多元而多元，实施多元评价必须符合评价目标，依据评价目标选取最恰当的评价方式。多元评价要考虑到各评价主体的负担，如果过于复杂，过于耗费时间，则得不偿失，因此多元评价的设计还应该兼顾简单可行的原则。

第三节　国际汉语教材的评价方法

评价方法是指评价者进行评价时采用的技术、手段、程序等。本节将介绍国内外第二语言教材常用的评价方法，拓展思路，促进国际汉语教材评价方法的科学化和先进性，为构建国际汉语教材评价体系奠定基础。

一、国际汉语教材评价的主要方法：量表法

（一）量表法的定义

量表法是采用量表进行评价的方法，是国际汉语教材评价的核心手段。它适用于教材使用前、中、后各个阶段，简表可用做印象评价，全表可用于系统评价。

量表是一种测量工具，它广泛地应用于心理学、教育学、语言学等领域，又称为测量尺度。根据《朗文语言教学与应用语言学词典》释义：量表是在统计和测试中通过测量产生的定量水平和种类。通俗地说，量表是评价者在评价时采用的一份列表，表

中列出事物或行为的属性和特征，评价者在观察事物或行为时可在表中画上记号。

教材评价量表是指由一系列指标项构成的评测工具，用来测量评价人对教材的态度和看法。如表 5-5 所示，教材评价量表大致由三个主要部分组成：①教材评价的维度，或称范畴、类别；②标准①，具体为一系列指标项，有时可分为多级指标；③分值，根据作答形式不同，将教材评价量表又可分为三种形式：等级量表、是否量表、开放性问题量表，表 5-5 是等级量表的示例。

表 5-5　等级量表示例

维度	标准	分值
课文	课文具有趣味性	1　2　3　4　5

量表法是教材评价中最常用、最重要的方法，其他教材评价方法通常也离不开量表这种评价工具。Ian McGrath（2002：26-7）提出量表法的 4 项优点：系统性强、经济省时、使用便利、结果清晰具体，准确地概括了量表法的实用特点。当然，他也提到量表法的局限所在：没有万能通用的教材评价量表，使用者要善于根据评价目标和实际情况改造量表以及应用程序，提高其适用性。使用量表评价教材的程序大体如下：

①确定评价方案→②设计量表→③运用量表实施评价→④评价总结

在这个程序中，量表设计是教材评价的重点和难点，这一步骤的科学性程度极大地影响着评价的质量。教材评价量表为教材评价提供了必要的测量尺度和评判依据。根据每个学科的特性，其教材的评价维度和标准不同，可以说，确定评价维度和标准是

① 本文将“指标”界定为每一条具体的陈述或问题；将“标准”界定为所有指标的集合。

一个学科教学与研究的具体化体现，国际汉语教材评价量表也不例外。

（二）教材评价量表的设计

使用量表法评价教材，可以选择一份较为合适的量表，根据需要加以修改使用。建构一个量表主要有以下步骤：

①确定指标项→②确定维度→③确定指标值和权重

当然，这个程序也不是一成不变的，例如，第②步骤可以提前，先确定维度，再确定指标项。

步骤1：确定指标项。评价指标就是评价的准则和尺度，是衡量、比较评价对象的基本依据。评价指标和评价体系能否真实反映评价对象，以及反映的真实程度，是获取准确、可靠评价结论的基本保障。指标体系不是多个指标的堆砌，而是一个有机整体，建构评价指标体系有以下原则：①全面性与针对性原则，既要全面、真实地反映评价对象的属性，又要突出评价重心；②独立性和层级性原则，指标之间既要相互独立，避免重叠，又要层级分明，相互联系、相互补充；③科学性和实用性原则，既要满足评价目标，保证评价质量，又要尽可能简化指标，使之具有较强的操作性。在任何评价中，都没有绝对正确科学的指标体系，只有相对科学合理的指标体系，也没有一个万能通用的指标体系，但仍具有构建指标体系的通用方法和模式。（见图5-4）

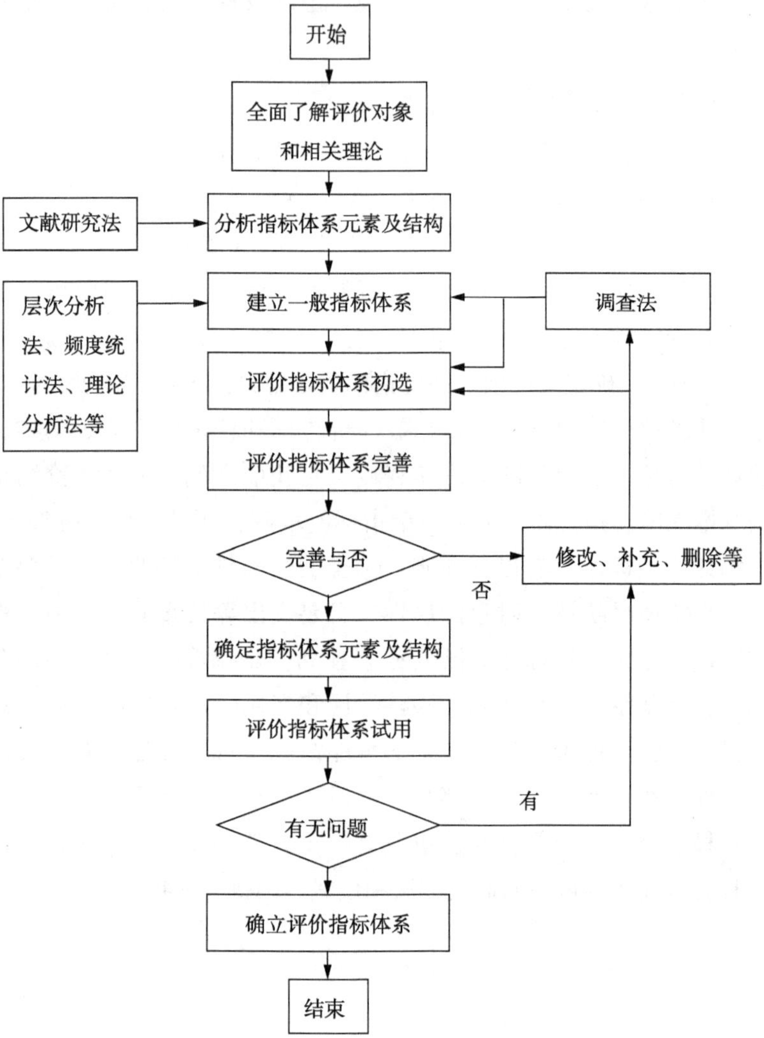

图 5-4　建构指标体系的过程①

① 改编自邱均平，文庭孝：《评价学理论·方法·实践》，科学出版社，2010 年，第 140 页。

步骤2：确定维度。无论是从指标项归纳评价维度，还是从维度演绎指标项，评价维度均代表了量表建构者对评价对象的基本认识和评价态度。正如高凌飚（2007）所指出的："教材评价维度指的是从哪些方面或什么角度出发对教材进行评价，每个维度都反映了教材质量的一个重要方面。"一方面，维度设计应该尽可能呈现教材的全貌；另一方面，维度设计应该体现建构者的评价思想。从表5-6中可以看出，每一位量表建构者的评价维度都有相似处，如练习和配套方面；但也不尽相同，反映了他们各自评价理念、评价角度和侧重点的差别。

表5-6　量表的维度

量表	维度
赵金铭（1998）	前期准备、教学理论、学习理论、材料、练习编排、注释解说、材料配套、其他（共8项）
徐弘（2005）	内容、语言、文化、交际、教学大纲、教材评估、组织安排、版式、教育研究、辅助材料（共10项）
林敏（2006）	整体编排、词汇及解说、课文、语法注释、练习、形式及配套（共6项）
倪明亮（2012）	教材编排、课文选篇、注释、语音、词汇、语法、汉字、文化、练习、配套材料（共10项）

步骤3：确定指标值和权重。将已确定的维度和指标项按照一定的内在逻辑关系进行排序，排序的过程也是进一步筛查的过程，剔除重复的指标，合并或区分近似的指标。之后，给每一个评价指标制定具体的计算方法，常见的方法有：用等级、分数、标记、评语等作为评价的指标值。表5-7为典型的五度等级评价量表，各分项打分相加算出总分值就是一套教材的评价分数。等级量表中三度量表和五度量表最为常见。

表 5-7 节选自徐弘（2005）的中文教材评估工具

项目		强烈反对			非常赞同	
内容	真实性	0	1	2	3	4
	完整或统一性	0	1	2	3	4
	相关性	0	1	2	3	4
	充足性	0	1	2	3	4
	辅助教材清楚	0	1	2	3	4
	连接性	0	1	2	3	4

权重是指以某种数量形式确定各指标在整体评价中的重要程度，按照各指标之间的内在逻辑形成分析系统，并依据他们的相对重要性，赋予各指标相应的权重。权重值的变动可能引起评价结果的改变，因而科学地确定指标权重是科学评价的关键。表 5-8 是一个等级与权重相结合的评价量表：等级评分×权重=得分。指标权重是主客观的统一，既反映了评价者对各指标的重视程度的主观差异，又体现了各指标在评价中不同作用的客观差异。指标权重的确定方法有专家评判法、德尔菲法、层次分析法等。

表 5-8 量表的权重

项目 内容	权重	教材 A		教材 B	
		1-3 分	得分	1-3 分	得分
真实性	3	2	6	3	9
完整或统一性	2	3	6	2	4
相关性	2	1	2	2	4
充足性	2	2	4	3	6
辅助教材清楚	1	1	1	2	2
连接性	2	2	4	2	4
		总计	23	总计	29

以上简要地介绍了一份量表的设计流程，构拟评价标准是国

际汉语教材评价研究重要方面之一，下面将陆续介绍指标选择和确定的方法及指标权重的确定方法。还需要说明的是，很多量表采用了平均分配权重的方式，即量表中每一项指标的权重一致，这种方式的好处是计分简便，容易操作。

二、指标从哪里来：文献研究法

文献研究法是人文社会科学研究中必不可少的一种方法，是一种既古老又充满活力的研究法。在国际汉语教材评价中之所以重要，最直接的原因是它决定了评价指标从何而来。每一条指标都不是凭空而来，或主观臆想，而是有理有据，这个理据就是从文献研究中得出来的。从现有的教材评价研究成果中无不看到前期文献研究的重要性，它们几乎无一例外地从前人的研究成果出发，或吸收或批判，建立起各自的评价模型。

文献研究法是指充分利用各种文献资源对某一专题进行研究的方法。针对指标建构的问题，第二语言教材评价的文献研究主要涉及四个领域：①第二语言教学理论和教学原则研究，②第二语言教材研究，③教材评价理论研究，④第二语言教材评价研究。国际汉语教材评价研究具有典型的跨学科特点，其文献研究要拓展视野，注意借鉴教材本体理论和普通评价学理论成果，吸收第二语言教学和汉语教学的研究结论，兼顾国内外第二语言教材研究发现。

在文献研究中提取评价指标，还要特别注意两点：一要善于利用筛查法。在众多的教材评价量表中，有许多指标项是相同或者类似的，通过筛查这些量表的相同指标项，可以找出指标的共性，这些共性是众多评价者普遍关注的指标。二要充分认识评价对象，立足自身的评价目标。避免直接移植经验性的评价指标，要充分考虑到评价对象的特性和学科特性，以评价目标为导向，体现教材评价的学科性、时代性和创新性。

三、指标如何确定：两种截然相反的专家调查法

（一）德尔菲法

德尔菲法[①]，是一种交换意见的过程，是一个小组在小组成员没有面对面的相互影响或相互对抗的情况下对某个复杂问题达成一致的过程。它采取背对背征询专家意见的方式，让专家针对某一问题匿名发表意见，专家之间不发生横向联系，只与调查人员发生联系，通过多轮次调查，经过反复征询、反馈、修改和归纳，汇集为专家基本一致的看法，作为最终调查结果。由于避免了面对面的相互影响，这一过程避免了专家讨论中屈从于权威、盲目服从、容易离题、产生偏见、耗时较长等常见问题的发生。

德尔菲法具有以下三个显著特点：①匿名。在德尔菲法的实施过程中，专家们是在完全匿名的情况下讨论问题、发表意见的，他们彼此不知道哪些人参加讨论，因此既不会受到权威意见的影响，也不会对自己发表的意见产生顾虑，从而可以充分表达不同的观点。②反馈。专家可以从反馈中了解其他专家的意见，在参考他人看法的基础上各自做出新的判断。经过多轮调查和反馈，意见趋于集中。③统计。评价中常常需要请专家对某些指标进行定量评分，采用统计的方法，可以反映专家意见的集中和离散程度。(邱均平、文庭孝，2010：164)

图 5-5 是德尔菲法的实施步骤：

---

① 该部分参考了《简明国际教育百科全书·教育测量与评价》，教育科学出版社，1992 年，第 103 页。

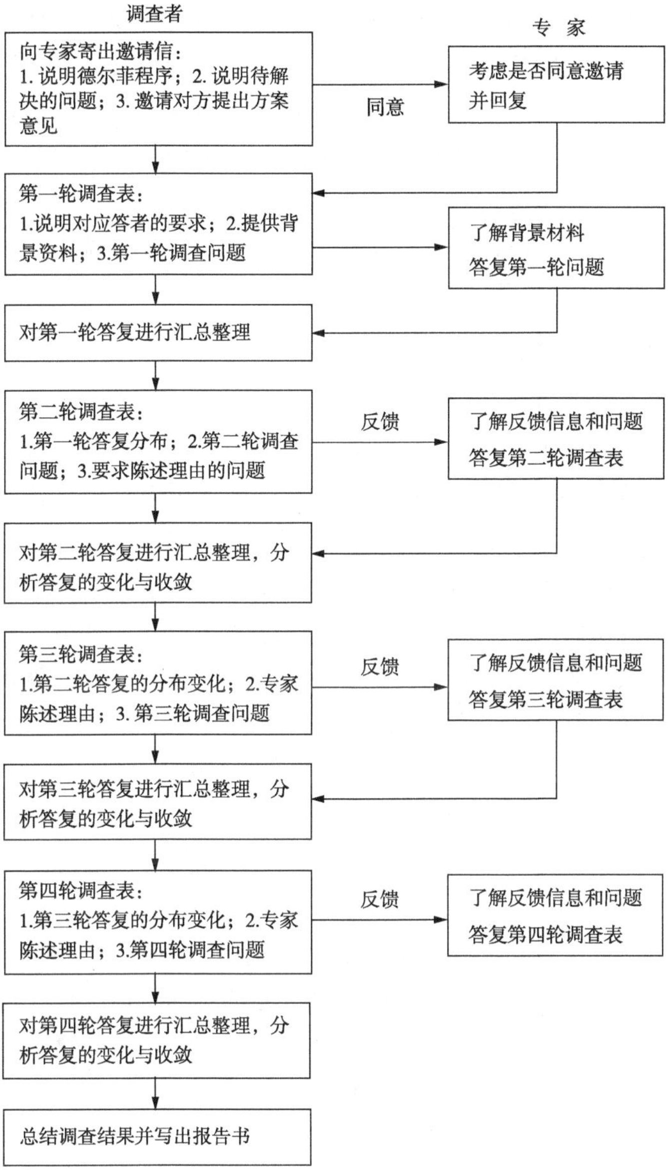

图 5-5　德尔菲法的实施步骤①

① 邱均平、文庭孝：《评价学理论·方法·实践》，科学出版社，2010 年，第 163 页。

从图 5-5 中可以发现德尔菲法显而易见的优缺点。优点是能够集思广益，取长补短，避免权威意见的影响和表达不同意见的顾虑，同时专家还有机会修改自己原先的看法。缺点是过程比较复杂，征询意见的时间比较长，很难在较短周期内形成评价结果。在教材评价中，德尔菲法可用于筛选评价指标，王小梅、杨亚军（2012）在这方面做过尝试，用德尔菲法对 127 个候选指标进行了 3 轮专家问卷，最终确定了 70 项指标。

（二）焦点团体访谈法

焦点团体访谈是指一到两个研究者同时对一群人进行访谈，通过群体成员相互之间的互动交流对研究问题进行探讨（陈向明，2000）。Jayakaran Mukundan 等人（2011）采用该方法对教材评价量表（初稿）进行修改完善。他们组织了一个 6 人的专家小组，先采用开放式访谈（unstructured interview）的方式，鼓励各位专家针对量表初稿中的评价指标自由发表意见，补充一些被忽略的重要指标项。然后采用封闭式访谈（structured interview），就指标表述的清晰性和全面性进行专门讨论，从而对一些指标进行了修改，全面提高了该评价量表的信度、效度和实用度。

通过该案例可以发现，同是专家意见调查，焦点团体访谈法与德尔菲法存在明显差异。焦点团体访谈鼓励专家之间的互动与交流，研究者可以在互动中观察参与者的动态思维过程。该方法是在公开环境中进行的集体探讨，大家直接交换意见，相互补充、相互纠正，是一种省时高效的方法，能够迅速得出结论。该方法的劣势正是德尔菲法中可以避免的，小组成员之间的意见容易相互影响，特别是组内如果有权威人士、善谈人士，他们的意见会产生导向作用，影响其他成员意见的形成和表达。

四、权重如何确定：层次分析法

（一）层次分析法的基本原理

层次分析法是美国运筹学家 T. L. Saaty 提出的针对多层次、多目标的决策方法，该方法将数学理论和心理学理论作为依据，由此具有了定性和定量分析相结合的优势，具有高度的逻辑性和系统性。层次分析法是教育评价的一种常用方法，在教材评价也有应用实例，如王晓梅、杨亚军（2012）采用模糊层次分析法建立了英语教材评估指标层次模型。层次分析法可以增强教材评价的定量科学性，尤其适用于确定指标权重。

层次分析法的基本原理是：将一个复杂问题分解成若干组成因素（指标），并按支配关系形成层次结构，然后用两两比较的方法确定各因素的相对重要性，计算出各因素的权重，并以此为基础实现不同因素的排序。（邱均平、文庭孝，2010：196）

（二）层次分析法的操作程序①

以下将举例说明层次分析法的操作程序。假设我们要从教材与教学大纲的适配性、教材与学习者的适配性、教材与教师的适配性 3 个维度评价一套教材，“教材与教学大纲的适配性”有 4 个指标项：A. 教材符合教学大纲的宗旨；B. 教材符合教学目标；C. 教材参考教学大纲确定教学内容且分布合理；D. 教材容量适合该地区/学校汉语课的课时安排。

步骤 1：建立层次结构模型。

步骤 2：对指标两两比较确定其等级。

对确定的评价指标，设计专家问卷进行指标相对重要性调查，可用 1—9 比例标度。

① 这里采用了程书肖的计算方法、数据和过程，转引自杨翼：《汉语教学评价》，北京语言大学出版社，2008 年，第 154-160 页。

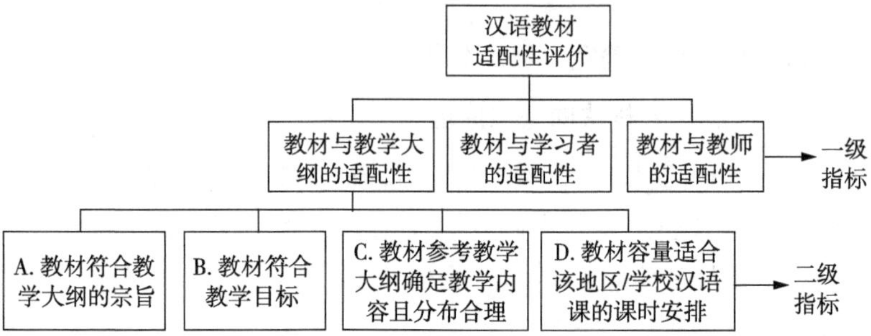

图 5-6 层次结构模型

表 5-9 两两比较的等级划分及其标度

相对比较	标度
两项指标同样重要	1
一指标比另一指标稍微重要	3
一指标比另一指标重要	5
一指标比另一指标重要得多	7
一指标比另一指标绝对重要	9
重要程度介于 1、3、5、7、9 之间	2、4、6、8
一指标比另一指标相对次要	上述各数的倒数

如果有 n 个指标，总共需要比较的次数为：（n−1）+（n−2）+ …… + 2+1= n（n−1）/2。示例中有 4 个指标，A 要与其他 3 个（4−1）指标进行比较，然后 B 与另外 2 个（4−2）比较，C 与最后 1 个（4−3）比较。两两比较的结果如下：

	A	B	C	D
A	1	3	3	7
B	1/3	1	1	5
C	1/3	1	1	3
D	1/7	1/5	1/3	1

步骤 3：计算方法。

把比较结果写成矩阵的形式 A：

$$A=\begin{pmatrix}1 & 3 & 3 & 7\\ \frac{1}{3} & 1 & 1 & 5\\ \frac{1}{3} & 1 & 1 & 3\\ \frac{1}{7} & \frac{1}{5} & \frac{1}{3} & 1\end{pmatrix}$$

对矩阵 A 的每一列进行归一化处理。比如，对第一列进行归一化处理的结果为：$1+\frac{1}{3}+\frac{1}{3}+\frac{1}{7}=\frac{38}{21}$，$1/\frac{38}{21}=0.56$，$\frac{1}{3}/\frac{38}{21}=0.18$，$\frac{1}{3}/\frac{38}{21}=0.18$，$\frac{1}{7}/\frac{38}{21}=0.08$

将归一化处理的结果写成矩阵 B：

$$B=\begin{pmatrix}0.56 & 0.58 & 0.56 & 0.44\\ 0.18 & 0.19 & 0.19 & 0.31\\ 0.18 & 0.19 & 0.19 & 0.19\\ 0.08 & 0.04 & 0.06 & 0.06\end{pmatrix}$$

把矩阵 B 每一行的数字相加，结果得到一个列数为 1 的矩阵 C：

$$C=\begin{pmatrix}2.14\\ 0.87\\ 0.75\\ 0.24\end{pmatrix}$$

对矩阵 C 的各数进行归一化处理，得到各指标的权重：

$2.14+0.87+0.75+0.24=4$，$\frac{2.14}{4}=0.53$，$\frac{0.87}{4}=0.22$，$\frac{0.75}{4}=0.19$，$\frac{0.24}{4}=0.06$

五、国际汉语教材评价的动态方法

在教材研究领域，量表分析法能够在短时间内搜集到教材的所有重要信息，直观地记录在表格中，便于横向、纵向比较，易于获得具体、清晰的评价结果，因而受到大多数研究者青睐，使用比较广泛。然而，量表法的实质是将一份表格中的项目与教材的具体内容进行比对、核查、记录，最终将教材的性状转换成简洁的数量，这个过程将教材设定为一个静态物，教材的各要素是可测量的，通过测量这些要素，“计算”出教材质量的优劣。

教材质量是由多种要素，特别是各种动态要素相互作用的结果，更重要的是，教材只有在教学中才能发挥其作用，教学是一个多因素交互的动态过程，钟启泉（2008）指出：“我们对教材的关注不应仅停留在静态界定层面，更应关注教材的动态功能性。”高凌飚（2001）也提出，教材分析要从教材静态和动态两个方面收集资料。因此，评价教材的动态表现和活力显得越发重要。如何考察教材与教师、学习者的互动，如何考察教材对教师和学习者产生的效果，为教材评价提出了新的课题。

（一）教材使用日志法

教材使用日志是对日常教学中教材使用情况的记录，它主要记录教师和学习者在教材使用中的感受、想法，教学中教师对教材的处理方式和学习者的反应等。它可以真实、自然地记录下教学的情景、教师和学习者的观点和看法，以及这些观点和看法的发展和变化，情感和理念的变化。教材使用日志可分为教师日志和学习者日志两种，教师日志更普遍，要注意的是，低龄学习者难以独立完成日志。

日志法简便易行，不需要高级的设备和复杂的程序，只需要坚持记录下教材使用情况，记录者可以根据自己的研究兴趣和记录风格固定一个记录格式或体例，以便日后进行日志的整理和分析（见表 5-10 和表 5-11 中的示例）。

表 5-10　教材使用日志【教师用】

教材使用日志 时间________　地点________　班级________　课名________ **本课的设计** □不好　□一般　□好　□非常好
本课哪部分内容没有使用？为什么？ 本课哪部分内容进行了改造？为什么要改造？如何改造的？ 对本课内容进行了哪些补充？为什么？ 本课我最喜欢哪些部分？为什么？ 教学时哪部分的教学效果最好？为什么？ 我认为学习者最喜欢哪部分内容？ 本课我最不满意哪些部分？为什么？ 教学时哪部分教学效果最不理想？为什么？ 我认为学习者最不喜欢哪部分内容？ 教学中有哪些意料之外的事件发生？

表 5-11　学习日志卡【学生用】

我的学习日志 ____________________	____________________
□不好　　□一般 □好　　□非常好	在这个单元： 我喜欢________________
我能说明方位、听懂方位 ____________________	我不喜欢________________
我能谈论交通规则 ____________________	在课上：
我能谈论不同交通工具 ____________________	我是/不是一个好组员
我能就询问火车信息的话题进行对话 ____________________	因为________________ ____________________

（引自 Ian McGrath，2002：187）

日志法教材使用评价具有非常高的研究价值，一方面它可以帮助学习者回顾学习内容，帮助教师进行教学反思，利于优化教材使用。另一方面，日志可以反映出教师和学习者对教材的不同看法和需求，形成质的评价。

（二）课堂观察法

在课堂教学评价中广泛采用的课堂观察法，也是教材动态评价值得借鉴的有效方法。它是指在教学实地通过观察教师如何使用教材，学习者如何反应，通过考查教材对学生间、师生间交互作用产生的影响，评价教材的实际使用情况。

课堂观察中应关注的问题有：

①教学目标与教材编写目的之间的关系如何？

②教师在多大程度上采用了教材中的内容？效果如何？能否

激发学习者的兴趣，是否有利于学习者对课程内容的理解和运用？

③教学过程中师生是如何使用教材的？与教材的设计思路一致还是不一致？如果与教材设计思路不一致，教师的做法是否值得借鉴？

④课堂教学中是否使用了探究学习、合作学习等学习方式？教材对这些学习方式的设计在教学中是否可行？

⑤教材的活动设计是否有利于学习者深入理解和有效运用课程内容、提高学习者汉语能力？教材设计的评价活动是否有助于教师和学习者获得反馈信息、检查教学效果？

课堂观察的操作步骤如下：

①观察前：与授课教师交流，说明观察目的、方式和预期的结果。授课教师的建议有助于观察者了解教材评价行为主要发生在哪一（几）个阶段、发生的频率如何，帮助观察者提高观察效果。观察者需要提前准备观察记录表（见表 5-12）。

②观察中：观察者使用观察表，记录观察信息。必要时可以进行录音。

③观察后：与授课教师交换意见。尽快形成观察报告，以免遗忘。

表 5-12　教材使用的课堂观察表

课堂观察记录表		
基本情况	课程名称： 教学目标： 授课地点： 教师情况： 学习者情况：	教材名称： 其他教学资源： 授课时间：
总体评价		

续表

教学环节	教学过程	备注	反思
热身准备			
词语			
句子			
课文			
活动			
……			

（三）访谈法

研究者也可以通过访谈获取教材使用信息。访谈是一种通过口头交流的方式面对面进行的直接调查方法，可以使我们了解受访者的内心活动、真实的想法和观点，这是通过问卷调查和课堂观察得不到的信息。访谈中应注意的问题有：①保持良好的交流气氛；②选择有代表性的访谈对象，考虑适当的人数、性别等因素；③尽量多地让受访者说话，研究者以听和记录为主；④事先应准备访谈提纲（见表 5-13），并让受访者了解访谈的目的、步骤、时长等。

表 5-13 访谈提纲

教师访谈： 1. 你认为教材重要吗？ 2. 你选择教材的标准是什么？ 3. 教材的哪个（些）部分你经常使用？哪个（些）部分不常使用？ 4. 你在什么情况下要对教材进行补充？为什么这样做？如何补充？ 5. 在教授语法或其他内容时，你希望从教材中获得怎样的帮助？
学习者访谈： 1. 你经常使用教材吗？ 2. 教材的哪个（些）部分你用得最多？哪个（些）部分你用得最少？ 3. 教材的哪个（些）部分你最喜欢？哪个（些）部分你最不喜欢？ 4. 你认为教材重要吗？ 5. 你喜欢哪种教材？ 6. 你喜欢现在正在学习的这本教材吗？

（引自 Ian McGrath，2002：235）

第四节　国际汉语教材评价的方法论探讨

一个研究领域的方法论研究，不仅可以反映该领域理论研究的水平，也能够为进一步发展该领域的理论体系创造条件，国际汉语教材评价研究也不例外。从方法论角度探讨国际汉语教材评价，有利于我们对当前的评价研究进行整体反思，有利于我们在正确认识国际汉语教材这一特定研究对象的基础上，建构教材评价的方法体系，为在新型国际汉语教材观指导下开展评价实践活动奠定方法论基础。

一、评价方法与评价方法论①

科学评价离不开科学的方法。评价方法是指评价者为了实施评价活动而采用的工具、手段、程序等。评价方法是具体的，可操作的，一般包括评价准备、评价设计、信息获取、评价分析与综合、撰写评价报告等评价活动全过程中所涉及的一切方法。

评价方法论是关于评价方法的理论，是针对评价的研究方法。评价方法论是抽象的、宏观的，是在各种具体评价方法的基础上升华出来，具有普遍指导意义的系统化和理论化的研究方法。评价方法论主要研究方法的本质及其发生、发展与演变的规律性，研究方法整体的结构体系，特别关注科学方法的发展趋势。

评价方法论可分为哲学方法、一般方法和学科方法和具体方法 4 个层次。哲学方法是指利用哲学的思维方式和理论工具形成的一套研究方法，例如理论与实践相结合的方法、主客体关系的方

① 这部分主要参考了邱均平、文庭孝：《评价学理论 · 方法 · 实践》，科学出版社，2010 年，第 119-124 页；吴应辉：《汉语国际传播研究理论与方法》，中央民族大学出版社，2013 年，第 127-130 页。

法；一般方法是指在相应的哲学思想的指导下，适用于多个学科或实践领域的研究方法，如归纳法、演绎法、数学方法、实验方法等；学科方法是指某个学科或实践领域中特有的研究方法，例如基于专家知识的主观评价方法、基于统计数据的客观评价方法、基于系统模型的综合评价方法；具体方法是指某一学科或研究领域中具体问题的研究方法，例如量表法、层次分析法等。

二、国际汉语教材评价的研究方法综述（1998—2014 年）

（一）研究方法的基本情况

1998—2014 年间共发表了 29 篇国际汉语教材评价类论文，包括期刊论文 6 篇（其中核心期刊论文 3 篇）、论文集论文 1 篇、硕士学位论文 22 篇。将这些论文中研究方法的使用情况进行了统计分析，其中实证研究共 20 篇，非实证研究 9 篇。实证研究中，全部是以数据材料为基础的量化研究，没有以访谈、观察等材料为基础的质化研究。非实证研究中，理论研究有 6 篇，研究思路为：利用相关理论，采用演绎、分析的方法进行评价研究；应用研究有 3 篇，主要利用（或改编）一套成熟的教材评价标准、教学标准，或者提出几个评价角度，对某（几）部教材进行评价的研究（见表 5-14）。

表 5-14 研究方法的分类框架

研究方法		篇数	比例
实证研究	量化研究	20	69%
	质化研究	0	0
非实证研究	理论研究	6	21%
	应用研究	3	10%

（二）量化研究的基本情况

表 5-14 显示，69%的论文采取了量化实证研究的方法，这说

明教材评价研究具有量化实证的传统和优势。进一步分析发现，量化研究主要采取了调查研究、分析研究、实验研究、文本分析研究4种研究类型，前两者最为普遍，100%的量化研究采用了调查研究方法，特别要强调的是：大部分论文采取了2种（以上）研究方法组合运用的方式，其中70%采取了调查和分析相结合的方法（见表5-15）。其中《对外汉语教材插图的有效性检测与评价——以〈汉语教程（综合课本）〉为例》一文融入的实验方法，具有一定的创新性：该研究设计了三组对比性实验，对影响插图功效发挥的因素进行了鉴别，并由此提出若干关于插图有效性的评价标准。

表5-15　量化研究方法的分类框架

量化研究类型	篇数	比例
调查研究	4	20%
调查研究+分析研究	14	70%
调查研究+实验研究+分析研究	1	5%
调查研究+评论文本分析（定性）	1	5%

量化研究中的分析研究，主要是针对教材进行的分析，其方法有定性分析和定量分析两类。15篇涉及分析研究的论文中，定性分析占绝大多数，共有11篇，只有4篇为教材定量分析，其中《对外汉语教学语言教材中文化项目评估初探——以〈拾级汉语·精读课本〉（第7、8级）为例》一文采用了数据统计的方法，建立了一个由教材中所有文化项目的数据库，并对其进行归类、统计、分析，从中获得评估结论。该方法增加了评价结论的科学性，值得推广。

本书从调查对象、调查工具和调查目的三个角度对调查研究进行了统计分析。绝大部分研究力求调查对象多元化，作为教材主要使用者，学习者和教师是最合适的调查对象。其中有三篇论文以专家、研究者为调查对象，他们对教材的熟悉程度和研究能力，使得调查视角更加多元、调查结果更加丰富、可信（见表5–16）。

表5–16 调查研究的调查对象

调查对象	篇数
学习者、教师	10
教师	2
学习者	4
学习者、专家	3
学习者、教师、改编者	1

调查工具主要有两种：自建评价表和问卷。利用自建评价表进行调查，其目的是进一步筛选和确定评价指标，或者确定评价权重。问卷分为两种：以了解使用者需求为目的的问卷和以了解教材使用情况为目的的问卷（见表5–17）。值得一提的是，很多研究的评价表设计和问卷设计都不同程度地参考了赵金铭先生（1998）建立的"对外汉语教材评估一览表"，可见这份一览表对评价研究的影响极为深远。

表5–17 调查研究的调查工具和调查目的

调查工具	调查目的	篇数
自建评价表	确定评价指标、确定权重 （除一例目的为：验证两种评价视角的差异）	6
需求调查问卷	了解使用者需求	8
使用调查问卷	了解教材情况、教材使用情况	8
备注：其中有两篇论文同时采用了自建评价表和需求调查问卷两种调查工具。		

（三）量化研究的主要研究模式

本书将所有量化研究的研究步骤进行了归类、分析，从中发现，量化研究模式主要有两种：

第一，“内外部评价（—验证/应用）”模式：以 McDonough and Shaw（2003）提出的内外部评价相结合的模式为基础，内部评价是指教材本体分析，分析对象为教材，外部评价是指教材需求调查，调查对象是教材使用者，最后两者相结合获得结论。从 20 篇论文的研究步骤来看，内外部评价是最主要、最成熟的研究思路。有些研究在此基础上又加以专家验证的过程，或者将结论应用于评价一（几）部教材，使得研究更具实用价值。

第二，“假设（—验证）（—应用）”模式：这个模式的基础模式是“假设—应用”，即通过文献研究、理论演绎或者调查统计提出一套评价表（或者问卷），用它来评价一（几）部教材。在假设或应用环节一定采用了调查方法收集数据。这个基础模式还可以演化为：“假设—验证”模式和“假设—验证—应用”模式，有些研究对假设加以验证，有些研究在验证假设后将结论应用于教材评价。

（四）结论和建议

通过考察 1998—2014 年间关于国际汉语教材评价类论文的研究方法，我们发现：

第一，以实证的量化研究为主要研究方法，实证研究与理论研究结合不足，质化研究相对匮乏，亟待填补。

第二，教材分析仍以定性分析为主，定量分析不足。

第三，量化研究模式相对单一、主要采用问卷调查的方法，研究思路和方法缺乏创新。

第四，注重评价视角的多元化特点，但学习者和教师以外的评价视角融入不足。

第五，利用现成评价量表实施评价实践的研究居多，新建评价量表并获得广泛认可的研究成果比较少。

三、正确认识国际汉语教材评价的研究对象

叶澜（1999：325）提出："研究对象与方法的适切性是确认方法论研究的第一要义。"只有正确认识研究对象，才能根据研究对象的性质和特点，确定合适的研究方法，形成一定的方法体系，将研究带入良性循环的发展轨迹。国际汉语教材评价，是对国际汉语教材的评价，其研究对象为国际汉语教材和国际汉语教材评价，二者构成研究对象的整体。

（一）国际汉语教材的稳定性和变化性

国际汉语教材是国际汉语教育学科系统中的产物，其性质是汉语作为第二语言（外语）教材。它要符合汉语国际教育的总目标和任务，要遵循汉语作为第二语言（外语）教学规律，国际汉语教育的总目标和任务主要依据国际汉语传播的需要，由教育行政部门制定并颁布；教学规律是在教学实践和研究过程中，积累并发展起来的，是不以人的意志为转移的客观规律。以上符合教育目的、符合教学规律的特征都决定了国际汉语教材是一个相对稳定的系统，同时，对国际汉语教材的研究积累至今也形成了相对成熟和稳定的体系，这都为国际汉语教材评价的理论研究奠定了良好的基础。

另一方面，一切事物都处于发展和变化的过程中，国际汉语教材也不例外。50多年来，在需求驱动下，在理论研究和编写实践的共同作用下，特别是在近十年国际汉语教学蓬勃兴起的大环境中，国际汉语教材发生了显著的变化，透露出一些潜在的趋势，人们对教材的认识和要求发生了变化。从辩证唯物主义发展论来看，变化也是客观的，有规律的，可以认识的，为此，把握国际汉语教材的变化趋势和规律，就要通过实证研究的科学方法。

（二）国际汉语教材的物态性和动态性

教材是一种教育产品，具有物理属性，以实物形态呈现在人

们面前。国际汉语教材的学科性质决定了它要将汉语知识、汉语技能，以及相关文化、学习策略等内容融为一体，构成一个有机整体。这些内容和结构要素之间相互联系、相互交织，相互作用，对国际汉语教材的整体质量产生影响，同时这些要素也构成了教材的内部特征。这一特点使评价者特别关注教材的文本内容和组织结构，也成为教材评价的重点研究对象。

然而，教材使用者能够深深体会到，同一种教材，不同教师的使用方法和教学效果存在差异，一位优秀的教师，使用不同教材可能都会创造出成功的教学案例，学习者学习教材的过程亦是如此。这一方面反映了教师和学习者对教材的主体能动性，另一方面说明教材的教学效果是教师、学习者、教材、教法之间相互作用的结果。教材使用效果只能到教学过程中去观察，在教材与其他教学要素的互动中去检验，这是对教材评价研究的重要启示。

（三）国际汉语教材评价的特征

国际汉语教材评价是评价的一个类别，首先应符合评价的一般特点，前文提出，评价的本质是价值判断，评价标准具有主体性与客观性、多元性和统一性、变动性和稳定性的多维统一特征，这些特征同样适用于国际汉语教材评价。同时，教育评价是教材评价的上位范畴，它要求国际汉语教材评价还必须遵循教育评价的一般规律，即揭示教育价值的核心所在。除此以外，我们还要考虑国际汉语教材评价的特殊性，它是蕴含在评价客体满足主体需要过程中的价值。

四、国际汉语教材评价方法论

通过以上分析，基于我们对国际汉语教材和国际汉语教材评价的再认识，国际汉语教材方法论由三部分构成：针对评价工具提出的趋向统一方法论、针对评价客体提出的动静结合方法论、针对评价主体提出的多元视角方法论。

（一）趋向统一方法论

趋向统一方法论是指，“自上而下”的理论演绎方法与“自下而上”的实证归纳方法相结合、相印证，最后走向统一的理论体系。

“自上而下”式的研究方法是指理论的、抽象的、演绎式的研究，是从普遍规律中考察某个具体事物的研究范式。在国际汉语教材评价中，从教材研究理论出发，正确地认识、把握研究对象的本质、特性和规律，在此基础上建构评价标准体系，是一种“自上而下”的理论演绎方法。这种方法从教材研究的一般理论和规律出发，提出评价指导思想，设计评价指标，最终形成一套完整的指标体系。这种方法的优势在于它具有较强的理据性、整体性和系统性。但它也有可能欠缺实用性和可操作性。

“自下而上”式的研究方法是经验的、具体的、归纳式的研究，这种方法通过对某个具体事物的分析和实证研究，从中归纳出带有普遍意义的规律。在国际汉语教材评价中，通过足够样本量的统计分析，归纳提升，确定评价标准，是一种自下而上的归纳方法。这种方法能够直接反映教材评价者的具体想法和真实态度，具有真实性、可靠性，并易于操作和实施，但可能会因为缺乏统一思想和理论依据，造成指标随意、分散，不成系统、以偏概全。

基于对特定研究对象的认识，兼顾国际汉语教材评价的理论研究和实际应用的需要，国际汉语教材评价，必须从理论和实证两个方面对教材评价标准进行研究，两种方法在确定教材评价标准中相互印证，使最后得出的评价标准趋向统一，即能够反映教材理论的发展趋势，又具有较强的实证性。

（二）动静结合方法论

动静结合方法论是指，多维度的静态文本分析法与跟踪式的动态使用效果分析法相结合的评价方法体系。

静态文本分析法不仅是教材评价研究的常用方法，而且是整个国际汉语教材研究的主旋律。它是“透过量化的技巧以及质的分析，以客观及系统的态度，对文本内容进行研究和分析，借以推论产生该项文本内容的环境背景及其意义的一种研究方法”。（陈月茹，2009：7）教材的内容和结构是影响其质量的关键因素，基于这种观点，对教材内部的文本内容和组织结构进行要素分析和提取，成为评价教材质量的传统方法。这种方法的研究对象锁定教材文本，可以从表层现象到深层内涵，从具体项目到抽象理念，进行系统深入的分析。

动态使用效果分析法是指，通过跟踪教材的实际使用状况，观察其在动态教学过程中的作用和效果，进而判断它符合主体需要的程度。教材的价值只有通过实际使用才能够真正体现出来，这种特性使得教材评价不能仅仅停留在静态文本分析的单一层面，而应该深入课堂、把握教材在教学活动中的动态变化特征，从而检验教材的实效。跟踪式的课堂观察法在课堂教学评价中十分常见，是一种典型的质性研究，将其引入国际汉语教材评价还是一种新的尝试。

（三）多元视角方法论

国际汉语教材评价的主体是多层次的，有学习者、授课教师、编写者、教师同行、教学主管、学校领导、业界专家、出版者及教育行政部门的人员等。总的来说，依据评价者是否参与教材编写和教学活动，可以将这些评价主体分为两大类：外部评价者和内部评价者。国际汉语教材的使用范围广、类型多样，这使得教材评价主体的层次和构成更为复杂。

不同的评价主体，无论是内部评价者还是外部评价者，都持有不同的评价标准。学习者评价者往往以教材的可读性和趣味性来评判教材，授课教师往往从教材易教性、便利性和资源配置等方面评价教材，编写者往往从内容设计和结构编排的角度评价教材，学校领导、教学主管更加关注教材对学科建设发挥的作用，专家、学者往往更加看重教材理念的创新性和教材编排的科学性，出版者更加看重教材的形式设计和市场接受度，教育行政部门则更多地从评优评奖的角度来评选教材。上述各类评价主体在确定评价标准时表现出的不同倾向，体现了国际汉语教材评价多元性的特点。

基于这种特征，采用多元评价主体参与评价的方法，各个评价主体从自身需要和观点出发提出建议，将为我们呈现出更丰富、全面、立体、客观的评价结论。授课教师和学习者直接参与教材评价使得教材评价更具有现实意义和实用价值，教师参与评价，通过对教材使用的反思性评价，可以实现自我调控、自我更新、自我发展的评价目的；学习者参与评价，有利于他们回顾学习要点，激发自主学习意识，培养批判性思维能力。不同主体采用的评价方法也不尽相同，每一个角度的评价主体都可以从自身需要出发选择合适的评价方法，这也使得评价方法富有层次。

总体来说，国际汉语教材评价方法论体系的发展趋势为：由一元走向多元，由单一走向综合。传统的教材评价往往采用一元视角、单一方法，或者采用纯粹的理论演绎，或者单纯依靠数据库定量统计。随着社会科学领域对研究方法的研究发展，研究者逐渐认识到研究方法的单一性造成的局限，提倡方法之间的综合运用和取长补短。

价值判断是评价研究的核心，主体需要是评价研究的基础，而国际汉语教材的主体需要是多层次的，多元特征显著，一元视角和单一方法很难捕捉多元需求，这就使得国际汉语教材评价必须通过多种方法搜集和处理有效信息。同时，国际汉语教材评价也在逐步探索多种方法的综合方式，各种方法各有优势和劣势，在不同的范围发挥不同的作用，方法的优势互补还需要在未来的国际汉语教材评价研究与实践中去探索和验证。

第六章　国际汉语教材评价标准的实证研究

第一节　国际汉语教材评价标准的专家访谈研究

新型国际汉语教材评价观为评价研究与实践提供了宏观指导思想，评价方法论为理论研究和实证研究提供了有力支撑，中外第二语言教材评价量表为建构国际汉语教材评价标准提供了丰富素材。本节在前期理论研究的基础上，建构了一份国际汉语教材评价标准（初稿）（以下简称“标准初稿”），并采用焦点团体访谈法，对标准初稿进行集体讨论、审定。

一、焦点团体访谈的设计

“集体访谈”指的是一到两个研究者同时对一群人进行访谈，通过群体成员相互之间的互动对研究的问题进行探讨，“焦点团体访谈”便是一种最常见的集体访谈形式（陈向明，2000：211）。本节采取焦点团体访谈方法，集思广益，充分互动交流，用以筛选、修改标准初稿中的具体指标。

（一）访谈对象

访谈对象共 6 名。其中两名具有多年教材编写经验的专家（两女）：C 老师和 T 老师，3 名从事汉语教学工作 10 年以上的国际汉语教师（两女一男）：Y 老师、G 老师和 L 老师，1 位资深国际汉语教材编辑 W 老师。

（二）访谈方法

本研究采取“封闭型访谈”与“开放型访谈”相结合的方式。

研究者首先按照设计好的问题进行逐一访谈，然后鼓励受访者自由发表自己的看法。

（三）访谈工具

1. 访谈工具介绍

本研究采用的访谈工具为“国际汉语教材评价标准（初稿）”。标准初稿设有4个维度（教材适配性、教材内容、情感与策略、教材形式），15个一级指标（教材与课程、教材与教师、教材与学习者、教学法、语言、主题和内容、语言知识、语言技能、活动、文化、情感与态度、策略、设计与版式、配套资源、实际考虑），共97个二级具体指标。具体指标采用陈述句式，描述了教材的应然性标准，该量表拟采用5度量表的形式。

2. 拟定标准初稿的过程

从第五章评述的三类现有量表中汲取各家之长，注重量表样本的多样性、实效性和代表性。在量表分析的基础上，采取以下处理方式：

（1）求同存异：对量表样本共同关注的指标进行了提取，其共同点说明了教材评价中普遍关注的焦点，例如语言真实性的指标；同时吸取了各量表中反映第二语言教材研究最新成果的指标，例如教学情境适应性指标。

（2）取精弃粕：力求反映先进的第二语言教学思想和教材理论。另外，对某些操作性差的指标项进行了剔除。

（3）主次分明：鉴于量表的综合特性，将Litz量表、Rubby量表、ACTFL量表和对外汉语教材评估一览表作为主要参考量表，其余量表为辅助参考量表。

（4）梳理归类：完成以上步骤后，对指标进行重新梳理、归类、筛选、修改。

（四）访谈目标

1. 通过合并、拆分、删减、增添等方式，确定标准初稿中的指标项。

2. 对具体指标项的表述进行修改，力求准确、简明，增加可操作性和有效性。

3. 确定维度和一级指标的名称。

4. 编制成“国际汉语教材评价教师调查问卷和学习者调查问卷”。

（五）访谈程序

1. 研究者介绍受访者、调查项目的背景、调查目标及程序。

2. 受访者逐一发言，提出对标准初稿的看法和建议。研究者做记录，并回答受访者的问题。

3. 研究者提出问题，受访者针对问题进行讨论，找出解决方法。

4. 在研究者的组织下，对标准的指标逐项进行集体审议。

5. 回顾审议后的量表，填补遗漏的重要指标。

6. 审议并确定标准的维度和一级指标的名称。

二、访谈内容与分析

经过对访谈记录的整理分析，访谈内容主要讨论、解决了以下问题：

（一）如何认识和看待教材的适配性

标准初稿在适配性维度，设计了“教材与课程”“教材与教师”“教材与学习者”3 个部分。该设计体现了量表建构者对教材在相应环境中适应力的关注，是国际汉语教材评价的创新点，受到受访者的一致认同，同时又对这部分的具体指标进行了深入讨论。经讨论一致认为，在此维度下应增加对“教材与教学情境”的考量。具体来说，主要有两个方面内容：①教材与教育文化的适配性。例如美国不是竞争性的教育文化，而中国是竞争性教育文化，中国老师编写教材的时候会不由自主地加入应试性的教学元素，导致编写出来的教材在美国不适用。②教材与教学条件的适配性。例如非洲某个地区的教学条件非常落后，多媒体产品在该地区几乎没有用武之地，如果选用的教材在缺乏配套产品辅助的情况下无法顺利开展教学，无论该教材的配套多么齐备，它在该环境下也是不适用的。因此，必须对“教材与教学情境”这一重要维度进行考量。

“教材与课程”中含有6个具体指标。访谈中对这部分内容展开了激烈讨论，核心问题是课程和教学大纲哪个概念更适合与教材做适配性评价。课程属于教学大纲的下位概念。编写教材首先要决定以哪个教学大纲作为编写依据，然后考虑教学大纲中哪个等级，适用哪个课程，落实到课程就会涉及课时安排等非常具体的内容。同时，目前的教学大纲，多指语言教学大纲或政府官方发布的课程教学大纲（标准）。由于国际汉语教学标准建设刚刚起步，很多国别教材主要依据某种语言教学大纲编写，这可能是由于有些国家或地区的课程标准太宏观、不具体，或者根本没有课程标准，使得教材与课程的适配性几乎无法评价。最终，讨论后受访者和研究者一致认为“教材与教学大纲”的适配性评价更合适。

（二）如何评价教材中体现的教学理论和教学方法

标准初稿中“教学法”部分设计了6个具体指标。针对“教学法”属于理论层面的内容还是具体操作层面的内容，专家们展开了讨论。其中C老师提出，教学法属于教学大纲的范畴，教材设计与教学设计类似，先要明确教学指导思想（或称教学理念），继而选择某种教学理论支撑下的语言教学大纲，然后再决定教学方法。这样看，教学法与教学大纲有直接联系，属于宏观层面的内容，区别于体例、活动等操作层面的具体教学方法。因此，她建议将教学法归入教学大纲部分，而不应作为教学内容的一部分。

L老师提出了不同看法，他认为，教材是教学法的直接体现，目前很多同质化教材出现，就是因为教学法缺乏创新，导致教材没有“思想”或者没有“新思想”，又或者“穿新鞋走老路”。教材评价可以起到引导教材编写的作用，教学方法既是宏观的理论，也是具体的方法。如果只放在教学大纲中，作为一个具体指标，似乎分量不够，不能引起足够的重视，还是应该单列为一个部分，从教材体现的教学理论、涉及了多种语言教学方法、反映了整体教学思路等几个方面进行全面考量。W老师补充，目前学界提倡综合运用教学方法开展教学，教师和教材编写者不应局限于一种教学法，而应该博采众长，这种观念也应该在量表中体现出来。

（三）如何认识教材的设计

讨论首先区分了教材的内容设计和形式设计，教材内容设计包括体系、结构、体例设计，形式设计包括版式、装帧设计，然后又共同厘清了教材体系、教材结构、教材体例这几个概念。“教材体系”是随着教育技术的发展而出现的新词汇。具体说，它是以课本为核心的立体教材系统，其中主要包括学生用书、练习册、活动册、汉字本、词语卡片、拼音卡片、字卡、挂图、教师用书、MP3光盘、CD-ROM教学课件等等。它要求教材编写者从编写之初就对教材进行整体规划，体系内各组成部分之间相互联系。“教材框架结构”是指将语音、语法、词汇、功能、话题等语言知识和听、说、读、写等语言技能以及文化、学习策略等语言学习相关的知识和技能，合理地分配在教材各册（级）、各单元（课）中，从而形成完整、合理的教学内容结构。“体例”通常指教材每单元（课）内部各个模块的组织形式，最常见的教材体例为“课文—生词—注释—练习”。

将这些基本概念界定清楚之后，我们发现，一部好的语言教材就像一部精密仪器，各部分各司其职，又相互关联。在体系的整体规划上，纵向各册（级）之间衔接顺畅，级别设置合理，横向课本与其他教辅之间相辅相成，互为补充；在框架结构上，语言知识、语言技能、文化、策略等内容相互结合，联系紧密，体现教材的系统性和科学性；在单元体例上，不仅要体现教学思路和教学流程，各个部分之间还要具有内部关联性和层级性。此外，教材对自身的定位和描述是否与正文内容一致，做到了表里如一，也是教材评价的一个考查点。以教学对象为例，很多教材将教材使用对象描述得过于宽泛，例如“既适用于来华留学生，又适合海外学习者”，这就反映了这类教材对自身的定位欠准确，不够客观、实际。

（四）教学内容维度中的几个重要关注点

受访专家一致认为，从“主题与内容——语言材料——语言知识——语言技能——活动——文化”，这几部分评价教材的主要内容的设计是合理的。其中，专家讨论主要关注了以下几个方面：

1. 语料的真实与自然。对这条评价指标受访者感同身受，很多汉语教材采用人为加工的语言，或者对自然语言进行人工干预，这种做法是“以结构为纲”的教学理念的体现，认为语言材料的选择或加工是为语言点服务的，老师们因此“深受其害”。其中Y老师转述学习者的评价：汉语教材是“三两个人关在屋子里写出来的”。C老师的学习者更加犀利，他认为汉语教材里的“对话像是审犯人一样”。这些真实的评价都反映出教材语料自然、地道的重要性。

2. 主题和内容的国际化。G老师提出，初级教材的主题要满足学习者的生存需求，中高级教材应满足他们进行深度交谈的需要，这些主题的设计要具有一定的全球意识，例如环保、生活方式、慈善、教育等全世界普遍关注的话题，这也符合目前汉语国际推广的需要，让汉语与世界接轨。

3. 语言知识中汉语的特殊性。在语言知识部分，应该突出汉语的特点，成为专家的共识。特别是汉字教学的问题，受访者一致认为，教材编写和评价中，对汉字的关注远远不够。T 老师提出，在综合教材中只能采用语文并进、随文识字的模式，但这种模式也存在弊端，特别是汉字的出现顺序与汉字的认知规律不一致的问题难以解决，语文并进的汉字教学模式可谓是“带着镣铐跳舞”。在这种模式下，教材评价往往存在几个盲区，需要在以后的教材评价中予以重视：①除了关注汉字学习量之外，还应该重视汉字编排的合理性，这主要涉及汉字的学习规律，汉字学习如何循序渐进，以及语和文的关系等；②教材应该介绍必要的汉字知识：如笔画、部件、结构等；③当前很多教材忽略字和词的组合关系，应当提高字词比的关注度；④在编写综合汉语教材时应体现和运用汉字教学模式和方法。

4. 语言知识与技能相结合。研究者强调，语言知识是教材的重要内容，不能以知识为主线，走“结构主义”的老路，要避免“以知识为主体”的教材评价思想，具体反映在量表中，采取将语言知识和技能放在一个部分，既弱化了知识的主体地位，又强调了知识与技能相辅相成的关系，共同构成语言教材内容的重要部分。受访者对这种处理方式表示一致赞同。

5. 关于教材内容的难易梯度。L 老师提出，教材内容的难度上升是否合理，是教材科学性的最佳体现，是检验教材是否符合教学规律的重要标准。W 老师补充说，教材内容的难易度不仅指语言知识方面，还包括主题、内容的难易度编排和练习活动的难易度编排。例如话题的由近及远原则，低级别教材的话题主要围绕学习者熟悉的生活，然后话题可以逐渐拓展到社区、社会、世界，甚至抽象的思想领域；活动设计由控制性活动、半控制性活动拓展到交际性活动等，都体现了由易到难，循序渐进的原则。G 老师也认为，为复现而复现的做法是不可取的。如何准确地定义和科学地落实“螺旋上升”原则和“复现”原则，是目前教材编写的挑战。

（五）如何认识教材趣味性

专家一致认为，标准初稿中缺乏对教材趣味性的评价。作为教材编写的基本原则，标准初稿中涉及了思想性原则、科学性原则、实用性原则、系统性原则、灵活性原则等，唯独对教材趣味性没有设计具体指标，是该量表的一项缺憾。教材趣味性对学习者的情感态度具有重要影响，关系到学习者的学习动机和积极性、参与性，既然该评价标准十分重视情感态度维度，那么教材趣味性评价便是不可或缺的重要方面。专家建议，教材趣味性可以体现在语言材料的趣味性、主题和内容的趣味性、活动的趣味性 3 个方面。

（六）如何评价教材中的活动设计

标准初稿中“活动”部分设计了 12 项具体指标，提倡并鼓励新型教材“以活动为主线”的编写理念，获得受访者的赞同。T 老师提出，她在教材评价中非常关注教材练习的设计，特别是教材体例中的练习设置，例如练习与其他板块（如课文、生词等部分）的搭配关系、练习内部的组合方式等。现有对外汉语教材大多采用单向练习设计模式，即学练分离的二分法模式，而国外英语教材大多采用学练结合的多元活动设计模式，更符合学习者的语言习得规律，值得我们借鉴。C 老师提出，她非常赞同“过渡性活动”这个概念的提出，她从教材活动研究中发现，很多活动介于控制性活动与交际性活动之间，但还存在大量侧重控制的交际活动和侧重交际的控制性活动，显然“过渡性活动”比“半控制性活动”更准确，更有说服力。

（七）如何评价教材中的文化内容

标准初稿中“文化”部分设计了 10 个具体指标，体现了建构者高度重视文化在教材中的地位，但指标数量甚至超过了“语言素材”部分的 4 个指标，权重过高，亦欠合理性，因此部分内容需要进行合并处理。访谈主要关注了评价文化内容的3个方面：①文化的范围。T老师指出，目前教材编写者对交际文化、跨文化能力的培养基本处于无意识状态，导致目前教材中交际文化内容严重缺失，希望借助教材评价扭转这个局面。②文化内容的编排应该合理适度。W老师指出，文化是有层级的，从表层的文化如颜色、数字等，到深层的文化如文学、价值观等，教材中的文化内容的编排需要按照一定的层级，循序渐进地编排。③文化的融入方式应该自然合理。有些教材中经常出现生搬硬套的现象，例如为了介绍《红楼梦》生硬地加入一段对话，语言与文化的共处并不和谐。为文化而文化，忽略了语言教材的本质。此外，教材中文化内容是采用融入还是嵌入方式，是显性融入还是隐性融入，都是教材评价需要考量的方面。

（八）如何认识教材的情感性和策略性

“情感与策略”部分是该标准初稿的一个创新点，在以往的对外汉语教材评价中没有作为一个维度加以重视。这部分也引起了受访者的思考和讨论，一方面，受访者都认为“情感与策略”作为教材评价的考查维度具有理据性，另一方面，评价教材对学习者情感态度的作用缺乏一定的可操作性。当前“情感与策略”是课程标准和教学评价的重要维度，这是不争的事实。受访者中教学专家普遍认为，“情感与策略”更多地体现在教师教学中，而教材编写专家纠正了这种观点，提出教材编写越来越多地考虑并融入情感与策略因素，在教材评价中也理应渗透并强化这种理念，它符合“以人为本”的主流教育思想。教材的内容与形式能否引起学习者的兴趣，保持学习动机，是考量教材成败的关键。本研究的目的之一就是通过教材评价促进教材建设，鉴于它的导向作用，该评价标准应该大胆突破，通过实践去检验标准这部分的信度和效度。

（九）如何认识教材的资源配置

标准初稿中“配套资源”部分设计了8个具体指标。针对这部分内容，访谈主要围绕以下两方面展开：①配套资源的重要性。受访者一致认为资源化、多媒化教材建设是国际汉语教材发展的重大突破，C老师生动地比喻说，主干教材的配套资源就像楼盘周围的配套设施，如医院、学校、游泳池等，设施越齐全，楼盘的宜居性越强。Y老师补充认为，配套资源可以方便教师选取合适的素材，使教材使用具有灵活开放的空间，然而教材评价除了关注配置是否完善之外，还应评价资源内部各产品之间的关联性是否紧密。②配套资源的分类。配套资源涉及的元素众多，对其分类可以进行有效评估，避免指标之间杂乱重叠，首先将这些元素大体分为必要资源和辅助资源，必要资源指录音文本、参考答案、词汇表等，常常作为附录置于书后；辅助资源又分为纸质辅助材料和多媒体辅助资源，纸质辅助材料如练习册、教师用书、活动手册等，多媒体辅助资源包括视频材料、多媒体学习课件、网站等。在分类的基础上，这部分的指标可以加以合并，使权重更加合理。

第二节　国际汉语教材评价标准的教师调查研究

教师是选择和使用教材的主要群体，他们不仅能够反映自身需求，也能间接地把握教学机构和学生的需求。几乎所有教材的编写者都有从事教学的经历，成功的编写者往往也是优秀的教师、教学理论实践者和教学模式的探索者。教师拥有教材使用者和教材编写者的双重身份，这使得他们成为教材评价最重要的群体之一。本节设计了针对教师的问卷调查，通过调查和数据分析，了解教师对教材评价标准的态度和看法，为进一步筛选指标、确立评价标准提供依据。

一、研究设计

针对当前国际汉语教材评价研究中存在的问题，本研究力图以通用型综合类教材为评价对象，融入海外汉语教师对（国内外）汉语教材的看法和态度，通过理论探讨和实证研究，研制一套新型教材观指导下的评价标准。

（一）研究步骤及研究工具

本研究对 Patricia Byrd and Marianne Celce－Murcia（2001）、Rani Rubdy（2003）、David R. A. Litz（2005）、美国《21 世纪外语学习标准》教材评价量表、加拿大阿尔伯塔省中小学汉语教材评价量表（黄金城，2011）、赵金铭（1998）对外汉语教材评估表、徐弘、冯睿（2007）北美汉语教材评估表（部分）七份教材评价量表的指标项进行了收集整理、查重归纳，形成了一个 97 项具体指标的表格。然后进行了焦点团体访谈，对这 97 项具体指标进行合并、拆分、删减、增添、修改、完善，确定“国际汉语教材评价教师调查表（含 80 项具体指标）”。该表共三部分，第一部分是被试的基本情况，共 12 个问题；第二部分以 16 个模块的 80 项封闭式问题组成（可视为 16 个一级指标、80 个二级指标），答案采用5 度量表的形式，要求被试根据自己对教材的认识和看法，按各项内容的重要程度，在“完全不重要”“不重要”“一般”“重要”“非常重要”选项中打分，分值依次为 0、1、2、3、4 分。第三部分有3 道开放式问题，让被试对第二部分的作答进行补充或进一步阐述。为保证调查表的信度和效度，在正式发放问卷前，在部分教师中征求意见并进行了前测，最终形成问卷。

（二）研究问题

1. 调查被试对一级评价指标项的态度，确定评价标准的维度。
2. 调查被试在二级评价指标项上的重要性排序，以此作为判断和筛选教材评价标准的依据。

3. 检验教材编写教师和教材使用教师（只使用教材不参与编写）对教材的认识和态度是否存在差异？有何差异？

4. 如果存在差异，教材使用教师更侧重哪些教材评价维度和评价指标？

（三）研究对象

研究对象为国际汉语教师。本研究发放问卷共 87 份，回收问卷 87 份，有效问卷 84 份，其中国内教师 46 份，国外教师 38 份；本次调查范围具有一定的广泛性，国内教师分别来自国内 33 所不同院校，国外教师来自美国、加拿大、意大利、印度尼西亚等 9 个国家，基本可以反映汉语教师对教材的总体态度。

二、数据分析

本研究采用 SPSS15.0 对数据进行分析和处理。首先通过内部一致性检验，Cronbach alpha 数值为 0.978，80 项问题之间起伏不大，内在一致性较好，统计数据的信度较大。

（一）评价标准维度检验

通过主成分分析法，对 16 个一级指标进行了探索性因子分析。KMO 值等于 0.924，Bartlett 球形度检验近似卡方分布为 982.662，自由度为 120，显著性概率值 $p=0.000<0.05$，达到显著水平，表示数据适合进行因子分析。通过旋转后的成分矩阵表和碎石图中提取因子数目，结果显示，三个因子具有显著差异。“教材与教学情境、教材与教学大纲、教材与教师、教材与学习者、教学法和整体结构”属于一个因子，“主题与内容、语言材料、语言知识与技能、活动、文化、情感、策略”属于一个因子；“版面安排、配套资源、实际考虑”属于另一个因子。这一结果基本符合从宏观到微观，从内部到外部的教材评价维度设计。（见表 6-1）

表 6-1　KMO 和 Bartlett 检验

Kaiser-Meyer-Olkin Measure of Sampling Adequacy.		.924
Bartlett's Test of Sphericity	Approx. Chi-Square	982.662
	Df	120
	Sig.	.000

（二）一级评价指标检验

16 项一级指标中，平均值最高的为 3.2946（整体结构），最低为 2.9742（教材与教师），相对总分值 4 而言，平均值偏中上，说明被试都比较认可问卷中一级指标，一级指标平均值由高到低依次为：整体结构、教材与教学大纲、活动、情感、语言材料、语言知识与技能、文化、资源配套、主题与内容、版面设计、教学法、实际考虑、教材与学习者、教材与教学情境、策略、教材与教师。（见表 6-2）

表 6-2　一级指标的平均值和标准差

序号	一级指标	平均值	标准差
1	教材与教学情境	3.0595	.71201
2	教材与教学大纲	3.2917	.59470
3	教材与教师	2.9742	.65271
4	教材与学习者	3.0635	.62463
5	教学法	3.0952	.60469
6	整体结构	3.2946	.61011
7	主题与内容	3.1429	.65662
8	语言材料	3.2101	.51195
9	语言知识与技能	3.2095	.56773
10	活动	3.2607	.60041
11	文化	3.1766	.57231
12	情感	3.2262	.68427
13	策略	3.0387	.67940
14	版面安排	3.1399	.62377
15	资源配套	3.1706	.77355
16	实际考虑	3.0714	.72454

（三）二级评价指标的筛选

将80项二级指标按照平均值由高到低排序，表6-3为排在前20位的指标，这些指标集中在教学大纲（Q5、Q6、Q7）、语言材料（Q32、Q33、Q34）、语言知识与技能（Q39、Q40、Q41）、活动（Q48、Q51、Q54、Q56）和与学习者相关的指标（Q15、Q16、Q65）五方面。教师特别重视教材语言的规范性（Q34）和真实性（Q32），以及教材内容的难易梯度编排（Q29）和教材与教学目标的符合度（Q6）。二级指标前20项的情况与一级指标平均分排列情况大体一致，“教学大纲、语言材料、知识和技能、活动”这几部分基本构成了教材的主体内容。可以看出，教师对这些常规性评价指标的态度基本一致，比较侧重传统的教材使用和编写的视角。一级指标排名中“学习者”比较靠后，而二级指标前20位中有3项与“学习者”相关，这说明“学习者”模块的6项指标中，另外3项的得分比较低。

表6-3 二级评价指标平均分前20位

序号	题号	指标	平均值	标准差
1	Q34	教材语言规范。	3.5301	.65028
2	Q29	主题和内容的编排由易到难，循序渐进，符合教学规律。	3.5238	.75212
3	Q6	教材符合教学目标，并能够清晰地呈现。	3.5119	.66756
4	Q32	教材语言真实、地道、自然。	3.4524	.62873
5	Q41	教材采取螺旋上升的方式对语言知识进行了合理复现。	3.4286	.6817
6	Q15	教材适合学习者的年龄、认知水平、心理水平。	3.4048	.73006
7	Q48	教材提供了综合运用语言技能的活动。	3.4048	.67875
8	Q24	教材级别设置合理，级别之间衔接顺畅。	3.3929	.79179
9	Q65	教材利于提高并维持学习者的学习动机。	3.3929	.76075
10	Q16	教材适合学习者的汉语水平。	3.3571	.72216

续表

序号	题号	指标	平均值	标准差
11	Q33	教材语言生动、有趣。	3. 3571	. 72216
12	Q40	教材对语言知识的编排合理有效。	3. 3571	. 63327
13	Q7	教材参考教学大纲确定教学内容且分布合理。	3. 3452	. 70273
14	Q39	教材提供了主要的语言知识，每课新知识的输入量适中。	3. 3452	. 68537
15	Q51	活动提供了尽可能多的机会，使学习者使用汉语进行交流。	3. 3452	. 76826
16	Q56	活动指令清晰、简洁且易于理解。	3. 3333	. 71698
17	Q5	教材符合教学大纲的宗旨。	3. 3214	. 76301
18	Q23	教材的整体设计体现了教学思路和教学流程。	3. 3214	. 71407
19	Q54	活动利于激活学习者原有知识和经验。	3. 3095	. 7277
20	Q58	教材提供了得体、实用的交际文化。	3. 3095	. 7277

表 6-4 列出教师调查中得分最低的 10 个指标，从中可以看到，教师对“教材与教师”（Q10 和 Q11 得分最低）“教材与学习者”（Q17、Q19、Q20）中的部分指标项普遍不认可。

表 6-4　二级评价指标平均分后 10 位

序号	题号	指标	平均值	标准差
1	Q70	教材利于调动学习者的多元智能（如视觉、音乐、运动等）。	2. 9405	. 86917
2	Q28	主题和内容国际化，具有全球意识。	2. 9286	. 87517
3	Q22	教材涉及了多种语言教学方法和技巧。	2. 9167	. 82445
4	Q17	教材适合学习者的文化背景。	2. 9048	. 88657
5	Q20	教材为学习者提供了差异化的学习内容。	2. 881	. 81262
6	Q4	教材适合该地区或学校的教学设施及条件。	2. 8571	. 97119
7	Q36	教材涉及了汉语和学习者母语之间的语言比较。	2. 7381	. 82314
8	Q19	教材适合学习者的学习风格。	2. 6429	. 93966
9	Q10	教材易于适应教师不同的教学风格和个性。	2. 6071	. 95713
10	Q11	教材利于提升教师的自信心。	2. 5714	1. 06743

问卷中一项开放性问题“对于不重要的指标，请您简要阐明理由”，部分地解释了表 6-4 中指标项不被认可的原因。

关于 Q10 和 Q11 两个关于教师的指标，被试普遍认为，教师具有主观能动性，应该提高教师职业能力，好教师可以驾驭任何一种教材，而不是用教材去“适应”教师，去“改变、塑造、成就”教师。

关于 Q17、Q19 和 Q20 三个关于学习者的指标，从被试反馈中得知，海外汉语教学中学习者来自单一文化背景的情况并不像我们想象中那样普遍，这可能是因为全球化人口移动造成的文化融合在很多国家或地区相当广泛，因此这项指标更适合范围更小、针对性更强的教材使用评价指标。教师认为，Q20 描述的是教材应具有开放性和灵活性，这与 Q14 有重合的地方，而 Q14 显然更受被试认可。

Q4 属于比较微观、具体的指标，与其他教学情境因素相比，教学设施是教师最容易控制的因素，因此重要性不强；Q36 与 Q17、Q19 类似，更适合适用范围较小、针对性较强的教材评价。关于 Q22，一位被试的意见很有启发：“（教材涉及的）方法与技巧不在多，而在于是否适合教学对象，是否科学有效。”以上观点有利于解释调查结果和进一步修改评价表。

（四）“编写组”和“选用组”组别差异检验

1. 组别差异宏观检验

为考查教材编写教师和教材选用教师两种视角的差异，本研究将被试分为“编写组”和“选用组”。编写组共 19 人，选用组共 65 人。在方差齐性检验中，16 个一级指标的概率值都超过了 0.05 的标准值，表明它们的方差是相等的，满足单因素方差检验的方差齐性条件，也说明此次单因素方差分析的检验结果是有效的。（见表 6-5）

表 6-5　方差齐性检验表

		Levene Statistic	df1	df2	Sig.
1	教学情境	.524	3	80	.667
2	教学大纲	.583	3	80	.628
3	教师	2.500	3	80	.065
4	学习者	.241	3	80	.867
5	教学法	.750	3	80	.525
6	整体结构	.509	3	80	.677
7	主题内容	.158	3	80	.924
8	语言材料	.421	3	80	.738
9	语言知识与技能	.393	3	80	.758
10	活动	.301	3	80	.825
11	文化	.671	3	80	.572
12	情感	.282	3	80	.839
13	策略	.247	3	80	.863
14	版面设计	2.017	3	80	.118
15	配套资源	1.663	3	80	.182
16	实际考虑	.760	3	80	.520

在单因素方差检验中，两组方差的显著值都大于0.05，说明组别差异并不显著，两组对指标的选择趋同。只有在“教学大纲、活动、实际考虑”三方面显著值分别为0.015、0.005，0.011，小于0.05的标准值，说明不同组别在这三方面的看法不太一样。(见表6-6)

表 6-6 单因素方差检验结果表

		Sum of Squares	df	Mean Square	F	Sig.
教学大纲	Between Groups	3. 575	3	1. 192	3. 698	. 015
	Within Groups	25. 780	80	. 322		
	Total	29. 354	83			
	Within Groups	25. 025	80	. 313		
	Total	26. 752	83			
活动	Between Groups	4. 468	3	1. 489	4. 682	. 005
	Within Groups	25. 452	80	. 318		
	Total	29. 920	83			
实际考虑	Between Groups	5. 586	3	1. 862	3. 922	. 011
	Within Groups	37. 985	80	. 475		
	Total	43. 571	83			

2. 组别差异具体考查

为进一步分析组别差异，本研究采取高低分组方法，比较各组在具体二级指标上的差异。将两组问卷分别处理，通过对 80 项二级指标得分求和进行高低排序，并把得分最高的约 1/3 指标看作高分组，把得分最低的约 1/3 指标视为低分组。通过整理，形成“教材编写评价表”（共 55 项指标）和“教材选用评价表”（共 55 项指标）。通过两个量表对比发现，其中 12 项指标有差异（见表 6-7），说明在以下方面两组对教材评价指标的看法不同。

表 6-7 编写组和选用组的评价差异

	编写组		选用组
Q2	教材适合该地区或学校的外语教学理念、教学方法以及教学手段。	Q8	教材容量适合该地区或学校汉语课的课时安排。
Q5	教材符合教学大纲的宗旨。	Q9	教材使用方便，节省备课时间。
Q13	教材利于教师综合地使用多种语言教学方法和技巧。	Q22	教材涉及了多种语言教学方法和技巧。

续表

	编写组		选用组
Q17	教材适合学习者的文化背景。	Q31	教材没有令我反感的内容。
Q21	教材合理吸收了相关教学理论的研究成果。	Q67	教材利于调动学习者的创造力和活力。
Q25	教材对自身的描述准确、级别之间衔接顺畅。	Q74	插图和字体具有功能性，吸引人。
Q26	教材的整体框架结构（包括语言知识、语言技能、文化、策略等）合理，联系紧密。	Q75	拼音的处理得当，方便使用。
Q28	主题和内容国际化，具有全球意识。	Q76	教材配有必要的辅助材料，如练习册、教师用书、测试等。
Q30	教材内容可以丰富学习者的个人知识和经验，能够培养学习者积极向上的性格。	Q77	教材配有多媒体、立体化的辅助资源，如视频材料、多媒体学习课件、配套网站等。
Q42	教材利于学习者发现语言规则，而不是简单呈现规则及其解释。	Q78	配套资源能够与教材形成有机整体。
Q59	教材体现了多元文化观，文化描述客观、中立、包容。	Q79	教材价格合理。
Q62	教材以适当的方式处理文化比较中的相似与差异。	Q80	教材容易获取或买到。

从表 6-7 可以看出，编写组和选用组的教材评价标准各有侧重，归根结底还是“编”和“用”的区别。

（1）在“教材与教学情境”“教材与教学大纲”“教材与教师”“教材与学习者”的 20 项二级指标中，编写组选定了 12 项，选用组选定了 10 项，其中有 8 项一致，说明无论从教材编写，还是教材选用，教材与这四个维度的适配性和符合度都是非常重要的方面。同时编写组对教材适配性的重视程度略高于选用组，编写组选择 Q2、Q5、Q13、Q17，说明他们对适配性的要求更为全面、具体，对教材为谁编、依据什么编写等方面考虑得更周详。

（2）在“教学法”方面，编写组显然更注重教材中蕴含的教学理论、运用的教学方法（Q2、Q13、Q21、Q42），一方面他们强调了教材编写实践背后的教学研究分量，从事教材编写和研究的教师往往看重这些指标，另一方面，具有编写实践的教师才会知道，要编出一套好教材，在编写前确立教学指导思想，并在此基础上确定编写理念，是决定教材编写是否科学、是否创新的关键所在。相反，授课教师更关注教材使用中的实用方法和技巧（Q22），不管教材体现了怎样的设计思想，编写理念是否创新、先进，只要教学方法有效、使用方便、教学效果良好，就是好教材。

（3）在“整体结构”方面，编写组考虑了纵向级别设置、横向知识技能分布（Q26）、外部说明（前言等）与内文的一致性（Q25）和体例设计的合理性。选用组关注的是级别设置和体例设计。

（4）在“主题与内容、文化”方面，编写组注重话题和内容的国际化和思想性（Q28、Q30）。近年来，教材编写中话题选择越来越注重国际化原则，强调应反映全人类共同关注的话题，如环保、科技、教育等，同时也重视对学习者情感和心灵的教育，如梦想、友谊、责任等主题，编写组的评价指标反映出了话题选择上的新趋势。同时在“文化”部分，编写组提倡“多元文化观”（Q59）和“文化比较观”（Q62），恰当地处理中国文化、学习者本土文化和国际文化之间的关系，这种编写理念在教材评价中也是显而易见的。

（5）编写组和选用组共同关注了“语言材料、活动”，这两部分的指标选择完全一致，“语言知识与技能”部分也基本一致。编写组和选用组对教材活动设计的评价指标都很重视，特别是选用组对问卷中关于活动的 10 项指标都一致认可，从侧面反映出无论教材编写还是使用，活动设计和应用都是至关重要的。对 Q51（活动提供了尽可能多的机会，使学习者使用汉语进行交流），两组一致赞同，表明“使用中学习语言”的观点深入人心。除此之外，选用组还强调了活动的类型和组织形式，丰富多样的活动形式有利于教师灵活地使用教材。

（6）对"教材形式"的判断，调查结果基本是"一边倒"，编写组只认可两项指标："版式设计清晰，方便使用""拼音的处理得当"，而选用组除以上两项以外，还认可插图字体（Q74）、配套资源（Q76、Q77、Q78）和实际考虑（Q79、Q80）。选用组比编写组更看重教材形式，反映了他们以教材使用为出发点的评价视角，这与编写组更侧重"教学理论"形成了鲜明的对比。

（五）"国内组"和"国外组"组别差异检验

1. 组别差异宏观检验

为考查国内教师和国外教师对教材认识上的差异，本研究又将被试分为"国内组"和"国外组"。国内组共 46 人，国外组共 38 人。在方差齐性检验中，16 个一级指标的显著性概率值都超过了 0.05 的标准值，表明它们的方差是相等的。在独立样本检验中，"教学大纲、主题、语言知识与技能、策略"四个方面显著性概率值分别为 0.011、0.027，0.046、0.049，小于 0.05 的标准值，说明不同组别在这四方面的看法有显著差异。（见表 6-8）

表 6-8　独立样本检验表

Levene's Test for Equality of Variances				t-test for Equality of Means						
		F	Sig.	T	df	Sig（2-tailed）	Mean Difference	Std. Error Difference	95% Confidence Interval of the Difference	
									Lower	Upper
教学大纲	方差齐性	1.861	.176	2.605	82	.011	.32838	.12605	.07763	.57912
	方差非齐性			2.527	65.723	.014	.32838	.12993	.06895	.58780
主题	方差齐性	.012	.912	2.246	82	.027	.28867	.12852	.03300	.54435
	方差非齐性			2.231	76.729	.029	.28867	.12938	.03102	.54632
知识与技能	方差齐性	.204	.653	2.030	82	.046	.24805	.12218	.00500	.49111
	方差非齐性			2.013	75.892	.048	.24805	.12326	.00256	.49355
策略	方差齐性	.592	.444	1.992	82	.049	.26173	.13142	.00030	.52316
	方差非齐性			1.978	76.718	.050	.26173	.13230	-.00173	.52518

2. 组别差异具体考查

将教师问卷再次划分为国内组（46 人）和国外组（38 人），通过对 80 项二级指标得分求和进行高低排序，并把得分最高的约 1/3 指标看作高分组。通过整理，形成国内教师教材评价表（共 55 项指标）和国外教师教材评价表（共 55 项指标）

为进一步分析组别差异，本研究采取高低分组方法，比较各组在具体二级指标上的差异。将两组问卷分别处理，通过对 80 项二级指标得分求和进行高低排序，并把得分最高的约 1/3 指标看作高分组，把得分最低的约 1/3 指标视为低分组。通过整理，形成“国内汉语教师教材评价表”（共 55 项指标）和“国外汉语教师教材评价表”（共 55 项指标）。通过两个量表对比发现，其中 11 项指标有差异（见表 6-9），说明在以下方面两组对教材评价标准的看法不同。

表 6-9　国内组和国外组的评价差异

	国内组		国外组
Q2	教材适合该地区或学校的外语教学理念、教学方法以及教学手段。	Q14	教材具有灵活性，便于教师灵活处理。
Q8	教材容量适合该地区或学校汉语课的课时安排。	Q28	主题和内容国际化，具有全球意识。
Q18	教材适合学习者的学习需求、学习动机。	Q30	教材内容可以丰富学习者的个人知识和经验，能够培养学习者积极向上的性格。
Q21	教材合理吸收了相关教学理论的研究成果。	Q35	教材包含了多样的语言风格，体裁多样。
Q31	教材没有引发使用者反感的内容。	Q57	教材提供了广泛、真实、准确的文化知识。
Q37	教材对语言知识与技能的结合处理得当。	Q67	教材利于调动学习者的创造力和活力。
Q38	各项技能训练比重合理。	Q68	教材提供了主要的学习策略，并注重培养学习者使用学习策略。

续表

	国内组		国外组
Q55	活动与活动之间层次清晰、具有内在联系。	Q69	教材提供了积极的交际策略和技巧。
Q74	插图和字体具有功能性，吸引人。	Q71	教材利于学习者运用分析、综合、比较、归纳、评价等高级思维能力。
Q75	拼音的处理得当。	Q79	教材价格合理。
Q78	配套资源能够与教材形成有机整体。	Q80	教材容易获取或买到。

从表6-9可以看出，两组教材评价标准的差异主要体现在：

（1）国内组更加重视“教学大纲”“教学法”方面的评价指标（Q2、Q8、Q21）。国内高校对外汉语教学的课程设置、教学模式相对固定，教师选择教材有比较现成的参照，因此对教材的教学理念、教学方法、课时安排等更加看重。与之相反，海外汉语教学情况复杂，多样性特点十分突出，从调查中可以看出，海外组更加重视“语言和文化”的“多样和广泛”“真实和准确”（Q35、Q57），这也从侧面反映了非目的语环境中汉语教学的需求。

（2）国内组更加重视“语言知识与技能”方面的评价指标（Q37、Q38），这与国内对外汉语教学侧重知识与技能的训练不无关联。国外组比较看重有关“情感与策略”的评价指标（Q67、Q68、Q69、Q71），这其中反映了一个现实问题：将学习者吸引到汉语课堂中来，维持他们对汉语的兴趣和动力，向他们传递“只要学习方法得当，汉语并不难”的讯息，是海外汉语教学的首要任务。体现在教材中，海外教师更希望教材对调动学习者积极的情感态度和运用合适的方法策略起到促进作用。

（3）从比对结果来看，国外组侧重“国际化、积极向上”的“主题内容”（Q28、Q30）。这反映出身处海外的汉语教师希望教材具有更强的全球意识，在教育理念上更加重视“全人教育”。

（4）教材的获取是海外汉语教师遇到的另一个实际问题，这在 Q79 和 Q80 中得以体现。汉语教材大多是国内研制出版的，发行到海外后，教材价格翻了数十倍不说，在普通的零售书店、网店中还很难找到，由此教材容易获取与否、价格是否合理成为海外汉语教师选用教材时非常看重的评价指标。

三、结论与思考

（一）教师为评价者的国际汉语教材评价标准维度得以验证

该标准最终确立了五个维度：教材适配性、整体设计、教学内容、情感与策略、教材形式（见图 6-2）。

前文通过探索性因子分析（见表 6-1）在 16 个一级指标提取出三个因子，在此基础上进一步分析，我们发现因子内部仍有分类空间。如图 6-1 所示，“教材与教学情境、教学大纲和使用者（教师和学习者）”之间的适配关系是教材编写与选用最为宏观的层面。无论编写或选用哪一类教材，首先要对这三方面的基本情况进行调查。只有了解了教学情境的基本状况、教学大纲的基本内容和使用者的基本特征，才能编好教材、用好教材，教材的适配性调查具有宏观的“定向、定位、定调”作用。在适配性调查的前提下，才能找到相适应的教学理论和适用的教学方法，才能规划教材的整体结构，如级别、体例等，因此教学法理论和整体结构具有“承上启下”的中枢作用，可统称为“整体设计”，属于中观层面的评价维度。主题、语言材料等属于教材编写中具体的、微观的层面，可统称为“教学内容”。“教材形式”涉及版式设计、教材配套等方面，可归为教材外观层面的评价维度。

汉语作为第二语言学习者动机研究（丁安琪、吴思娜，2011：12-26；俞玮奇，2013：24-31）逐步证实，教材对激发、强化学生的学习兴趣，引导他们将学习兴趣转化为稳定的学习动机方面具有重要作用。同时，教材也是学生了解并掌握有效的语言学习

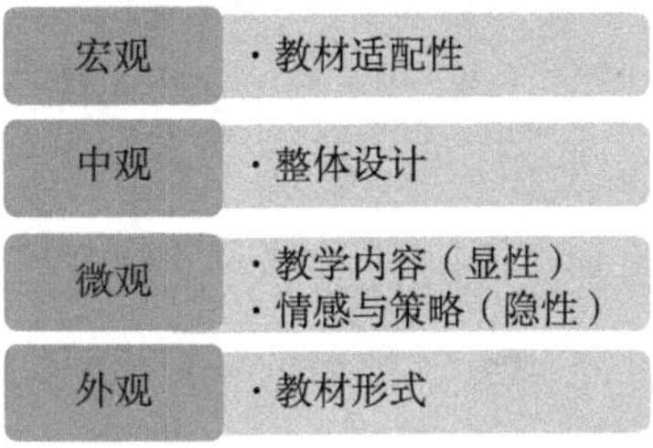

图 6-1 教材评价标准的维度设计

方法、语言使用策略的重要载体。因此本研究首次将“情感、策略”纳入教材评价标准，考查教材在这两方面的价值体现，这符合第二语言学习规律和教学发展主流思想。然而“情感、策略”的考查并不像其他教学内容一样一目了然，我们可以称之为“隐性内容”，与我们熟知主题、语言、知识、技能、活动、文化等“显性内容”相区别。将“情感与策略”作为隐性教学内容单列为一个评价维度，既可以区分显性的教学内容又突出了教材对情感策略的作用。

（二）评价指标得到广泛认可

通过调查和分析，问卷统计数据信度较高，统计结果的内在一致性和稳定性较好。调查中发现，被试对评价指标的认可度比较高，各项平均分都比较接近，各项指标之间的差异不十分显著。这一方面说明，大部分被试对教材的认识和看法比较一致，另一方面也说明大部分指标的设计比较科学合理，经过焦点团体访谈、前测等环节，汲取反馈意见加以修改完善，这些必要程序为指标制定的科学性提供了基础保障。

在访谈和问卷调查中，问卷中设计的“教材适配性”、“情感与策略”、“文化”、“资源配套”的相关评价指标，受到被试不同程度的认可，反映出教师对待教材的观念确实正在转变：开始意识到教材适配性的重要地位，教材对学习者情感和策略的影响，多元文化的作用以及教材资源化的发展趋势。这也验证了本文提出的“适应性、体验式、多元文化、资源型”的新型国际汉语教材观的可行性。

（三）教材编写评价与教材选用评价有所差异，应加以区分

“编写组”和“选用组”的组别差异检验初步证实，教材使用教师的评价视角有别于教材编写教师，这为我们分别建构教材编写评价表和教材选用评价表提供了依据。从表 6-10 中可以清晰地看到，两种评价在视角、功能、用途、服务对象 4 个方面均有显著差异。

表 6-10 教材编写评价和教材选用评价的区别

	教材编写评价	教材选用评价
视角	教材编写者和研究者的视角，侧重教材编写质量，注重教材本身的特点。	教材使用者的视角，从教与学的角度，检验教材表现出的性质和特点是否适用、好用，与教材实际使用情况密切相关。
功能	通过判断教材编写质量优劣为教材建设/研发服务。	通过判断教材的适用性，为提高教材在教学活动中的使用质量服务。
用途	用于教材评优或教材研究。	用于教材选用、改编与调整。
服务对象	为教学活动外部服务，其评价结果供行政人员、专家、研究者参考。	为教学活动内部服务，其评价结果主要为正在进行教学活动的人员提供信息。

据此，本研究区分了教师为评价者的二元视角，初步建构了两个评价表：“国际汉语教材编写评价表”和“国际汉语教材选用评价表”。为了更适用于教材选用，我们从两方面对部分指标项进行了改写，一是突出教师“我”的立场，例如“教材容量适合我所在学校汉语课的课时安排”，“教材利于我对教学效果进行评估”等；二是突出了教材“方便使用”的功能，例如“教材具有灵活性，我可以灵活处理”，“版式设计清晰、方便使用”等。

同时也必须指出，教材编写评价和教材选用评价并不是两种完全不同的评价标准，而是有一定的重合。教材编写教师具有双

重视角：教学和编写。教材编写不可能脱离教学实践，优秀的教材编者一定是教学经验丰富的教师；而教材使用教师只有使用教材进行教学的单一视角，缺乏编写的经验和认识，教学能力强的教师却不一定是优秀的编者。

（四）对外汉语教材评价与海外汉语教材评价有所差异，加以区分尚需进一步调查

"国内组"和"国外组"的组别差异检验初步证明，两组部分观点有所分歧。但是两组差异没有设想中那么显著，分析其原因有以下3方面：第一，国外教师被试的教学背景复杂，其中有孔院教师，他们在任前是国内大学汉语教师；有海外本土教师，他们一般没有受过系统的教学训练，还有其他背景的教师，他们的教材观念受到很多因素的影响；第二，教师教学的国别差异大，各国的教学理念不同，教学实际情况不同，教材情况不同，造成教材认识上的差异很大；第三，教师教学层次多样，他们的教学对象各异，从幼儿园儿童到成人，还有很多教师同时教授2~3个教育层次的学习者。以上原因都会导致海外汉语教师难以形成比较统一的教材认识。以上分析再一次验证了海外汉语教学的复杂性和多元性，这就使得针对性较强的国别教材评价、针对某个教学层次的教材评价更具有现实意义。海外汉语教材评价有没有共同特征，有没有共性需求，是不是必须走国别评价、本土评价的研究路径，这些问题都有待研究者进行更加广泛、细致的调查分析，海外汉语教材评价的研究空间十分广阔。

（五）教材评价的复杂性和局限性

从研究过程来看，教材评价是一项庞杂、浩大的系统工程，从宏观到微观，从外部到内部，从抽象到具体，从整体到细节，客观、科学地评价各个层次的方方面面，并非易事。教材评价既要突出重点，有所侧重，又要顾全大局；既要有所创新和突破，又要有理有据；既要体现共性需求，又要兼顾个性需求；既要体

现学术规范，又要具有可操作性，可见其复杂程度。

教材评价的局限性一方面是其复杂性导致的，另一方面，评价研究具有与生俱来的主观性缺陷，即使研究者尽可能采取科学、客观的评价方法和操作程序，因其研究目的使然，加上研究者又是评价者的双重身份，难以避免评价结果具有一定的个人主义色彩。

第三节 国际汉语教材评价标准的学习者调查研究①

学习者对教材的认识和态度往往被忽略或者通过教师间接获知，以学习者为教材评价者的研究也十分有限，专门为学习者设计的教材评价标准并不多见，目前相关研究有林敏（2006）提出并建立的以学习者为评估者的对外汉语教材评估模式和相应的评估量表，刘弘、包蒨益（2012）对日本福冈大学学生对于汉语教材编写形式的偏好研究，可见从学习者角度的教材评价研究还有待进一步拓展。鉴于此，本文通过对学习者的问卷调查与分析，了解学习者对教材的真实看法；通过对比教师与学习者的调查结果，剖析两类人群教材观念的异同，最终确立学习者为评价者的教材评价标准，并从中获得一些有价值的结论。

一、研究设计

（一）研究步骤及研究工具

1. 首先，本文对国内外教材评价量表中的指标项进行了收集整理（Patricia Byrd and Marianne Celce-Murcia，2001；Rani Rubdy，

---

① 该部分原载于《海外华文教育》，2015 年第 4 期。

2003；David R. A. Litz，2005；美国 21 世纪外语学习标准教材评价量表，2008；加拿大阿尔伯塔省中小学汉语教材评价量表，2011；赵金铭，1998；林敏，2006；徐弘、冯睿，2007）。经过筛查归纳，形成了一个 97 项具体指标的表格。

2. 通过六人专家组的焦点团体访谈，对 97 项具体指标进行合并、拆分、删减、增添、修改、完善。然后根据被调查人的语言特点改写了问卷部分问题，从而拟定了“国际汉语教材评价学习者调查表（含 53 项具体指标）”。该表共三部分，第一部分是被试的基本情况；第二部分以 12 个模块的 53 项封闭式问题组成（可视为 12 个一级指标、53 个二级指标），答案采用 5 度量表的形式；第三部分有 1 道开放式问题，让被试对第二部分的作答进行补充或进一步阐述。为保证调查表的信度和效度，在正式发放问卷前，在部分学习者中征求意见并进行了前测，最终形成问卷。

（二）研究问题

1. 调查被试对一级评价指标项的态度，确定评价标准的维度。

2. 调查被试在二级评价指标项上的重要性排序，以此作为判断和筛选教材评价标准的依据。

3. 调查学习者组和教师组对教材的认识和态度是否存在差异？有何差异？论证为不同群体编制教材评价标准的必要性和可行性。

（三）研究对象

调查对象为中央民族大学在校外国硕士和博士研究生，他们都是汉语教材的使用者。本研究发放问卷 48 份，回收问卷 48 份，有效问卷 48 份。

二、数据分析

本研究采用 SPSS15.0 对数据进行分析和处理。首先，我们对学习者问卷进行了内部一致性检验，Cronbach alpha 数值为 0.953，

53 项问题之间起伏不大，内在一致性较好，统计数据的信度较大。

（一）评价标准维度检验

通过主成分分析法，对 12 个一级指标进行了探索性因子分析。KMO 值等于 0.849，Bartlett 球形度检验近似卡方分布为 377.595，自由度为 66，显著性概率值 $p=0.000<0.05$，达到显著水平，表示数据适合进行因子分析。通过旋转后的成分矩阵表和碎石图中提取因子数目，结果显示，三个因子具有显著差异。“适配性、整体结构”属于一个因子，侧重教材宏观设计，“语言材料、语言知识与技能、文化、活动、主题与内容”属于一个因子，侧重教材内容，“情感、策略、版式设计、配套资源、实际考虑”属于另一个因子，侧重教材形式。提取因子可以为在一级指标之上确定维度提供了参考。

表 6-11　KMO 和 Bartlett 检验

Kaiser-Meyer-Olkin Measure of Sampling Adequacy.		.849
Bartlett's Test of Sphericity	Approx. Chi-Square	377.595
	Df	66
	Sig.	.000

（二）一级评价指标检验

从表 6-12 显示的结果来看，一级指标的平均值最高为 3.1806（主题与内容），最低为 2.8839（活动），相对于总分值 4 而言，平均值偏中上，说明被试都比较认可问卷中的评价指标。各项一级指标平均值排序由高到低依次为：主题与内容、实际考虑、配套资源、文化、语言材料、整体结构、语言知识与技能、情感、策略、适配性、版式设计和活动。这说明学习者更关心教材主题是否感兴趣、与切身利益相关的价格和资源配套等问题。

表 6-12　一级指标的平均值和标准差

序号	一级指标	平均值	标准差
1	适配性	2.9792	.49046
2	整体结构	3.0625	.55290
3	主题与内容	3.1806	.57922
4	语言材料	3.0917	.52989
5	语言知识与技能	3.0370	.49443
6	活动	2.8839	.63728
7	文化	3.1094	.70505
8	情感	3.0347	.79668
9	策略	2.9948	.66543
10	版式设计	2.9635	.74909
11	配套资源	3.1111	.74165
12	实际考虑	3.1250	.91384

（三）二级评价指标的筛选

根据平均值将 53 项指标排序，表 6-13 中列出排在前 20 位的指标，这些指标集中在语言知识与技能（Q19、Q20、Q21、Q25）、文化（Q6、Q35、Q36、Q38）、语言材料（Q14、Q15、Q16）三方面。学习者特别重视教材的难易梯度（Q12），对教材语言的趣味性（Q15）和规范性（Q16）也特别重视。

从表 6-13 还可以看出，学习者十分重视教材的易学性，这一点从 Q12、Q21、Q10、Q6、Q39、Q25、Q9 中都得到了体现；学习者还特别重视教材内容的实用性，例如 Q19、Q14、Q35、Q36、Q43。

表 6-13　二级指标平均分前 20 位

序号	题号	二级指标	平均值	标准差
1	Q12	主题和内容从易到难，循序渐进，符合学习规律。	3. 3542	. 66811
2	Q15	教材语言生动、有趣。	3. 3542	. 66811
3	Q16	教材语言规范。	3. 3542	. 63546
4	Q21	教材每课新知识的数量适中。	3. 2917	. 65097
5	Q19	教材既包括语言知识（语音、词汇、语法、汉字）的学习，又包括语言技能（听、说、读、写）的实际运用。	3. 25	. 78551
6	Q14	教材语言真实、地道、自然。	3. 2083	. 79783
7	Q10	教材各课内部结构很清楚，易于学习。	3. 1875	. 76231
8	Q38	文化内容与所学的语言内容是有联系的。	3. 1489	. 7796
9	Q35	教材提供了广泛、真实、准确的文化知识。	3. 1458	. 77156
10	Q36	教材提供了实用的交际文化，能让我在和中国人的交流中更加得体、恰当。	3. 1458	. 98908
11	Q52	配套材料与教材之间是有联系的。	3. 1458	. 89893
12	Q6	在文化方面，教材中没有令我反感的内容。	3. 125	. 76144
13	Q20	听、说、读、写四项语言技能训练比重合理。	3. 125	. 76144
14	Q39	教材让我更加喜欢学习汉语。	3. 125	. 91384
15	Q51	教材配有多媒体材料，如视频、多媒体学习课件、配套网站等。	3. 125	. 86603
16	Q53	教材价格合理。	3. 125	. 91384
17	Q13	教材内容积极向上。	3. 1042	. 69158
18	Q25	注释等内容的翻译准确，我可以看明白。	3. 1042	. 75059
19	Q43	教材教给我用汉语进行交际的策略和技巧。	3. 1042	. 8565
20	Q9	教材各册、各级别之间衔接顺畅，难度上升合理。	3. 0833	. 64687

表 6-14 列出排在后 10 位的指标，从中可以看出，学习者对教材内部深层的教学设计并不关注，在学习教材的过程中，他们

一般只能感受到教材传递出的比较表层、比较直接的信息，他们更注重“好不好学、学完有没有用”这些实际利益和学习效果，并不熟悉也不关心教材是如何设计出来的，教材背后的教学理论是什么，教材设定的教学目标是什么，教材重视什么内容等等，Q32、Q23、Q44、Q27、Q26、Q33、Q18 这些与教学理论、教材编写理念相关的标准，在学习者看来都是不重要的。

表 6-14　二级指标平均分后 10 位

序号	题号	二级指标	平均值	标准差
1	Q8	教材能够清楚地告诉我，学完后我的汉语水平能达到什么程度。	2. 9167	. 87113
2	Q32	活动为我提供了很多使用汉语进行交流的机会。	2. 9167	. 84635
3	Q46	版式设计清晰，便于学习。	2. 9167	. 89522
4	Q23	教材有助于我发现语法规则，而不是简单呈现规则及其用法。	2. 8958	. 80529
5	Q44	教材有助于调动我的多元智能（如视觉、音乐、运动等）。	2. 8542	. 92229
6	Q27	教材重视汉字教学。	2. 85027	. 85027
7	Q26	教材重视语音教学。	2. 8125	. 78973
8	Q28	活动的数量合适，不是太多或太少。	2. 7708	. 77842
9	Q33	活动与活动之间是有联系的。	2. 6667	1. 05857
10	Q18	教材涉及了汉语和我的母语之间的语言比较。	2. 5	1. 11087

（四）确定评价指标

通过对 53 项二级指标得分求和进行高低排序，并把得分最高的约 1/3 指标看作高分组，把得分最低的约 1/3 指标视为低分组，然后用独立样本 T 检验的分析方法比较高分组和低分组的差异，

Levine 检验的显著性概率（Sig.）为 0.676，大于 0.05，两组的方差是相等的，双尾 T 检验的显著性概率 Sig.（2-tailed）为 100%，即 0.000，95%置信区间不含 0，表明两组在变量上有显著性差异。最后通过筛除低分组，最终形成“国际汉语教材学习者选用评价表”，共 35 项评价指标（详见第 7 章第 1 节）。

前文通过探索性因子分析提取了教材宏观设计、内容和形式三个主要因子。进一步分析，“宏观设计”中，“教材适配性”是针对教材外部环境和使用者的，“整体设计”是针对教材内部自身的，两者可区分为两个维度。第三个因子“形式”中，“情感与策略”侧重教材对学习者的心理感受，“教材形式”侧重教材形式设计，两者也可区分为两个维度，最终构成“教材适配性、整体设计、教学内容、情感与策略、教材形式”五个维度，其中教学内容包括“主题与内容、语言材料、语言知识与技能、活动、文化”五个模块。

（五）“学生组”和“教师组”组别差异检验

教师问卷和学习者问卷设有 12 项相同的一级指标，教师问卷另有 4 项一级指标不包含在学习者问卷中，分别是教材与教学情境、教材与教学大纲、教材与教师、教学法，这四项一级指标以及下设的二级指标不在组别差异检验范围内。首先按一级指标平均值高低排序，观察两组总体认识上的异同。表 6-15 中可见，两组相同点为：①均看重“整体结构、语言材料、文化”；②均不看重“版式设计、适配性”。两组差异点为：①教师组侧重“活动、情感、知识与技能”；②学习者组侧重“主题与内容、实际考虑、配套资源”。

表 6-15　教师组和学生组一级指标对比

教师组				学习者组		
序号	一级指标	平均值	标准差	一级指标	平均值	标准差
1	整体结构	3.2946	.61011	主题与内容	3.1806	.57922
2	活动	3.2607	.60041	实际考虑	3.1250	.91384
3	情感	3.2262	.68427	配套资源	3.1111	.74165
4	语言材料	3.2101	.51195	文化	3.1094	.70505
5	语言知识与技能	3.2095	.56773	语言材料	3.0917	.52989
6	文化	3.1766	.57231	整体结构	3.0625	.55290
7	资源配套	3.1706	.77355	语言知识与技能	3.0370	.49443
8	主题与内容	3.1429	.65662	情感	3.0347	.79668
9	版式设计	3.1399	.62377	策略	2.9948	.66543
10	实际考虑	3.0714	.72454	适配性（教材与学习者）	2.9792	.49046
11	教材与学习者	3.0635	.62463	版式设计	2.9635	.74909
12	策略	3.0387	.67940	活动	2.8839	.63728

表 6-16 列出两组二级指标前 10 位排序，可以进一步考查两组异同，两组共同看重“教材语言规范。”“教材语言真实、地道、自然”“教材语言生动、有趣”和“主题和内容的编排由易到难，循序渐进，符合教学规律”这 4 方面，两组看法基本一致。两组分歧在于：①关于语言知识，学习者组强调“知识全面、新知识量适中”（Q19、Q21），而教师组注重“知识编排、复现的方式”（Q41）；②关于教材整体结构，学习者组看重较为微观的“各课内部结构”（Q10），而教师组看重较为宏观的“教材体系结构和级别设置”（Q24）。

表 6-16 教师组和学生组二级指标排序前 10 位对比

教师组			学习者组	
序号	题号	二级指标	题号	二级指标
1	Q34	教材语言规范。	Q12	主题和内容从易到难，循序渐进，符合学习规律。
2	Q29	主题和内容的编排由易到难，循序渐进，符合教学规律。	Q15	教材语言生动、有趣。
3	Q32	教材语言真实、地道、自然。	Q16	教材语言规范。
4	Q41	教材采取螺旋上升的方式对语言知识进行了合理复现。	Q21	教材每课新知识的数量适中。
5	Q15	教材适合学习者的年龄、认知水平、心理水平。	Q19	教材既包括语言知识（语音、词汇、语法、汉字）的学习，又包括语言技能（听、说、读、写）的实际运用。
6	Q48	教材提供了综合运用语言技能的活动。	Q14	教材语言真实、地道、自然。
7	Q24	教材级别设置合理，级别之间衔接顺畅。	Q10	教材各课内部结构很清楚，易于学习。
8	Q65	教材利于提高并维持学习者的学习动机。	Q38	文化内容与所学的语言内容是有联系的。
9	Q16	教材适合学习者的汉语水平。	Q35	教材提供了广泛、真实、准确的文化知识。
10	Q33	教材语言生动、有趣。	Q36	教材提供了实用的交际文化，能让我在和中国人的交流中更加得体、恰当。

三、结论与思考

（一）学习者为评价者的国际汉语教材评价标准得以确立

经论证，以学习者为评价者的教材评价表确定了 5 个维度 35 项评价指标。学习者评价表比教师评价表简洁，总体指标数量少。同时，我们对学习者评价表的指标项进行了改写，避免专业晦涩的描述，语言更加浅显易懂，更加贴近学习者的语言风格。从以上两方面，力求增强学习者评价的可操作性。

（二）学习者与教师对教材评价观念差异较大，两种视角应加以区分

在两组调查结果的比较中我们发现，学习者和教师的教材观念存在较大差异，主要体现为：

学习者对教材的观念是一种“素材观”或“文本观”，他们着眼于教材提供了哪些语言素材和文化材料，素材本身的质与量如何。这种观念使得学习者更加关注教材的：①表象特征，例如知识量和每课的体例设计；②外观特征，例如配套资源；③个体特征，例如素材与“我”的关系。虽然学习者是学习的主体，但遗憾的是，学习者很难评价教材的可学性和易学性，因为这些性质深藏在教材内部，学习者难以从表象中获取结论。

教师对教材的观念是一种“组织观”或“教学观”，他们强调教材内容的组织与编排，注重可教性。在这种观念下，①教师不仅关注教材包含哪些内容，更加强调内容的机理特征，编排是否合理、科学，组织是否符合教学规律，例如活动设计，知识与技能的编排；②相对于学习者对教材外观特征的重视，教师则更侧重教材的内质特征，例如教材对学习者情感态度的作用；③ 教师对教材的考虑更加宏观，更具有普遍性，他们不仅考虑教材的教学特点，还会从学习者的角度，审视教材与学习者的符合度和适配性。

（三）教材评价要综合考虑两种视角的观念

学习者与教师对教材评价观念的差异证明，学习者教材评价是不容忽视的重要角度。从学习者视角编写、选用、评价、改编和调整教材，这与以“学习者为中心”的教学原则相一致。

学习者与教师的教材观念差异是既对立又统一的关系。观念之间的差异客观存在，甚至有时是相互矛盾的，但两种视角的观点都是构成教材评价客观事实的组成部分，某个群体单一视角的评价难免偏颇。正因为如此，我们提倡教材评价应采取多元评价

视角，综合多方评价观点，分析观点差异背后的理据，客观公正地得出评价结论。

（四）以学习者为评价者的教材评价具有广阔的研究空间

本文对学习者的教材观念进行了调查，尝试建立学习者为评价者的教材评价标准。由于本文的调查对象限于国内来华留学生，研究范围只涉及了国际汉语学习者中的一个群体。随着国际汉语教学在世界范围内广泛开展，教材所处的教学环境不断变化，教材新需求、新理念、新类型层出不穷，这都为未来学习者视角下的国别教材评价、本土教材评价、不同类型教材评价、数字教材评价提供了研究空间。从学习者类型来看，儿童、青少年、成人汉语学习者，以及初级、中级、高级汉语学习者的教材评价可以进一步细分。同时，国际汉语教材的质性评价研究仍有待开拓，采用课堂观察、教材使用日志等典型的质性研究方法，进行教材使用的过程评价是未来评价研究的一个重要方向。

第七章　国际汉语教材评价标准的确立

第一节　国际汉语教材评价标准

本节将论述确立国际汉语教材评价标准的总体目标、基本思路、确立原则和基本框架，并将理论研究和调查实证的成果——评价标准的主要内容加以介绍和说明。

一、总体目标与基本思路

（一）总体目标

确立标准的总体目标为“以评促建”和“以评促教”。以教材评价促进教材建设是当务之急。当前，国际汉语教材建设进入快速发展阶段，以高效、科学的教材评价为教材建设保驾护航，引导教材建设朝积极方向发展，全面提升国际汉语教材质量，促进优秀国际汉语教材的出现和繁荣。

先进、科学的教材评价将为教学发展带来契机。通过评价，加深教师对教材性质的全面认识，客观公正地选用教材，创造性地优化教材使用，使教材在教学中的效用最大化、极致化。学习者参与教材评价体现了以学习者为中心的教学原则。教材评价可以促使学习者对学习内容进行回顾和反思，培养学习者批判性思维的能力，有利于学习者的语言技能、情感态度和学习策略的全面发展。

（二）基本思路

确立标准的基本思路是：从系统论的观点出发，把国际汉语教材看作一个内外部各要素相互联系、相互制约的有机整体，以新型国际汉语教材观为指导思想，兼顾教材编写的一般原则和教材构成的基本要素。以新型国际汉语教材观为指导思想，体现标准体系的创新性和发展性；教材编写的一般原则代表了第二语言教材编写的基本规律，是在多年教材编写实践中积累、凝集而成，这些原则保障了标准体系的科学性和合理性；宏观的指导思想和基本原则都要体现在教材要素上才有意义，兼顾教材的构成要素，可以确保评价标准的全面与实用。

二、确立原则与基本框架

（一）确立原则

1. 导向性原则

（1）促进教材建设，提高教材质量

国际汉语教材评价具有明确的目标和任务，即促进教材建设，提高教材质量，服务国际汉语教学的需要。因此评价标准应体现国际汉语教学发展的诉求，引导教材建设向着利教利学的健康方向发展，促进精品教材的涌现。

（2）体现新型的教材观

标准应该建立在先进的教学理论、教材理论和评价理论基础之上，这些理论对建构新型教材评价标准提供了基础保障。构筑这样的标准应该勇于摒弃陈旧的教学观和教材观，应该体现当代学习理念的更新，教师和学习者角色的转换，应该反映出教材观念的变化，教材编写的创新，新媒体的应用等最新发展。

2. 科学性原则

（1）突出第二语言教材性质

标准应充分体现汉语作为第二语言的教材性质。既不能混同于一般教材评价标准，也不能照搬其他第二语言教材的评价标准，丧失了汉语教学的特色，还不能雷同于汉语母语教材的评价，丢失了第二语言教材的特征。要使国际汉语教材评价具有鲜明的学科性，一方面要吸收以第二语言习得为基础的评价指标，另一方面要积极建构具有汉语教学特征的评价指标。

（2）体现第二语言教材编写规律

标准既要体现汉语作为第二语言的教学规律，又要遵循第二语言教材的编写原则。这些规律性的认识是在实践和研究中积累起来的，经受过实践的检验。评价标准应该系统地体现这些客观规律，通过对规律的把握，指导教材编写和评价。

3. 系统性原则

（1）注重教材的内部系统

教材是一个由话题、功能、语言要素、语言技能、语言训练、文化等内容之间纵横交错的网格系统。因此标准不能以偏概全，而是要通过教材评价指标体系的建立，系统地反映教材的全貌，体现教材的整体特征和内在联系，从而能够开展相对全面、系统、综合的教材评价。

（2）强调教材与外部环境的联系

在国际汉语教学学科系统中，教材是某一个国家（地区）教育环境中一个有机组成部分，它与该国家（地区）的社会文化环境、教育环境和课堂环境发生着联系。因此标准不能孤立地、微观地、僵化地衡量教材本身，而是要将教材置于宏观环境中，充分考虑教材与环境中主要因素的联系和相互作用。

4. 开放性原则

国际汉语教学发展的速度超出任何人的想象，教学需求的多样性同样令人惊叹不已，教材的使用效果与教师和学习者的主观能动性密不可分，这些事实都要求标准应该是一个开放的体系，为评价者根据自身的情况和需要设定具体标准提供一定的空间。

（2）基本框架

根据国际汉语教材评价目的和评价主体的不同，通过实证研究验证，可以将评价标准的基本框架设计为“三个部分”。如图 7-1 所示，基本框架包括了研究者适用的教材编写评价、教师和学习者适用的教材选用评价。

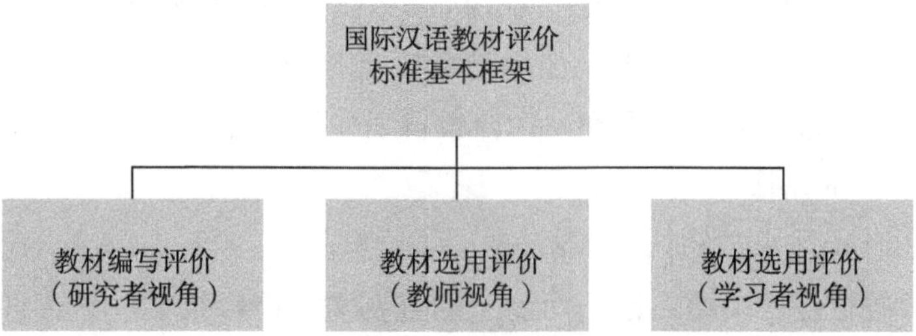

图 7-1 国际汉语教材评价的基本框架

三、主要内容

标准集中体现为以下三份评价表：“国际汉语教材编写评价表”“国际汉语教材教师选用评价表”“国际汉语教材学习者选用评价表”。这三份评价表使用目的不同，评价者可以根据自己的需要选用合适的评价表。同时，这三份表格为评价者提供了一个比较全面的评价参考框架，评价者可以根据自己的评价目的，选择、删减、增添适当指标，进行针对性较强的教材评价。

三份评价表均设计了 5 个评价维度：教材适配性、整体设计、教学内容、情感与策略和教材形式。编写评价表和教师选用评价表均设有 55 项具体指标，学习者选用评价表设有 35 项指标。每项指标的权重相等。

为了使用方便，综合以上三份评价表，我们又构拟了一份评价简表，共 30 项具体指标，可以帮助评价者快速获得评价结论。

国际汉语教材编写评价表

使用说明：该表格适用于评选优秀教材、研究并分析教材。全表共 55 项，请您在相应的数字下面打“√”。

教材名称______________ **作者**____________________

出版日期______________ **出版单位**________________

适用对象____

序号	指　标	分值 非常差 0	分值 不太好 1	分值 一般 2	分值 好 3	分值 非常好 4
一、教材适配性 （一）教材与教学情境						
1	教材适合该地区或学校的教育文化特点，例如竞争型教育文化或参与型教育文化。					
2	教材适合该地区或学校的外语教学理念、教学方法以及教学手段。					
（二）教材与教学大纲						
3	教材符合某种语言教学大纲（或课程标准）的宗旨。					
4	教材符合教学目标，并能够清晰地呈现。					
5	教材参考教学大纲确定教学内容且分布合理。					
（三）教材与教师						
6	教材利于教师综合地使用多种语言教学方法和技巧。					
7	教材利于教师对教学效果进行评估。					
8	教材具有灵活性，便于教师灵活处理。					
（四）教材与学习者						
9	教材适合学习者的年龄、认知水平、心理水平。					
10	教材适合学习者的汉语水平。					
11	教材适合学习者的文化背景。					
12	教材适合学习者的学习需求、学习动机。					

续表

序号	指　标	分值				
		非常差	不太好	一般	好	非常好
		0	1	2	3	4
二、整体设计 （一）教学法理论						
13	教材合理吸收了相关教学理论的研究成果。					
14	教材的整体设计体现了教学思路和教学流程。					
（二）整体结构						
15	教材级别设置合理，级别之间衔接顺畅。					
16	教材在前言等部分对自身的描述准确、合理，并与正文内容一致。					
17	教材的整体框架结构（包括语言知识、语言技能、文化、策略等）合理，联系紧密。					
18	教材各课内部各部分之间安排合理，联系紧密。					
三、教学内容 （一）主题与内容						
19	主题和内容国际化，具有全球意识。					
20	主题和内容的编排由易到难，循序渐进，符合教学规律。					
21	教材内容可以丰富学习者的个人知识和经验，能够培养学习者积极向上的性格。					
（二）语言材料						
22	教材语言真实、地道、自然。					
23	教材语言生动、有趣。					
24	教材语言规范。					
25	教材语言风格多样，体裁多样。					

续表

序号	指　标	分值				
		非常差	不太好	一般	好	非常好
		0	1	2	3	4
（三）语言知识与技能						
26	教材对语言知识与技能的结合处理得当。					
27	各项技能训练比重合理。					
28	教材提供了主要的语言知识，每课新知识的输入量适中。					
29	教材对语言知识的编排合理有效。					
30	教材采取螺旋上升的方式对语言知识进行了合理复现。					
31	教材利于学习者发现语言规则，而不是简单呈现规则及其解释。					
32	教材提供了必要的语言知识注释和范例，且简明易懂。					
33	教材对语音教学的安排合理恰当。（如果评价中高级教材，可忽略此项。）					
34	教材对汉字教学的安排合理恰当。（如果评价中高级教材，可忽略此项。）					
（四）活动（包括练习、任务、游戏等）						
35	活动量充足，覆盖主要教学内容。					
36	教材提供了综合运用语言技能的活动。					
37	活动提供了尽可能多的机会，使学习者使用汉语进行交流。					
38	教材提供了控制性活动、过渡性活动和交际性活动。					
39	教材提供了个人、结对、小组等多种活动形式。					
40	活动具有趣味性。					
41	活动利于激活学习者原有知识和经验。					

续表

序号	指 标	分值				
		非常差	不太好	一般	好	非常好
		0	1	2	3	4
42	活动与活动之间层次清晰、具有内在联系。					
43	活动指令清晰、简洁且易于理解。					
（五）文化						
44	教材提供了广泛、真实、准确的文化知识。					
45	教材提供了得体、实用的交际文化。					
46	教材体现了多元文化观，文化描述客观、中立、包容。					
47	文化内容的编排合理适度。					
48	文化内容的融入方式自然恰当。					
49	教材以适当的方式处理文化比较中的相似与差异。					
四、情感与策略						
50	教材利于提高并维持学习者的学习动机。					
51	教材利于发展学习者积极的学习态度。					
52	教材提供了主要的学习策略，并注重培养学习者使用学习策略。					
53	教材提供了积极的交际策略和技巧。					
五、教材形式						
54	版式设计清晰，方便使用。					
55	教材配有必要的辅助材料，如练习册、教师用书、测试等。					
总分：						

注：全表满分 220 分，使用者可以根据实际情况对教材评价结果进行分档。

本文建议：得分≥165 分，为优秀教材；165 分>得分≥110 分，为合格教材；得分<110 分，为不合格教材。

国际汉语教材教师选用评价表

使用说明：该表格适用于授课教师选择教材，检验教材的使用效果。全表共55项，请您在相应的数字下面打“√”。

教材名称______________　**作者**______________

出版日期______________　**出版单位**______________

适用对象______________

序号	指　标	分值				
		非常差	不太好	一般	好	非常好
		0	1	2	3	4
一、教材适配性 （一）教材与教学情境						
1	教材适合我所在学校的教育文化特点，例如竞争型教育文化或参与型教育文化。					
（二）教材与教学大纲						
2	教材符合教学目标，并能够清晰地呈现。					
3	教材参考教学大纲确定教学内容且分布合理。					
4	教材容量适合我所在学校汉语课的课时安排。					
（三）教材与教师						
5	教材使用方便，节省备课时间。					
6	教材利于我对教学效果进行评估。					
7	教材具有灵活性，我可以灵活处理。					
（四）教材与学习者						
8	教材适合学习者的年龄、认知水平、心理水平。					
9	教材适合学习者的汉语水平。					
10	教材适合学习者的学习需求、学习动机。					
二、整体设计 （一）教学法						
11	教材为我提供了教学思路和教学流程。					

续表

序号	指　标	分值				
		非常差	不太好	一般	好	非常好
		0	1	2	3	4
12	教材提供了有效的教学方法和技巧。					
（二）整体结构						
13	教材级别设置合理，级别之间衔接顺畅。					
14	我很喜欢课内各部分的编排设计，使用很方便。					
三、教学内容 （一）主题和内容						
15	主题和内容的编排由易到难，循序渐进，符合教学规律。					
16	教材没有令我反感的主题和内容。					
（二）语言材料						
17	教材语言真实、地道、自然。					
18	教材语言生动、有趣。					
19	教材语言规范。					
20	教材语言风格多样，体裁多样。					
（三）语言知识与技能						
21	教材对语言知识与技能的结合处理得当。					
22	各项技能训练比重合理。					
23	教材提供了主要的语言知识，每课新知识的输入量适中。					
24	教材对语言知识的编排合理有效。					
25	教材采取螺旋上升的方式对语言知识进行了合理复现。					
26	教材提供了必要的语言知识注释和范例，且简明易懂。					
27	注释等内容的翻译准确。					

续表

序号	指　标	分值				
		非常差	不太好	一般	好	非常好
		0	1	2	3	4
28	教材对语音教学的安排合理恰当。（如果评价中高级教材，可忽略此项。）					
29	教材对汉字教学的安排合理恰当。（如果评价中高级教材，可忽略此项。）					
（四）活动（包括练习、任务、游戏等）						
30	活动量充足，覆盖主要教学内容。					
31	教材提供了综合运用语言技能的活动。					
32	教材提供了控制性活动、过渡性活动和交际性活动。					
33	教材提供了个人、结对、小组等多种活动形式，且方便好用。					
34	活动提供了尽可能多的机会，使学习者使用汉语进行交流。					
35	活动具有趣味性。					
36	活动利于激活学习者原有知识和经验。					
37	活动与活动之间层次清晰、具有内在联系。					
38	活动指令清晰、简洁且易于理解。					
（五）文化						
39	教材提供了广泛、真实、准确的文化知识。					
40	教材提供了得体、实用的交际文化。					
41	文化内容的编排合理适度。					
42	文化内容的融入方式自然恰当。					
四、情感与策略						
43	教材利于提高并维持学习者的学习动机。					
44	教材利于发展学习者积极的学习态度。					

续表

序号	指　标	分值				
		非常差	不太好	一般	好	非常好
		0	1	2	3	4
45	教材利于调动学习者的创造力和活力。					
46	教材提供了主要的学习策略，并注重培养学习者使用学习策略。					
47	教材提供了积极的交际策略和技巧。					
五、教材形式 （一）版式设计						
48	版式设计清晰，方便使用。					
49	插图和字体具有功能性，方便使用。					
50	拼音的处理得当，方便使用。（如果评价高级教材，可忽略此项。）					
（二）配套资源						
51	教材配有必要的辅助材料，如练习册、教师用书、测试等。					
52	教材配有多媒体、立体化的辅助资源，如视频材料、多媒体学习课件、配套网站等。					
53	配套资源能够与教材形成有机整体。					
（三）实际考虑						
54	教材价格合理。					
55	教材容易获取或买到。					
总分：						

注：全表满分 220 分，使用者可以根据实际情况对教材评价结果进行分档。

本文建议：得分≥165 分，为适用教材；165 分>得分≥110 分，为合格教材，需要您在使用中进行一定的调整和改编；得分<110 分，为不适用教材，建议您换用教材，或进行较大改编。

国际汉语教材学习者选用评价表

使用说明：该表格可用于考查学习者对教材的态度。全表共 35 项，学习者可以在教师的指导下，在相应的数字下面打“√”。

教材名称________________

国籍____________________　**已学汉语的时间**__________________

序号	指　标	分值				
		非常差	不太好	一般	好	非常好
		0	1	2	3	4
一、教材适配性						
1	教材符合我的年龄和心理水平。					
2	教材符合我的汉语水平，难易适中。					
3	教材符合我的学习风格（学习习惯）。					
4	教材里有我需要的学习内容。					
二、整体设计						
5	教材各册、各级别之间衔接顺畅，难度上升合理。					
6	教材各课内部结构很清楚，易于学习。					
三、教学内容 （一）主题和内容						
7	大部分的主题和内容我都很喜欢。					
8	主题和内容从易到难，循序渐进，符合学习规律。					
9	教材内容很实用。					
（二）语言材料						
10	教材语言真实、地道、自然。					
11	教材语言生动、有趣。					
12	教材语言规范。					
13	教材语言风格多样，体裁多样。					
（三）语言知识与技能						

续表

序号	指　标	分值				
		非常差	不太好	一般	好	非常好
		0	1	2	3	4
14	教材既包括语言知识（语音、词汇、语法、汉字）的学习，又包括语言技能（听、说、读、写）的实际运用。					
15	教材每课新知识的数量适中。					
16	语言知识（生词、语法等）在教材中反复出现，易于我记忆。					
17	教材提供了注释和范例，可以帮助我理解。					
18	注释等内容的翻译准确，我可以看明白。					
（四）活动（包括练习、任务、游戏等）						
19	活动与我所学的内容相关。					
20	活动形式多种多样。					
21	活动具有趣味性。					
（五）文化						
22	在文化方面，教材中没有令我反感的内容。					
23	教材提供了广泛、真实、准确的文化知识。					
24	教材提供了实用的交际文化，能让我在和中国人的交流中更加得体、恰当。					
25	文化内容与所学的语言内容是有联系的。					
四、情感与策略						
26	学习这本教材，让我更加喜欢学习汉语。					
27	学习这本教材，让我更积极地参与到学习活动中来。					
28	学习这本教材，让我感到有收获。					
29	教材教给我学习汉语的方法。					
30	教材教给我用汉语进行交际的策略和技巧。					
五、教材形式						
31	拼音有助于我的学习。					

续表

序号	指　标	分值				
		非常差	不太好	一般	好	非常好
		0	1	2	3	4
32	教材配有必要的辅助材料，如练习册、汉字本等。					
33	教材配有多媒体材料，如视频、多媒体学习课件、配套网站等。					
34	配套材料与教材之间是有联系的。					
35	教材价格合理。					
总分：						

注：全表满分 140 分，使用者可以根据实际情况对教材评价结果进行分档。

本文建议：得分≥105 分，为适用教材；105 分>得分≥70 分，为合格教材，需要您在使用中根据学习者的需求进行一定的调整和改编；得分<70 分，为不适用教材，建议您换用教材，或进行较大改编。

国际汉语教材评价简表

使用说明：该表格可用于快速评价教材。全表共 30 项，在相应的数字下面打“√”。

教材名称________________　**作者**____________________

出版日期________________　**出版单位**__________________

适用对象______________________________________

序号	指　标	分值				
		非常差	不太好	一般	好	非常好
		0	1	2	3	4
一、教材适配性						
1	教材适合该地区或学校的教育文化特点，例如竞争型教育文化或参与型教育文化。					

续表

序号	指　标	分值				
		非常差	不太好	一般	好	非常好
		0	1	2	3	4
2	教材参考教学大纲确定教学内容且分布合理。					
3	教材方便使用，节省备课时间。					
4	教材利于教师对学习效果和教学效果进行评估。					
5	教材适合学习者的年龄、认知水平、心理水平。					
6	教材适合学习者的汉语水平。					
二、整体设计						
7	教材的整体设计体现了教学思路和教学流程。					
8	教材级别设置合理，级别之间衔接顺畅。					
9	教材各课内部各部分之间安排合理，联系紧密。					
三、教学内容						
10	主题和内容的编排由易到难，循序渐进，符合教学规律。					
11	教材语言真实、地道、自然。					
12	教材语言生动、有趣。					
13	教材语言规范。					
14	教材提供了主要的语言知识，每课新知识的输入量适中。					
15	教材采取螺旋上升的方式对语言知识进行了合理复现。					
16	教材提供了必要的语言知识注释和范例，且简明易懂。					
17	活动量充足，覆盖主要教学内容。					
18	教材提供了综合运用语言技能的活动。					
19	活动提供了尽可能多的机会，使学习者使用汉语进行交流。					
20	活动具有趣味性。					
21	活动指令清晰、简洁且易于理解。					

续表

序号	指　标	分值				
		非常差	不太好	一般	好	非常好
		0	1	2	3	4
22	教材提供了广泛、真实、准确的文化知识。					
23	教材提供了得体、实用的交际文化。					
24	文化内容的融入方式自然恰当。					
四、情感与策略						
25	教材利于提高并维持学习者的学习动机。					
26	教材利于发展学习者积极的学习态度。					
27	教材提供了主要的学习策略，并注重培养学习者使用学习策略。					
28	教材提供了积极的交际策略和技巧。					
五、教材形式						
29	版式设计清晰，方便使用。					
30	教材配有必要的辅助材料，如练习册、教师用书、测试等。					
总分：						

注：全表满分 120 分，使用者可以根据实际情况对教材评价结果进行分档。

本文建议：得分≥90 分，为优秀教材；90 分>得分≥60 分，为合格教材；得分<60 分，为不合格教材。

第二节　国际汉语教材的适配性

国际汉语教材评价标准将教材的适配性置于首要地位，这与汉语作为第二语言教学发展的环境、教材评价的实质密切相关。本节具体论述了适配性理论提出的背景和理据、适配性的深刻内涵，以及适配性在标准中的多维体现，最后提出了适配性在教材编写中的实现途径。

一、适配性的背景和理据

汉语教学全球化带动了汉语教材的全球化，汉语教材的编写和发行早已不局限在中国，而是走向了世界各地。据《人民网》报道，截至 2012 年底，全球共有 119 所孔子学院自主开发各类本土教材 332 种；近年来汉语教材通过版权转让输出国外的规模逐年扩大，在图书版权贸易中表现强劲；根据《孔子学院总部 2013 年度报告》，当年共向 120 个国家 1375 个机构赠送汉语图书 70 万册。教材“走出去”，走进了不同的教育环境，遇到了不同教育环境中孕育的学校制度和教学参与者。不同的教育体制、不同的教学参与者对教材提出了不同的需求，而走出国门的教材能否满足这些需求？在各异的教育环境中如何评价教材的优劣，如何制定评价标准，让评价真正为教材编写和使用服务？我们现有的评价标准是否还可以继续沿用？这些问题都要求我们对教材评价进行重新审视和宏观思考。

教材在新的地理、人文、教育环境中生存必然要采取本土化策略，其目的是为了充分融入当地，适合本土教学。当前热议的教材本土化问题，就是要将教材编写或改编得更加适应海外当地的教学环境。教材本土化是提高教材海外适应力的一种方式，似乎也成为当前解决汉语教材瓶颈问题的主要方法。更进一步看，如果说本土化是一个外力促进教材适应环境的外铄过程，那么我们更需要源于本土内部的自发力量，推进本土教材的内生发展，这将是教材具备较高海外适应力的更佳途径。如此看来，教材本土化程度高低能否作为评价的主要标准呢？是不是只有海外汉语教材需要具备环境适应力呢？答案是否定的。可以说，只要在一定的教育环境中都会存在教材与环境的适配问题。在目的语环境中的汉语教材同样需要适合该环境中教育体制和课程要求，需要满足教师和学习者的需求。通用教材也同样要采取定位策略，考虑教材使用的普遍情境，研究教材使用者的共性特点，以此作为编写和评价依据。为不同教育环境编写的教材要努力增强教材在该环境中的适应力，使之达到较高的适配性，那么教材评价就应该衡量这种适配性的强弱，汉语教材与一定教育环境的适配性应该成为评价新一代教材的重要标准。

“教材没有好坏之分，只有适合与不适合的区别。”“没有完美的教材，但一定有适合的教材。”业界“适合论”的评价观并不少见，也不新鲜，但似乎从未讨论过它的理据。本文尝试从评价的本质探寻“适合观”的理论基础。评价的内涵是判断价值，价值的体现在于客体满足主体需要，评价的本质就是衡量客体满足主体需要的程度，即衡量价值事实。有需要才会产生价值，需要的变化导致价值事实的变化。主体需要自身的变化往往受到外部环境影响。再者，评价者对一定价值事实的感受、理解、情感和态度，也受到一定的外部环境和实际情况的影响。例如，对教师课堂教学的评价除了针对教师本身能力、素质、知识结构的衡量，势必要结合教学对象的反应，教学设施条件等实际问题，以及这些问题对教师教学的积极作用或消极作用。因此评价（测量价值事实）的关键在于动态地把握“需要、满足需要、外部环境”的交叉关系，这种关系不是静止的，绝对的，唯一的，而是变化的，相对的，多重的。它应该被看作一种适应关系，从不符合到符合、从不适应到适应、从不匹配到匹配区间的程度，因此“适合评价论”是具有理据支撑的。教材评价就是衡量在一定环境下教材符合主体需要的程度，“适配性”作为教材编写的基本要求和教材评价的重要标准更具有现实意义和理论价值。

二、适配性的内涵

适配性，又可称为“适应性”“适切性”。“适配”义为“适和、匹配”，具有“两向事物合在一起合适、相称”的意思，而并非一方单向地针对另一方。本文认为，作为一种教材的性质，用“适配性”能够更准确地描述教材与外部环境（包括教育环境和教育活动的参与者）的互动关系：任何教育环境都需要教材和教学用品，并为教材编写提供了基础条件；教材要迎合、贴近它所处的教育环境，满足环境提出的要求。教材适配性，是指教材与一定教育环境之间的适应力和匹配度，教材与环境的适配性越高，越适合在该环境下生存和发展，反之终将被替代和淘汰。

在国际汉语教材编写原则研究中，针对性被公认为教材编写的一项基本原则和宏观要求，其重要性和必要性已成为共识。以下列出了现有文献中对教材针对性适用范围的具体描述。（赵贤州，1987；吕必松，1996；刘珣，2000；李泉，2004；赵金铭，2004）

表 7–1 教材针对性的适用范围和具体描述

适合学习者	适合教学
·自然特点和社会特点（年龄、性别、职业、身份、国籍、母语、背景文化、价值观念、兴趣爱好等） ·目标需求和学习需求（学习目的、期望达到的汉语水平、未来运用汉语的交际形式和范围、学习兴趣、学习动机、学习习惯、学习方法、对汉语和中国及其文化的情感态度等） ·语言学习环境和学习条件（在中国学习还是在国外学习、学校学习还是自学、专业学习还是二外学习、汉字圈学习还是非汉字圈学习、长期学习还是短期学习、学习时限、周学习次数、现有汉语水平、自身文化水平等）	·学科性质和课型特点（第二语言教学以培养学习者语言交际能力为根本目的的总体要求、语言规律、第二语言教学规律、课型特点、目的语语体特征、技能培养要求等） ·教学重点和难点（语言知识、语言材料、文化知识等）

从上表可以看出，教材针对性主要“针对”的是学习者和教学。也就是说，教材要针对学习者和教学情况进行编写，以保证它的定位准确。针对性的指向比较明确，即从教材编写指向教材适用对象和教学情况。相比之下，适配性的内涵更丰富，双向感、互动性更强，从生物学中借用的这个术语，更加注重主体需要，坚持“需求至上”的原则，更加强调教材与环境及环境中教学使用和使用者的互动关系。

“本土教材”的说法是相对于“通用教材”而提出的，本土教材又多指海外教材。海外教材、本土教材、国别教材的增多，教材与环境的关系问题凸现出来，引发了广泛讨论。（罗青松，2005；赵金铭，2009；郑通涛，2010；周小兵，2013）本土教材、国别教材讲求教材与环境的适配性，但适配性不是这类教材的专有特性，通用教材、目的语环境中的留学生教材也需要注重适配问题。因此“适配性”所涵盖的范围更加广泛，它实际上是教材“本土化”或“国别化”的上位概念。教材的适配性研究对编写和评价国别教材、本土教材、区域教材具有极高的实用价值。

三、适配性在标准中的体现

标准对教材适配性评价进行了整体设计，其体现的内涵层次更加清晰。教材适配性可分解为4个部分：教材与教学情境的适配性、教材与教学大纲的适配性、教材与教师的适配性、教材与学习者的适配性。它体现了教材外部评价的3个层次：教学情境分析、教学大纲分析和使用者需求分析。教材外部评价，就是要评价教材适应一定教学情境、符合一定教学大纲、满足教师教学和学习者学习需要的程度。无论是分析、评价教材，还是编写教材，都要考虑这3个层次上的问题。适配性评价标准对教材外部评价进行了完整、系统的设计，对编写教材、选用教材具有实际的指导作用。

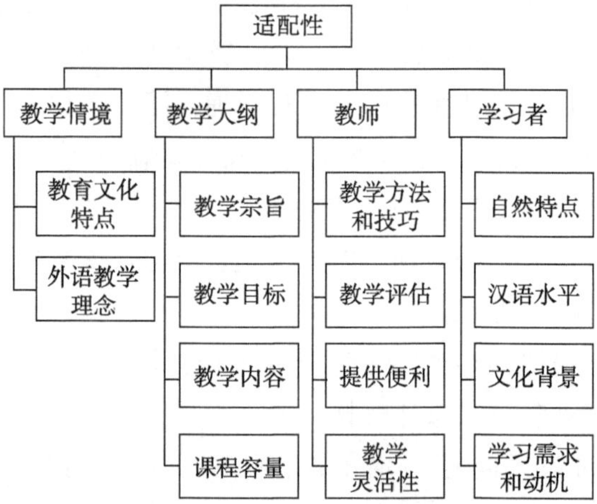

图 7-2　国际汉语教材适配性框架

标准中，教材与教学情境的适配性评价，重点突出了教育文化特点和外语教学理念两个方面，具体来说，就是衡量教材是否适合其使用环境中的教育文化特点和外语教学理念。不同国家或地区的历史背景、社会文化、风俗习惯、教育制度等多种因素塑造了不同的教育文化，最典型的两种教育文化类型是竞争型教育文化和参与型教育文化（廖建玲，2013）。如果一套强调快乐学习、注重激发学习者兴趣的汉语教材，设计了丰富的语言文化活动和游戏，强调学习者的参与和互动，换在以应试为核心的竞争型教育文化环境中使用，它的教学难度和强度，教学重点和方法，都不能适应这种教育文化，反之亦然。这不是教材好坏的差别，而是教材不适的反应。教育文化特点会直接影响外语教育文化特点，与外语教育文化特点的适配性主要看教材与该国家或地区的主流外语教学理念和教学方法是否适配。不同国家或地区主流的教学理念和流行的教学方法不尽相同，反映在教材上也不相同。教材与该理念、方法越适配越容易获得认可，适用性就越强。

标准中，教材与教学大纲的适配性评价包括 4 个方面：教材是否符合教学大纲（或课程标准）的宗旨、教学目标、教学内容和课程容量。前文提到的教育文化特点和外语教学理念对教学大纲具有直接影响，也可以说，教学大纲是教育文化特点和外语教学理念的具体体现，它们一脉相承。教学大纲中所呈现的教学宗旨、教学目标、教学内容范围等是课程设计的基础，因此教材是否符合教学大纲的这些具体方面，决定了它是否符合课程的基本要求。

以往教材针对性的研究很少关注教师的需求，教师是选择和使用教材的主要群体之一，教材是否满足教师需求，是否适合教师使用是不容忽视的。教师教学是一种技能，也是一门艺术，因此教材不能束缚、控制、绑架教师的教学活动，而应该是提供多种选择的“菜单”或者“超市”。据此，标准中教材与教师的适配性评价主要体现在教材的便利性和灵活性，教材能够为教师教学提供多种选择和调整空间。利于教师综合使用多种教学方法和技巧，方便教师进行教学评估，方便教师使用，节省教师的备课时间，具有一定灵活性，这样的教材适配性较强。

“以学习者为中心”的教学原则给教材与学习者的适配程度提出了更高要求。随着学习者第二语言习得研究的深入，教材编写应从哪些角度、哪些方面贴近学习者，这个问题受到普遍关注，结论也逐渐明朗。在参考了前人研究的基础上，标准中教材与学习者的适配性评价分为 4 个方面：①学习者的年龄、认知水平、心理水平等自然特点；②学习者的汉语水平；③学习者的文化背景；④学习者的学习需求和动机。

以上教材适配性框架、即 4 个角度、14 个方面（见图 7-2）的层次设计，在前文实证研究中获得了认可，我们都已经认识到教材“适配性”的重要地位。可以说，教材适配性是教材编写的首要原则，它是教材编写成败与否的关键。同时适配性是教材评价的主要考查维度，在教材选用评价中尤为重要。

四、适配性在教材编写中的实现途径

（一）需求调研是实现教材较高适配性的基础

需求是教材产生和发展的根本动力，没有需求，教材便失去了存在的意义，新需求的涌现，是教材创新的源泉。当前汉语国际传播中的“教材”问题，归根结底是教材编写没有及时适应教学需求快速变化的结果，为此针对教材使用环境的需求调研显得愈发重要。需求调研是针对教材需求的调查、分析研究。科学的需求调研可以发现潜在需求，了解真实需求，把握需求趋势；需求调研为教材整体设计和教材具体编写提供指导，调研越系统、全面、深入、细致，具体编写思路越清晰，目标越明确，教材适配性越强。

教材适配性框架（见图 7-2）为需求调研提供了基础，它从教学情境、教学大纲、教师和学习者 4 个角度 14 个方面勾勒出调研和需求分析的结构图。当然，在该框架基础上进一步细化、充实教材适配性内容，融入更多考虑因素，调研内容将更加丰富，需求分析更加具体，调研结果更加准确。表 7-2 列出了具体的调研内容。

表 7-2 教材需求调研内容

维度	具体内容
教学情境	使用环境内的教育文化特点、语言政策、外语教学理念、汉语的地位、中国文化认可程度、学校的教育文化特点、外语教学情况、汉语学科地位、教学评估机制、课程设置、教室设施条件、班级人数
教学大纲	宗旨、教学目标、教学理念、教学方法和技巧、教学内容、教学容量
教师	年龄、性别、专业情况、教学法偏好、教学风格、现用教材情况
学习者	年龄、认知水平、心理水平、汉语水平、学习风格、文化背景、学习需求、学习动机、汉语学习的难点、现用教材情况

需求调研的基本方法有：问卷调查、访谈和课堂观察。研究者可以根据表 7-2 的维度和内容设计问卷和访谈提纲。同时调研要特别注重实际课堂教学调研，研究者应该走进课堂，通过听课、访谈，采集一手材料，了解真实的课堂教学情况、教师授课情况和学生特点等。

（二）整体设计是落实需求调研结果的保障

整体设计是教材从规划到具体编写过程中承上启下的重要环节，关系到调研结果是否落到实处，也为教材的具体编写建构了框架，提供了模板。下面以泰国高中汉语教材为例，简要展示教材编写前期整体设计的实际操作方法。

泰国高中教材整体设计

一、教学对象

16-18 岁泰国高中生，汉语为第二语言的必修课，共 6 个学期，每个学期有效学习周数约为 15 周，每周 6-7 课时，每节课 50 分钟，通常两节课连上，需要至少达到 HSK3 级水平、部分学生需要参加汉语高考，为进入大学汉语专业做准备，泰国学生活泼好动、爱唱歌、爱做游戏……

二、编写理念

体验式教学理念……

语言知识系统性……

三、编写依据

《泰国外语教学大纲》……

《HSK 考试大纲 1-4 级》……

泰国高考考试试题……

四、整套教材规划和难度梯度设计

整套教材共 6 册，1-4 册打下汉语学习的基础，激发学生汉语学习的兴趣，5-6 册为学生参加 HSK 考试和汉语高考做好准备。

1-6 册与 HSK 考试要求的对应关系……

五、场景设计

场景设置主要在泰国，包括高中学校、高中生的家庭、社区以及一些社会活动等。

六、人物设计

主要人物有6位：

XXX，男，泰国高中生，开朗健谈，家里有五口人，分别是爸爸、妈妈、哥哥、妹妹和他，他们是清迈人……

七、课时安排与体例

全书共12课，每4课一个复习课

1-2课时：第一部分（热身、词语、句子、课文、练习）

3-4课时：第二部分（热身、词语、句子、课文、练习）

5-6课时：语音、汉字、文化

复习课：重点词汇、句型整理、语法讲练、一个综合性任务。

八、课文编写要求

1-2册课文以对话为主，3-4册对话和语段相结合，5-6册以各种语体的语篇为主……

第1册对话：（1）短小精悍，以典型句子为主；（2）课文分为两个小段，每段最多不超过四个话轮；（3）……

九、活动编写要求

每段课文后编写3-4个活动，注意活动的层次，从机械性活动到交际性活动递进……

十、大纲框架

	话题/功能	语言点	课文1	课文2	成段表达	语音	汉字	文化
第1册 第1课								

（三）适配性观念应贯穿教材编写始终

教材要达到较高适配性，还需要将适配观念渗透在具体编写的每个细节之中，只有这样，才能将表层适配性延伸至深层次。

一般来说，通过调研和整体设计实现表层适配性相对比较容易，例如按照课时要求设计教材容量和结构，用当地语言注释，融入本土词汇（包括人名、地名、食品、动物、节日等），介绍当地文化习俗等等。而深层次的适配性需要充分了解和把握前文提到的适配范围中的具体内容，编写者很可能要进行第二轮专门性调研，例如针对话题选择进行调查，针对语言难点进行文献研究，在课文场景设计、课文编写、活动设计时征求当地教师的意见等。以下举两个深层适配性的具体实例：（1）课文编写。在深入了解泰国社会文化环境和学生喜好之后，我们把简单赞美他人（女性）外貌时的常用句“她真漂亮!”修改为“她的皮肤很白，她真漂亮!”，这是在“以白为美”的国家赞美女性的常用表达，这样的对话更符合实际情况，实用性更强。（2）课堂活动设计。通过对泰国教室设施条件的观察，它们的桌椅摆放是有序排列的，不易挪动，为此在教材的活动设计中，围坐或自由走动式的活动适用性不强，不易操作，而以列为单位的传递式的活动更符合当地教学条件，教学效果也最好。

（四）在试用中检验适配性的实际效果

教材试用是教材编写中最容易忽视的环节，但实践证明，优质教材都是经过了试用→反馈→修改的阶段，可见教材试用是教材编写中、后期检验教材适配性的最佳手段。教材编写源自教学实践，又要经过教学实践的检验，脱离教学实践的教材注定是失败的教材。编写者可以为教材试用设计评价工具，例如征求意见表、试用记录表等，如果能到实地进行教材试用的课堂观察，获得的反馈将更有针对性，更便于编写者分析教材的使用情况，为进一步修改教材，增强适用性提供依据。

第三节 国际汉语教材的情感性

国际汉语教材评价标准十分重视教材的情感性特点。本节具体论述情感在教育和第二语言教学中的重要作用，系统阐释情感因素、情感教学、教材情感性的含义，以及教材情感性在国际汉语教材评价标准中的具体体现，最后通过实例展示情感性如何落实在教材编写中。

一、情感的重要地位

中国古代著名的教育家、思想家孔子早在两千多年前就关注到情感在学习中的重要作用，“学而时习之，不亦说乎？”“知之者，不如好之者，好之者，不如乐之者。”这些名言反映了孔子提倡“乐学”的情感教学思想。与此相应，西方教育思想史记载了著名的古希腊哲学家、教育家柏拉图“重视德、智、体和谐发展”的教育观点，为西方“乐学”思想奠定了基础；捷克著名教育家夸美纽斯鲜明、系统地阐述了“乐学”观点，将“愉快教学”作为其大教学论和教学艺术的核心观点之一；以罗杰斯为代表的人本主义教育思想把认知与情感合二为一，强调学习过程中作为独立存在的个体学习者情感需求的重要性。以上观点都说明，重视情感的“乐学”教学思想在古今中外教育史的不同时期都闪烁着光芒。

自克拉申（1982）提出“情感过滤假说”，情感在第二语言学习中的重要性越来越受到重视。他把学习目的、学习动机、自信心、焦虑等统称为“情感因素”，学习目的明确、学习动机高、自信心强、焦虑感适度，“情感过滤”就弱，语言习得顺利产生；反之，“情感过滤”强，语言输入就会被过滤掉，无法进入语言习得机制，语言习得则无法产生，这就是著名的“情感过滤假说”。Arnold and Brown（1999）也提出，语言学习中的情感因素可分为两大类：第一类是学习者的个体因素，包括焦虑、抑制、性格、学习动机等；第二类是学习者与学习者之间以及学习者与教师之间的情感因素，包括移情、课堂交流、跨文化意识等，可以说情感渗透到第二语言学习的各个方面，并对学习效果产生影响。

当前，国际汉语教学已经认识到情感在教学中的重要作用，并逐步扭转以往“重知轻情”的教学理念。《国际汉语教学通用课程大纲》中将情感策略作为提高语言综合运用能力的重要子目标之一；情感因素与汉语作为第二语言习得的相关性研究也日益广泛（钱旭菁，1999；王江，2008；温晓虹，2013）。

教材是构成教学三个基本要素之一，与其他两个要素（即教师和学习者）一样，承载着情感因素，也是教学中丰富而复杂的情感现象的源头之一，是知识和情感的结合体，为实施情感教学提供可能。束定芳、庄智象（1996）曾提出，“情感原则”是教材编写原则之一，外语教材应对学习者动机和态度加以引导，对性格、兴趣、情绪加以培养和控制。在对外汉语教材评价中，赵金铭（1998）最早提出：教材应该“注意学习者的情感因素对学习的影响”。现代教育理念提倡认知与情感的协调发展，因此，本研究将教材情感作为重要论题之一，在标准建构中系统地融入、阐释有关情感态度的评价指标，这也符合第二语言教学发展潮流和教材评价的主旋律。

二、情感性的内涵

情感是因外界刺激而引起的心理反应。在第二语言习得中，情感因素包括基本的性格特征如羞怯，长期却可变的因素如积极或消极的语言态度，以及经常波动的心理状态如热情、焦虑、厌倦、冷漠或兴奋①。情感教学是指教师在教学过程中，在充分考虑认知因素的同时，充分发挥情感因素的积极作用，以完善教学目标，增强教学效果的教学（卢家楣，2000：2）。教材的情感性是指教材中能够引发教师的教学积极性和自信心，刺激学习者积极情感因素，调动学习者内在学习动机，提高学习效果的内容与形式。

在普通教育学中，卢家楣（2000：68）把教材中蕴含的情感因素分为三类：显性情感因素、隐性情感因素和不含情感因素。显性情感因素是指教材内容中通过语言、图片和照片等，使人能直接感受到的情感因素；隐性情感因素是指不带明显的情感色彩，但在反映客观事实的过程中，仍会不知不觉地使人感受到其中隐含的情感；不含情感因素是相对而言的，有时也存在着引发情感的触点，需要通过教师教学的努力，产生某种情感因素的作用。

本文认为，第二语言教材中包含的情感因素大体可分为形式情感因素和内容情感因素两大类。形式情感因素主要表现在教材设计上，包括装帧设计、版式设计、插图绘制、字号字体、拼音标注等，教材外在形式清晰、美观、吸引人，能够刺激使用者产生愉悦的感受，是评价教材外在形式的基本观点，这些因素大部分属于显性情感因素，比较容易直接传达给使用者。教材的内容情感因素表现在多层面的内容设计上：教学目标设定、对话课文编创、词汇句型选排、练习活动设计、学习效果评估等，科学设计带来的易学性和巧妙编排引发的趣味性都会给使用者带来积极的感情投入，这些因素中一部分是显性的，另一部分是隐性的，需要通过教师教学的转化，学习者在学习过程中才能体察出来。

以上也说明，注重教材的情感性应从两方面着手：教材编写和教材使用，两者缺一不可。有些编者认为情感属于教学范畴，

① 引自《朗文语言教学与应用语言学词典》，北京：外语教学与研究出版社，2005年，第21页。

激发情感是教师的主要职责，与教材编写无关，还有些教师抱怨教材编写没有考虑情感因素的融入，限制了情感教学的开展，这两种情况都存在，也说明在教材编写和使用两方面都要重视情感因素的融入和情感作用的发挥。

三、情感性在标准中的体现

在整个标准体系中，关于情感态度的评价指标，属于“软”指标类型，难以量化，主观性强。但我们经常遇到这样的教材，它的科学性、系统性、知识性都很出色，就是引不起学习者的兴趣，这类教材就像人处于亚健康状态，仪器测量出的“硬”指标都正常，人却感觉不舒服，由此可见，看不见的“软”指标也同样重要。同时也应该认识到，教材评价具有导向性作用，它将引导教材建设的方向，从这个角度出发，教材情感性评价的意义不容置疑。

教材的情感性评价贯穿标准之中，既有隐性指标，也有显性指标，主要反映在以下四方面：教材的易学性、教材的趣味性、教材的情感效果和外在形式（见图 7-3）。

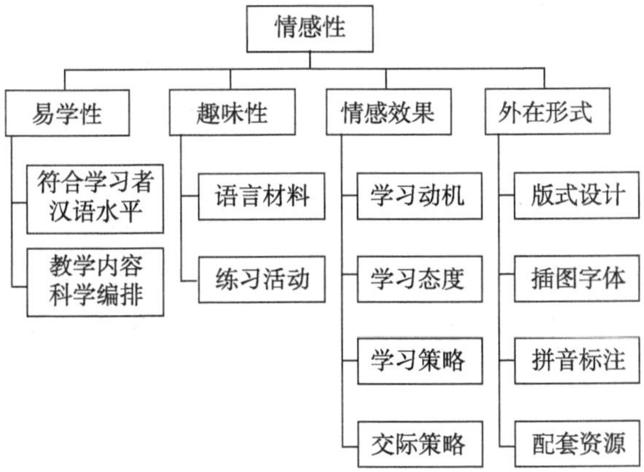

图 7-3　国际汉语教材情感性框架

（一）教材的易学性

在标准中，教材易学性指标是隐性指标，渗透在各个维度之中。易学性的含义非常广泛，涉及教材内容的方方面面。易学并不代表简单、容易。研究证明，语言材料过难或者过易，都不利于语言习得，由此克拉申（1985）提出了“可理解语言输入”的理论，为如何定义易学性奠定了基础。易学，首先要求教材符合学习者的自然特点和语言水平，为他们提供需要的、可理解的、具有一定挑战性的语言输入，这是实现教材易学性，降低情感过滤的基点。其次，教学内容的科学编排是达到易学性的有效途径。在强调可理解输入的同时，更加注重贴近学习者实际生活且积极向上的输入主题和内容，注重螺旋上升、循序渐进的输入方式，可以使语言输入更加高效，利于语言输入顺利地吸收、内化、最终成功转化为语言输出，增强学习者的成功感和自信心。

（二）教材的趣味性

趣味性，也可称为“乐学性”，是激发学习者积极情感态度的重要方面，也被公认为教材编写的基本原则之一。趣味性对激发积极情感态度的作用主要表现在，它能够调动学习者的融入性学习动机和内在学习动机，使学习者喜欢并欣赏所学的语言和文化，使学习者产生并保持语言学习的好奇心和兴趣。标准中，关于趣味性的指标有两条：①教材语言生动、有趣；②活动具有趣味性。分别是“语言材料”和“活动”维度中的指标，前者关注语言输入环节中语言材料的趣味性，后者强调语言输出活动的趣味性，两者相得益彰，前后呼应。

以往的研究（李泉，2005；刘颂浩，2008）多强调语言材料（多指课文）的趣味性，特别集中在语体风格和语言内容两方面，很少涉及练习活动的趣味性。一方面语言输入的趣味性确实非常重要，生动、有趣、有故事、有悬念、有反差的课文令人难忘、回味无穷，会产生积极的情感作用；另一方面也要看到语言输出方式的趣味性会使语言学习效果更加突出。练习活动是语言输出的重要环节，龚亚夫、罗少茜（2006：10）指出，当学习者注意语言所表达的意义时，他们会暂时“忘记”自己是在使用一种新的语言，此时的情感过滤就会降到最低点。因此利用丰富、有趣的活动，创造表达意义的机会，让学习者在合作互动中使用语言进行交流，利于调动学习者积极情感因素。同时为了增强活动的趣味性，在活动设计中还要注意活动的多样性、挑战性、游戏化、奖励机制等细节。

（三）教材的情感效果

为进一步加强标准对教材情感性的重视，标准专设一个维度“情感与策略”，评价教材的情感效果，其中特别强调了学习动机、学习态度、学习策略和交际策略 4 个方面。①提高并保持学习者学习动机无疑是最重要的方面。教材对动机的积极作用是多角度、综合性的，其实现途径也是多方面的、灵活的，例如前文论述的教材趣味性对学习者内在动机的作用，以及教材实用性对外在动机的作用等。此处的学习动机没有具体侧重工具性动机或融入性动机、内在动机或外在动机、长期动机或短期动机，而是强调了其综合效果。②学习态度是一种心理倾向，是学习者为了达到目标而表现出来的持续性。学习态度或是积极、正面、肯定的，或是消极、负面、否定的。对学习持积极态度的学习者有较强的求知欲望，主动参与各种学习活动，自觉学习，从而学习效率较高。持消极态度的学习者反之。教师、教材、教学方法、学习伙伴等均对学习者的学习态度有所影响，因此标准提倡教材应有利于发展学习者积极的学习态度。③学习策略是学习者在语言学习中运用的某些特殊方法或手段，是学习者获取、储存、提取和处理信息的方法和步骤（蒋祖康，1999：148）。教材应该提供主要的学习策略，如总结归纳、演绎预测等，并注重培养学习者使用学习策略，适当地使用学习策略可以降低情感过滤，提高学习效果。④交际策略是针对交际中的问题，有意识地选择和采取的某种方法。标准中提倡教材提供积极的交际策略，如解释、更正、重复、澄清、请求帮助等，而并不提倡缩减、回避、身体语言等消极的交际策略。

（四）教材的外在形式

教材形式是指教材的封面设计、体例设计、版式设计、字体字号、插图照片、配套资源、开本纸张、印刷装订等。教材形式能否激发并保持使用者积极情感的关键在于以上方面综合构成的吸引力和冲击力。形式是为内容服务的，内容是第一性的，形式是第二性的，强调形式的美观、清晰、吸引人，可以为内容的可读性、易学性、乐学性增光增彩，锦上添花，对关照学习者情感态度发挥辅助作用。

四、情感性在教材中的实例

（一）设计学习者熟悉的场景和人物

实例 1：我的体育老师很棒。他游泳游得很好，打篮球也打得很好。他喜欢玩藤球，他玩藤球的时候很帅。听说他踢足球也踢得很好，但是他说他踢得不太好。

——引自《泰国体验汉语初中教材（第 2 册）》课文

实例 1 中设计了“谈论体育老师”的话题，体育老师是中学生学习生活中最熟悉、经常议论的人物之一，课文内容涉及了藤球等几项运动，都是泰国中学习者最熟悉、最喜欢的运动。这样的课文内容真实、自然、亲切、实用，容易在学习者的心里产生共鸣。作为语言材料，它有助于学习者接受、记忆、转化和使用所学的语言，发展其语言能力。

（二）教学内容搭接的设计

实例 2：考虑到学习者学习经历复杂，而且学习者使用教材时并不是顺接的多样性特点，以及学习者虽然学习时间较短但希望有较大提高的需求，（本套教材）每册都采取适当降低起点，适当延伸内容难度的做法。在确定生词和学习内容时，各册之间采取搭接的方式，循环递进地进行教学。

——引自《体验汉语口语教程》前言

《体验汉语口语教程》是为来华留学生编写的口语教材，来华留学生的语言水平参差不齐，给教材编写中起点设计、难度梯度设计带来了困难。实例2以学习者的学习特点和需求调查为依据，改变了整套教材册与册之间知识结构顺接的设计方式，适当降低每册教学内容的难度起点，激活旧知识，引入新知识，使各册之间的教学内容形成搭接的方式，使每册的学习者都能顺利地跨越难度台阶，过渡到较高学习水平，令学习者降低挫败感，感受到学习的成功和愉悦。

（三）生动、有趣的语言材料

实例3：我很喜欢吃中国菜。因为我的口味比较清淡，所以吃饭的时候经常会提要求。有一次，我去饭店吃饭，要了一份麻婆豆腐。我对服务员说："少放盐，别放辣椒，也别放葱、姜、蒜和肉。"服务员笑了，说："那就只有豆腐，没有'麻婆'了。"

——引自《汉语顶呱呱（第5册）》课文

实例3是为日本在华5年级小学生编创的短文，场景是在中国饭馆里点菜和提要求。短文巧妙地融入了中日饮食方面的差异（日餐较清淡，有些中餐味道较浓重），并以此为背景编写了一段生动、有趣的小短文。该文不仅使用了在中国餐馆点菜和提出要求的常用语言，也成功地设计了真实的场景，鲜活的人物，幽默的语言，构成一个完整、活泼的小故事。

（四）语言材料传达的积极意义

实例 4：

课文 1：

川田：小林，你怎么了？不舒服吗？

小林：我肚子疼。

川田、山口：我们送你去医院吧。

小林：好的，谢谢你们。

川田、山口：不客气，我们都是好朋友啊。

课文 2：

2012 年 1 月 12 日 星期四 晴

今天上午，我身体不舒服，肚子疼。后来，川田和山口送我去了医院。他们真是太好了！我非常感谢他们。

引自《汉语顶呱呱（第 4 册）》课文

实例 4 是为日本在华 4 年级小学习者编创的课文，话题是生病，课文 1 是对话体，课文 2 是日记体。这两个小语篇一脉相承，除在教授生病的常用汉语表达以外，还传达了互相帮助、团结友爱、心怀感恩的积极意义，非常适合小学生学习。

（五）丰富多样的课堂活动

实例 5：

语音活动

——引自《泰国体验汉语高中教材（第 1 册）》

词汇活动

——引自《泰国体验汉语小学教材（第 1 册）》

实例 5 展示了两个常用活动：听辨四声（语音活动）和做动作猜词语（词汇活动）。可以说，活动是活跃课堂气氛，让学习者最大限度地接触语言，在使用语言中学会语言的最佳方式。宽松、自由、积极的学习氛围可以降低个体学习者的学习压力，鼓励学习者参与学习过程，促进学习者之间的共同协作，增强学习者的学习自信心和积极性。

（六）尊重个体差异

实例 6：

双人活动：想一想你的房间里有什么，填在下面表格中。然后和同伴比较一下，看看你们俩房间里的东西一样不一样。

参考句型：你的房间里有……吗？

给学习者的小提示：如果你不能写汉字，可以用拼音代替。

引自《汉语交际口语 1》

学习者的个体差异是客观存在的。教材设计应以尊重个体差异为前提，设计自主式的输入方式，满足学习者的不同需求。实例 6 是一个双人活动，活动指示语明确了活动步骤、要求等，除此以外，还给学习者提供了参考句型和提示。此类设计的预设是学习者的学习水平不一，完成语言任务所需要的帮助不同。具有此类功能的设计还有配图、表格、补充词库、给教师的提示等，它们一方面可供学习者灵活选用，自主建构意义；另一方面这些内容也起到了“脚手架”的扶助作用，启发、帮助、提示学习者，顺利完成语言任务。

（七）提供实用策略

实例 7：

（写前准备环节）1. 不要怕写在书上。不知道的词语可以问问别人，也可以查阅书后词汇表。2. 你可以跟同伴商量，不要总是一个人想，一个人写。

（整理思路环节）只写写简单的词、短语或句子就可以了，不必写太多。

（动手写环节）1. 你要尽量多写，不要总是停下来查字典或思考很长时间，能写多少就写多少。不要害怕写错，遇到不会写的汉字可以先写拼音。2. 写完后要把自己写的与同伴交换，互相修改，所以你要写得整齐一些。

（修改讨论环节）看的时候如果发现了问题，一定要告诉你的同伴。

（课后写环节）1. 如果你愿意，你也可以参考上面的准备方式写写你学习汉语的经历。2. 你应该先打草稿，修改后，抄写在作文纸上。要注意，一个汉字占一个格，一个标点符号也占一个格。

引自《体验汉语写作教程中级 1》

实例 7 展示了一个写作课中每个环节为学习者提供的实用策略，这些策略可以帮助学习者开展并完成写作活动。实际上，这些策略都是课堂教学中教师经常给予学习者的提示，而它们用于教材中同样也会发挥扶助作用，使得看似困难的写作任务能够顺利完成。

（八）目标设定和自我评价

实例 8：

学习目标：

1. 复习提出请求。

2. 学习询问和说明基本方位。

3. 学习问路并能听懂所指方向。

4. 会给问路者指明方向。

总结与评价：

1. 在这一课你学会了什么？请你试着写出你记住的词语。

2. 问路的常用语句你学会了吗？先复习一下，然后从下面几个地方选择一个你没去过的，出去问问应该怎么走？　邮局　银行　医院　书店

3. 完成任务的自我表现评价。

你对自己的表现满意吗？　A　B　C　D

你经常积极表达观点吗？　A　B　C　D

你经常积极提问吗？　A　B　C　D

引自《体验汉语口语教程（第1册）》

如实例8所示，该教材每课开始列出了该课需要达到的学习目标，每课结尾又给出了学习总结和评价的项目。目标可以使学习者心中有“数”，有的放矢，引发他们的好奇心，更有针对性、更有兴趣地投入到学习中。学习结束，学习者可以通过总结与评价，归纳、整理本课所学内容，让学习者为自己的表现做出评价，这也是自主学习和自我管理、自我监控的方式。

（九）形式设计的冲击力

实例9：

引自《YCT 标准教程（第 1 册）》

很多研究性论文往往忽视教材形式对教材使用感受的作用，然而在现实情况中，教材形式是教材选择和使用的重要因素之一。实例 9 展示了纸质教材形式设计给使用者带来的感官冲击力，它用图画展示故事场景，恰当的字号、字体和拼音辅助学生学习，版面设计舒朗，适当留白，使学生不会产生压迫感，也可供学生在教材上进行标注。教材形式美能够吸引学生的注意力，引起他们的好奇心和兴趣，辅助语言内容的学习，这一点在儿童汉语教材中尤为重要。

第四节　国际汉语教材的活动性

一、课堂活动与教材活动

在第二语言教学中，课堂活动是指为了实现语言教学目标而设计、组织的各种语言实践活动。与活动相似的概念还有：练习、任务、项目、游戏。练习是一种常见的语言操练形式，它多以语言形式为侧重点，例如填空、搭配、替换、完成句子等练习形式。随着任务型教学法的盛行，任务受到广泛关注和讨论，虽然至今仍没有一个权威、统一的定义，但其核心观点是“使用语言做事情”，例如根据你制作的作息表，讲述你一天的生活；根据听到的内容，画出房间的摆设等。项目是由一系列任务组合而成的，是步骤较多、耗时较长、比较复杂的任务组合。例如：设计一个以……为主题的海报；完成一个 10 分钟的戏剧演出等。游戏遵循“玩中学”的理念，是较为灵活、有趣的语言活动方式，例如击鼓传花、做动作猜词语等。从以上几个概念中我们可以发现，虽然它们各有侧重，各具特点，但都是为语言实践服务的，都可以归属到“活动”的范畴。因此活动是一个较为广义的概念，它可以涵盖练习、任务、项目、游戏等各类语言实践形式。第二语言教材中的活动，是为教师和学生开展课堂内外的各种语言实践提供的蓝本、步骤和建议等。它的形式非常多样，可以是练习、任务、项目或者游戏，它为教师教学和学生学习提供基础脚本，教师会依据实际教学情况和学生特点，灵活选择和使用教材活动。好的教材活动具有目标明确、语言使用充分、形式多样、易于操作、趣味性强等特点。

二、教材活动的功能转变

以往研究大多集中在教材练习（田艳、陈磊，2014；周健、唐玲，2004）和课堂活动（姜丽萍，2013；王巍，2012；丁安琪，2006）上，关于教材活动的研究有张丽、周小兵（2012）针对英、汉儿童二语教材中人际智能活动的对比分析和吴思娜（2013）针对外国留学生听力课堂活动与教材需求分析，显然教材活动的研究还比较单薄，没有引起足够的重视。

随着二语教学发展，第二语言教材活动的功能实际上发生了三种转变。第一，从教材组成部分向教材主体转变。以往活动主要体现在语言应用环节，经常以一个板块名称的方式出现，是教材的重要组成部分。随着语言教学中活动观念的加强，教材设计进一步贴近语言教学流程，活动逐渐渗透到导入、语言要素教学、课文教学等各个环节，成为教材的一条主线，将整个语言教学活动连接起来，发挥着主体作用。第二，从课堂内活动设计向课堂内外语言实践延伸。教材活动不再拘泥于课堂内，而是可以延伸至课堂以外家庭或社区的语言实践，例如儿童汉语教材中的亲子活动、中学汉语教材中的社会实践活动等。第三，从单一语言学习功能向启发多元智能转变。活动除了促进语言使用的功能以外，越来越多地融入多种主题、多种学科内容，越来越多地涉及学习者语言以外逻辑、空间、音乐、运动、人际交往等多元智能的启发和运用。例如歌曲对语言教学的辅助作用，通过肢体动作帮助学习者理解和记忆语言（TPR 全身反应法），小组活动中的合作精神培养等。

由此可见，随着活动在教材中的功能不断拓展，教材活动逐渐突破了固有板块，突破了课堂这一单一教学场所，突破了语言教学的单一目标，演变为一个内涵更为丰富，外延更加宽泛，功能更为多元，价值更为显著的概念。通过这种转变，活动在教材中的地位也更加凸显，给语言教材赋予了一种特殊性质，即活动性。

三、以活动为主线的教材编写原则

以多样活动为主线的教材编写理念符合现代第二语言教育的主流思想。第二语言教育的核心是“交际”，让学习者学会“使用语言进行交际”，让学习者参与到多种类型的语言活动中，是达到“交际”目标的最佳途径。

以多样活动为主线的教材编写理念符合第二语言学习理论的发展趋势。在语言活动参与中，学习者积极的情感态度得以激发，这样的情感状态更有利于语言学习，实现认知与情感的同步发展。

以多样活动为主线的教材编写理念符合最新第二语言教材的设计潮流。传统第二语言教材以呈现语言材料为主要内容，学习者主要以记忆、复述、背诵等机械方式学习语言。只有采用活动主线的方法，才能最大限度地实现教材为交际刺激物的功能，服务于语言交际课堂。

四、教材活动的类型

教材活动的概念在延伸，活动的功能不断拓展，活动的类型也越来越丰富，根据不同分类方式活动可分为以下类型：

1. 按交际程度①分类：可以分为机械性活动、过渡性活动、交际性活动。以语言形式操练为主的活动是机械性活动，即传统的

---

① 关于教材练习的交际程度问题，可参考李祎萌，《<新实用汉语课本>与<中文听说读写>初级部分交际性练习对比研究》，中央民族大学硕士论文，2012 年。

练习；以表达意义为主的活动是交际性活动。介于前两者之间的活动可称为过渡性活动。过渡性活动还可以再细分为三种类型：侧重语言形式的、侧重表达意义的、半语言形式半表达意义的过渡性活动。

2. 按组织形式分类：可以分为师生活动、生生活动、个人活动、双人活动、小组活动、全体活动。

3. 按教学环节分类：可以分为热身活动、词汇活动、句型活动、课文活动、拓展活动、复习活动。

4. 按语言要素分类：可以分为语音活动、词汇活动、句式活动、语法活动、汉字活动。

5. 按语言技能分类：可以分为听的活动、说的活动、读的活动、写的活动。

6. 按活动开展场所分类：可以分为课堂活动、家庭活动、社会实践活动。

除此以外，还可以分为语言活动和文化活动、功能活动和话题活动、信息差活动和解决问题活动、封闭性活动和开放性活动等等。

五、活动性在标准中的体现

标准将活动作为一级指标独立进行评价，以突出“活动为主线”的现代语言教材编写理念。传统汉语教材中，以课文为主要呈现方式的语言范本是教材中的“主体”，练习是“附属品”，教学内容以知识为主，练习方式以分析、操练为主。当我们渐渐认识到，汉语教学的目的是让学习者学会使用汉语，汉语教材的功能转变为“交际的刺激物”，活动在教材中的位置显得越发重要。标准并没有摒弃传统练习的作用，而是给予它适当的角色，它是通往交际的基础。标准中“活动”概念的外延很广，既包括传统的练习，也包括任务、项目、游戏等。标准要对活动进行全面且有层次的评价，并在实证研究中加以验证，得以确立。活动既是整个标准体系的一个重要组成部分，有可以独立作为一个体系，专门评价教材的活动设计。

表 7-3　活动评价指标与活动设计原则

序号	教材活动的具体评价指标	教材活动的设计原则
1	活动量适度，覆盖主要教学内容。	适量性原则
2	教材提供了综合运用语言技能的活动。	技能综合性原则
3	教材提供了控制性活动、过渡性活动和交际性活动。	交际递进性原则
4	教材提供了个人、结对、小组等多种活动形式。	多样性原则
5	活动提供了尽可能多的机会，使学习者使用汉语进行交流。	做中学原则
6	活动具有趣味性。	趣味性原则
7	活动利于激活学习者原有知识和经验。	扶助性原则
8	活动与活动之间层次清晰、具有内在联系。	关联性原则
9	活动指令清晰、简洁且易于理解。	易操作原则

六、活动设计时应考虑的因素

以上 9 项评价指标可以归纳为 9 条教材活动设计原则，即适量性原则、技能综合性原则、交际递进性原则、多样性原则、做中学原则、趣味性原则、扶助性原则、关联性原则和易操作原则，这些原则在前文（第 4 章第 3 节）中有详细的阐释，总之它们既是评价活动的标准，也是活动设计的指南。除了原则以外，在活动设计时还需要慎重考虑以下因素：

（一）目标与结果

好的教材活动要有明确恰当的目标，目标要尽量具体，过于笼统、抽象的目标没有实际指导意义。同时，活动目标应围绕课程点目标展开，为课程目标服务。好的教材活动要有可以具体呈现的结果，这个结果应该是具象的，可以是语言的结果，例如填写好的表格、设计好的海报、写出的文字、读出的音节或语段、唱出的歌曲等等；也可以是非语言的结果，例如画出的图画、制作的手工、游戏获胜的一方等等。结果之所以重要，是因为它可以直观地呈现教学效果，是教师检验教学质量、评价学生学习效果的依据。例如：

活动	目标	结果
你和同伴分别是两个商店的老板，先给自己的商品定价，然后互相询问对方定的价格。(后附商品表格)	(1) 能用汉语说出商品的名称； (2) 能使用人民币的表达法说出商品的价格； (3) 能用汉语询问和回答商品的价格。	(1) 为自己商店里的商品制定的价格表； (2) 根据听到内容，为同伴商店的商品填写的一张价格表。

(二) 材料

活动一般会采用不同形式的语言材料，选取和编排语料时应注意以下几个问题：

1. 材料尽量真实，类型尽量多样。真实的语言材料更接近真实世界里的语言，更贴近学习者的需求。学习者接触到的语言材料，在真实生活中同样可以听到或用到，才是真正有效的学习素材。语料的类型非常丰富，图片、表格、广告、QQ 聊天、地图、便条、天气预报、菜单等都是源于生活、贴近生活、真实自然的语言材料。

2. 材料的信息量和难度适当。根据克拉申“i+1”可理解输入理论，太难或者太容易的语言输入都不利于学习者习得语言。因此材料信息量和难度应该适度，具有一定挑战性，但又不是难以完成。为此，在初级教材中对真实的语言材料进行一定的改编和调整，是有必要的，但是改编后的语言还要尽可能真实自然，贴近日常学习、生活或工作。

3. 材料制造信息差。信息差有利于创造真实的语言交际动机（叶军，2010）。例如以下“看图比较”活动，材料为两幅图，A和B，它们传达的内容略有区别。它们分别安排在教材正反两页上，学生A和学生B分别描述图A和图B，利用信息差，增加语义协商和语言交际量，从而使学习者达到语言使用的目的。

看图比较：

两人分别看着图A（见128页）和图B（见129页），向同伴描述自己的图片内容，听的人应该说出和自己的图片不一样的地方。

（第128页图A）

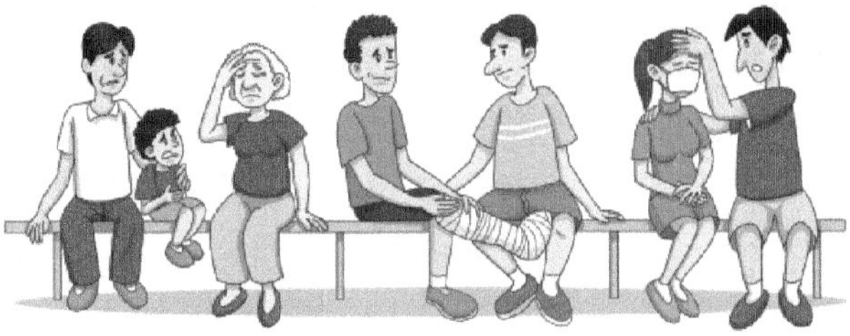

（第129页图B）

引自《体验汉语留学篇》

（三）活动链

以活动为主线的教材设计，实际上就是要将每一课/单元的内容编排成活动链，活动型教材是由几个活动组合而成的，形成一个活动链。活动链上的每一个活动相互关联，前后呼应，前一个活动是后一个活动的准备，后一个活动是前一个活动的延展。活动链的设计要遵循以下原则：

1. 由简单到复杂：遵循由简到繁、循序渐进、螺旋上升的一般规律，例如从课文理解性活动、到双人交际性活动、再到全班竞技性活动。

2. 由单项到综合：遵循由单项技能或要素训练到综合技能训练的原则，例如先进行听辨活动，然后进行听说活动，再进行听说读写的综合活动。

3. 由主干到补充：先导入主要活动，再拓展补充活动，例如先进行与本课交际话题和功能相关的活动，再进行扩展活动、文化活动、手工制作活动等。

4. 动静相结合：动的活动与静的活动交叉互补，或者在一个活动中有静的部分和动的部分，两者合理分配教学时间。以动的活动活跃课堂气氛固然重要，但也要给予学习者静的空间，让他们体会、内化所学的语言。静的活动有默读、书写、涂色、连线、制作活动等，动的活动有问答、对话、表演、唱歌、游戏类活动等。

5. 出入相结合：语言输入活动与语言输出活动相互配合，保障充分、可理解的语言输入，同时注重及时、有效输出。输入活动主要以听、读、认为主，输出活动主要以说、写、做为主。例如：以下两个活动在输入和输出设计上有所差别，左边的活动主要练习听辨技能，右边的活动结合听和说两种技能，使语音练习更为充分。

听音拍手：听老师朗读词语，如果老师读的词语中包含“j”，学生要迅速拍手；如果不包含“j”则要保持安静。	听音拍手：听老师朗读词语，如果老师读的词语中包含“j”，学生要迅速拍手，**并说出这个音节或词语**；如果不包含“j”则要保持安静。**最后一起朗读所有词语。**

（四）步骤

好的教材活动要有清晰的操作步骤，让使用者知道如何按步骤完成活动任务。设计活动步骤时要注意：1. 步骤不要过于复杂。一个有效、好用的活动一般不会有太多，太复杂的步骤，如果一个活动需要超过七八个步骤才能完成，这个活动的可操作性和吸引力会大大降低。2. 步骤尽可能用简单的语言和直观的方式呈现。说明活动步骤的语言要简洁、清楚，避免啰唆、含混。图片可以直观地呈现活动步骤。例如下面两幅图，左图是词语 N-1 活动，教师带读词语，教师读 N 遍，学生读 N-1 遍；右图是练习“X 在 Y 的左/右边”的句式活动。通过图片使用者可以直接了解活动规则。特别是在儿童教材中，儿童尚未达到阅读教学指示语的水平，只能通过教师讲解和图片示范了解活动步骤。

词语活动

句式活动

第八章　结论与展望

第一节　国际汉语教材评价研究的理论思考

一、国际汉语教材评价的理论基石：正确认识国际汉语教材

正确认识评价对象是评价研究的基础。需求是国际汉语教材发展的根本驱动力，进入国际汉语教学时代以来，需求的转变导致教材建设的重心发生了转移：由国内来华留学生使用的对外汉语教材建设向海外汉语教材建设转型，当前形成双足鼎立的局面，共同支撑起汉语教材的完整体系。然而通过文献研究发现，目前以“国际汉语教材”为论题的专著、论文并不多见，教材本体的理论研究多以对外汉语教学为基点，可见，重新界定和认识国际汉语教材是本研究的首要任务。

根据需要，本研究勾勒出国际汉语教材研究的基本框架，提出了教材史研究、教材本体研究、教材需求研究、教材编写研究、教材使用研究、教材评价研究、教材分析研究、教材推广研究8大类别，界定了国际汉语教材的范畴、概念和性质，提出了二元分类方式，论述了教材对教学活动、教学活动参与者的直接功能，以及对学科建设和汉语国际传播的间接功能。

本研究提出了对外汉语教材和国际汉语教材的分期概念。以往关于对外汉语教材历史发展分期研究中，一般将20世纪末至21世纪初总结为对外汉语教材的“发展期”“繁荣期”或“成熟期”。不同于以往研究，本研究认为，世纪之交正是对外汉语教材向国际汉语教材转型的关键时期，此时策划出版了一系列针对海

外汉语教学需求的汉语教材，象征着国际汉语教材萌芽的出现。2005 年首届世界汉语大会在京召开，2006 年“六大转变”开始实施，标志着对外汉语教学向国际汉语教学加速转型，国际汉语教材也由此进入了高速发展的时期。清楚地界定分期有助于本研究总结、提炼两个不同时期教材的各自特征，以及由此带来的教材观念的差异。

二、国际汉语教材评价的顶层设计：“四位一体”的新型教材观

教材评价需要在教材观念上进行顶层设计，以此作为建构评价体系和实施评价的宏观指导思想。也就是说，教材观直接影响教材评价的科学性和先进性。通过梳理和分析对外汉语教材的特征，我们发现，传统的对外汉语教材观注重教材通用性，知识性和操练性，文化内容具有中国式、单向性的特点。而在这种教材观指导下的教材编写实践以及成果在国际汉语教学转型期遭遇了种种尴尬。

树立新型国际汉语教材观刻不容缓，国际汉语教学时代赋予汉语教材新的任务和使命。同时教材观的顶层设计不是“空中楼阁”，而是建立在深厚的社会学、教育学、第二语言教学理论基础和丰富、具体的教材编写实践基础之上的。本研究针对当今教材建设中的实际问题和发展需要，提出了新型国际汉语教材观。这种新观念可以概括为：适配优先、体验为本、多元文化、资源集成。具体分解为：适应性教材观、体验式教材观、多元文化教材观和资源型教材观，从而构成“外在环境、内涵发展、文化互动、资源整合”四位一体的教材观念体系。这个体系将外在环境和主体情感、教学内容和资源形式进行了整体诠释，展现了国际汉语教材基本特征和发展趋势。适应性教材观强调教材与教育、教学环境的适应力，是当前热议的本土教材、国别教材的上位概念，

即无论是国内对外汉语教材还是海外本土教材，都应本着“教材—环境”适配的观点编写、使用、评价教材。从教材编写和评价理念来看，教材的体验性是实用性的升华，因为体验在强调“使用语言”之外，融入了对教学主体内在心理感受的关注，因此体验式教材观是对“以学习者为中心”教学原则的最佳诠释，也是新型教材观体系中内涵最丰富的组成部分。多元文化教材观体现了全球文化的视野和观念，在全球化的浪潮中，新型教材提倡以文化需求为导向，强调多元文化平等、鼓励文化互动交流、促进古今文化连接、增强文化通感。资源型教材观反映了现代教育技术给教材建设带来的机遇与挑战，它反映出“教材 教学资源”概念外扩的趋势，它不仅是传统“教辅配套”的升级版，而且要加强纸质教材与数字化资源的一体化研发，为汉语教学提供整体解决方案。

三、国际汉语教材评价的方法保障：综合评价方法论

当前国际汉语教材评价研究的落后局面一方面是因为教材观念的限制，另一方面是单一评价方法的局限。在这种认识基础上，评价方法应该朝着综合性、多层次、全方位的方向发展，保障教材评价的科学性和系统性。这种发展方向可以从具体评价方法和评价方法理论两个层面推进。在具体评价方法层面，多种评价类型、多元评价主体、多样评价方法均可以给予我们启迪和借鉴；在评价方法论层面，经过对研究对象的再认识，为了实现国际汉语教材评价方法由一元向多元，由单一向综合的发展目标，本研究提出，理论研究和实证研究相结合的趋向统一方法论、静态文本研究和动态使用效果研究相互补的动静结合方法论、不同评价主体和评价目的相配合的多元视角方法论。

国际汉语教材是一个复杂的研究对象，它同时具有客观稳定性和发展变化性、产品物态性和教学动态性，这就要求评价研究

方法要从多个角度综合地进行和深入。综合运用并不等于简单的方法叠加，而是要根据不同的评价目的，不同的研究内容，合理地整合不同的方法，使其充分发挥各自优势，共同构成评价研究方法体系的有机整体。

四、国际汉语教材评价的实证研究：教材评价标准体系的建立

在理论研究和实证研究的基础上，本研究构建了国际汉语教材评价标准体系。标准由三份评价表组成，它们分别是："国际汉语教材编写评价表""国际汉语教材教师选用评价表""国际汉语教材学习者选用评价表"。这个标准体系为评价者提供了一个比较全面、系统的评价参考框架。该体系区分了两种评价类型、三种评价视角。根据评价功能、用途和服务对象不同，提出教材编写评价和教材使用评价两种类型；根据评价主体身份不同，区分了研究者视角、教师视角和学习者视角。

在新型国际汉语教材观指导下建构的评价标准体系，在实证研究中得到了验证和支持。"适配优先、体验为本、多元文化、资源整合"的新型教材观念从理论演绎和实证研究两个方面趋向统一并得以确立。三份评价表中，"教材适配性、情感与策略、活动、文化、资源配套"作为重要的评价维度，不同程度、不同侧重地体现了新型教材观，并将通过教材评价引导教材建设的方向，这是一次教材评价理论与方法上的探索和尝试。

国际汉语教材评价标准体系特别强调了教材适配性、情感性和活动性特点，这三个特点既是新型国际汉语教材评价的重要维度，也是教材编写的原则和要求。

第二节　国际汉语教材评价体系模型的设想

一、国际汉语教材评价体系模型

随着研究深入，我们发现，国际汉语教材评价具有广阔的研究空间，而本研究只涉及了冰山一角。虽然如此，但仍在论证过程中逐步形成了一个较完整的体系模型，为后续的研究工作提供一张总体设计图（见图 8-1）。

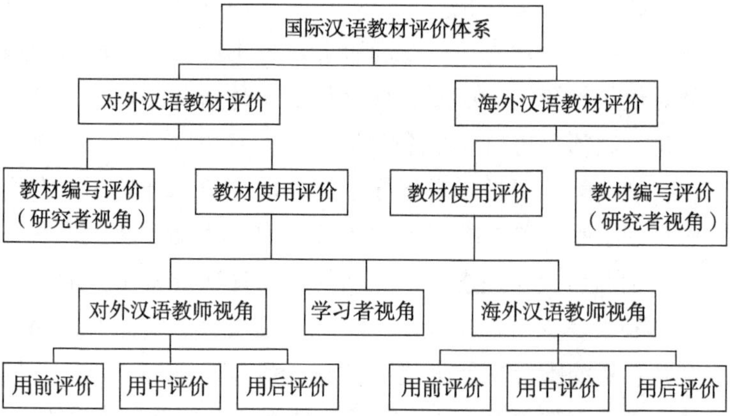

图 8-1　国际汉语教材评价体系模型

国际汉语教材评价体系可以描述为“二维四级”的结构。“二维”是指对外汉语教材评价与海外汉语教材评价两大维度。根据使用环境不同，国际汉语教材可分为中国国内来华留学生使用的对外汉语教材和海外学习者使用的海外汉语教材，也可称为目的语环境和非目的语环境中的汉语教材。两类教材在许多方面存在差异，评价客体（即教材）的不同，导致评价目的、过程和结果亦不同。国际汉语教材评价要始终坚持“二元区分”的观念，在教材评价中首先考虑“环境区分”，根据评价客体所处的环境，选择评价主体和评价方法，在区分大环境的前提下，教材评价还可以继续区分“小环境”，例如区域教材评价、国别汉语教材评价、地区或校本汉语教材评价等等。在“环境区分”之后，继而可以考虑“教材类型区分”，例如汉语阅读教材评价、少儿汉语教材评价、中级汉语教材评价等等。

有些学者建议，海外汉语教材评价可再进行一次二元区分，将汉语作为二语教材的评价和华文教材的评价加以区分。根据海外华文教学和教材的发展现状，当前再次区分是有必要的，因为两种评价客体（即教材）的差异是存在的，华文教材评价也是非常重要的研究领域。然而，我们在调研中发现，由于华裔子女所处的社区、家庭的汉语语言环境逐渐发生变化，越来越不利于他们自然习得汉语，而同时二语教学新模式的不断出现，教学效果突出（如沉浸式汉语教学），二语教学和华文教学的差异在缩小，未来两者趋同合一，还是差异显著，还有待进一步观察和证明，本研究暂未将再次区分体现在评价体系之中。

“四级”中，第一级为前文论述的特定环境中及特定类别的汉语教材评价层级。第二级分别在两个维度上区分了教材编写评价和教材使用评价。本研究已经初步论证了这种区分的必要性和可行性。需要强调的是，教材编写评价与教材使用评价并非泾渭分明，两者的评价标准也难免有重合的地方，如教材语言的真实性；有时表现为看待同一个方面的两个角度，如编写评价强调教学理论的先进性，使用评价注重教学方法的实用性。区分这两种评价的最大好处，就是可以明确评价目标，即评价是为教材评优、教材研究服务的，还是为教材选用服务的。同时我们还提倡，两种评价应该互为借鉴、互为补充，研究者在教材编写评价之外，了解关于教材使用的情况，更有利于形成全面的评价结论，教师了解教材编写评价结果，更有利于教师充实教学理论、促进职业发展。第三级在教材使用者中区分了“教师视角”和“学习者视角”。研究者或教师可以通过学习者对教材的态度判断教材的价值，优化教材使用。虽然这种信息获取是间接的，但由于学习者处于教学过程中的主体地位，学习者“话语权”是必不可少的。第四级针对教师使用教材的评价，体现了教材使用前、中、后的评价过程。在教学过程中对教材使用进行跟踪式的调查，是最具有现实意义，同时又是目前极度匮乏的评价实践和研究。如果在这方面有所突破，将是国际汉语教材评价由结果评价向过程评价的一次质的飞跃。

二、不足之处及未来的研究方向

在整个评价体系模型中，本研究只涉及了一类教材、一种区分、三种视角，即国际汉语综合教材，教材编写评价和使用评价的区分，研究者、教师和学习者三种视角，在教材评价理论与方法上进行了初步论证和有益尝试。但由于研究水平及个人时间、精力的限制，本研究仍有很多不足之处，需要在未来的研究工作中加以补充和完善。

国际汉语教材评价研究是一片广阔天地。随着国际汉语教学在世界范围内广泛开展，教材建设面临着新的机遇和挑战，教材新需求、新理念、新类型层出不穷，教材所处的环境变化多端，这都为未来的国别教材评价、本土教材评价、各类教材评价、数字教材评价提供了研究空间。国际汉语教材的质性评价研究依旧是一片空白，采用课堂观察、教材使用日志等典型的质性研究方法，进行教材使用的过程评价将是未来评价研究的一个重要方向，也为教材评价中质的研究与量的研究相结合、过程评价与结果评价相结合提供可能。

参 考 文 献

一、国内文献

（一）专著类

［1］布鲁纳．布鲁纳教育论著选．人民教育出版社，1989.

［2］陈向明．质的研究方法与社会科学研究．教育科学出版社，2000.

［3］陈玉琨、瞿葆奎．教育评价学．人民教育出版社，1999.

［4］陈月茹．中小学教科书改革研究．教育科学出版社，2009.

［5］程晓堂．英语教材分析与设计（修订版）．外语教学与研究出版社，2011.

［6］丁安琪．汉语作为第二语言学习者实证研究．世界图书出版公司，2011.

［7］丁朝蓬．新课程评价的理念与方法．人民教育出版社，2003.

［8］冯平．评价论．东方出版社，1997.

［9］龚亚夫、罗少茜．任务型语言教学．人民教育出版社，2006.

［10］何安平．外语教学大纲·教材·课堂教学设计与评估．广东教育出版社，2001.

［11］胡春洞．英语教学法．高等教育出版社，1990.

［12］蒋祖康．第二语言习得研究．外语教学与研究出版社，1999.

［13］孔凡哲．教科书质量研究方法的探索．人民教育出版社，2008.

［14］库玛．超越教学法：语言教学的宏观策略．陶健敏译．北京大学出版社，2013.

［15］李德顺．价值论．中国人民大学出版社，1987.

［16］李泉．对外汉语教学理论思考．教育科学出版社，2005.

［17］李泉．对外汉语教材通论．商务印书馆，2012.

［18］李晓琪．汉语第二语言教材编写．北京师范大学出版社，2013.

［19］廖建玲．国际汉语教学设计．高等教育出版社，2013.

[20] 刘珣．对外汉语教育学引论．北京语言大学出版社，2000.

[21] 刘援等．体验式外语教学理论与实践．高等教育出版社，2012.

[22] 吕必松．对外汉语教学概论（讲义）．教育部汉语作为外语能力认定工作委员会办公室，1996.

[23] 卢家楣．情感教学心理学．上海教育出版社，2000.

[24] 罗毅等．英语课程标准研修与教材分析．浙江大学出版社，2012.

[25] 倪明亮．汉语综合课教材论（文册）．北京语言大学出版社，2012.

[26] 邱均平、文庭孝．评价学理论·方法·实践．科学出版社，2010.

[27] 沈庶英．对外汉语教材理论与实践探索．北京语言大学出版社，2012.

[28] 盛炎．语言教学原则．重庆出版社，1989.

[29] 施良方．学习论．人民教育出版社，2001.

[30] 束定芳、庄智象．现代外语教学理论、实践与方法（修订版）．上海外语教育出版社，1996.

[31] 孙智昌．主题相关性：教科书设计的基本原理．教育科学出版社，2011.

[32] 王蔷．英语教学法教程．高等教育出版社，2000.

[33] 温晓虹．汉语作为第二语言的习得与教学．北京大学出版社，2012.

[34] 吴应辉．汉语国际传播研究理论与方法．中央民族大学出版社，2013.

[35] 吴勇毅．对外汉语教学法．商务印书馆，2012.

[36] 夏纪梅．现代外语课程设计理论与实践．上海外语教育出版社，2003.

[37] 肖前、李淮春、杨耕．实践唯物主义研究．中国人民大学出版社，1996.

[38] 杨翼．汉语教学评价．北京语言大学出版社，2008.

[39] 叶澜．教育研究方法论初探．上海教育出版社，1999.

[40] 曾天山．教材论．江西教育出版社，1997.

[41] 赵金铭．对外汉语教学概论．商务印书馆，2004.

[42] 赵金铭．汉语与对外汉语研究文录．外语教学与研究出版社，2005.

（二）期刊类

[1] 白乐桑．汉语教材中文、语领土之争：是合并，还是自主，抑或分离？世界汉语教学，1996（4）.

[2] 毕华林．教材功能的转变与教师的教科书素养．山东师范大学学报（人文社会科学版），2006（1）.

[3] 陈柏华、高凌飚．教材观研究：类型、特点及前瞻．全球教育展望，2010（6）.

[4] 陈绂．五个“C”和AP汉语与文化课教材的编写．语言文字应用，2006（S1）.

[5] 陈绂．如何使海外汉语教材更具国别性——以编写美国AP中文教材为例．云南师范大学学报（对外汉语教学与研究版），2014（2）.

[6] 陈庆江．略评国别化汉语教材《进步》．世界汉语教学学会通讯，2013（2）.

[7] 程相文．对外汉语教材的创新．语言文字应用，2001（4）.

[8] 丁安琪．欧美留学生对课堂活动有效性评价的分析——对外汉语课堂活动系列调查之三．汉语学习，2006（5）.

[9] 丁朝蓬．教材评价的本质、标准及过程．课程·教材·教法，2000（9）.

[10] 丁朝蓬．教科书结构分析与内容质量评价．教育理论与实践，2001（8）.

[11] 董明、桂弘．谈谈好教材的标准．语言文字应用，2005（4）.

[12] 高凌飚．义务教育教材分析评估方案．管理与评价研究，2000（5）.

[13] 高凌飚．关于教材评价体系的建议．全球教育展望，2002（4）.

[14] 高凌飚．基础教育教材评价体系的构建问题．科学教育研究，2007（5）.

[15] 高凌飚．教材评价维度与标准．教育发展研究，2007（12）.

[16] 格桑央京．数字化对外汉语教学的进展与深化——以“长城汉语”多媒体教学模式为例．民族教育研究，2009（2）.

[17] 郭熙．对海外华文教学的多样性及其对策的新思考．语言教学与研

究，2013（3）.

［18］郭晓明．从“圣经”到“材料”——论教师教材观的转变．高等师范教育研究，2001（6）.

［19］郭晓明、蒋红斌．论知识在教材中的存在方式．课程·教材·教法，2004（4）

［20］郭晓明．论教材的生态式设计．教育理论与实践，2004（8）.

［21］韩明．东南亚汉语教材使用现状调查研究．国家教育行政学院学报，2012（3）.

［22］胡波．三部汉语听力教材分析．世界汉语教学，2000（2）.

［23］黄金城．加拿大阿尔伯塔省中小学汉语教材的评审和选用．国际汉语教育，2011（1）.

［24］姜丽萍．“任务—活动”型汉语课堂教学模式的构建．语言教学与研究，2013（6）.

［25］津田量．日本汉语教材综合研究及分析．汉语学习，2010（2）.

［26］康艳红、董明．初级对外汉语教材的词汇重现率研究．语言文字应用，2005（4）.

［27］邝丽湛．教材评价的本质及其价值分析．教育研究，2002（7）.

［28］李泉．近20年对外汉语教材编写和研究的基本情况述评．语言文字应用，2002（3）.

［29］李泉．近二十年对外汉语教材编写和研究的基本情况述评．语言文字与应用，2002（3）.

［30］李泉．论对外汉语教材的针对性．世界汉语教学，2004（2）.

［31］李泉．论对外汉语教材的实用性．语言教学与研究，2007（3）.

［32］李泉．论对外汉语教材的科学性．语言文字应用，2008（4）.

［33］李泉．第二语言教材的积极功能与消极功能．世界汉语教学学会通讯，2011（2）.

［34］李明．试论汉语教材的针对性调整——以孔子学院教学为例．国际汉语教育，2012（2）.

［35］李伟．关于海外本土汉语教材的几点感想．世界汉语教学学会通讯，2011（5）.

［36］李霄翔、鲍敏．大学英语教材中多维信息流建构研究——一个基于

连接主义和体验哲学的视角．中国外语，2009（5）．

［37］梁宇．基于“学习者感受”的体验式国际汉语教材设计．语言教学与研究，2011（4）．

［38］刘弘、包倩益．日本学生对于汉语教材编写形式的偏好研究——以福冈大学为例．国际汉语教育，2012（1）．

［39］刘弘、蒋内利．近十年对外汉语教材研究特点与趋势分析．国际汉语教学研究，2015（1）．

［40］刘颂浩．关于对外汉语教材趣味性的几点认识．语言教学与研究，2008（5）．

［41］刘珣．新一代对外汉语教材的展望——再谈汉语教材的编写原则．世界汉语教学，1994（1）．

［42］陆俭明．对外汉语教学与汉语本体研究的关系．语言文字应用，2005（1）．

［43］陆效用．美国21世纪的“5C”外语教育．外语界，2001（1）．

［44］罗春英．美国汉语教材现状综述．江西科技师范学院学报，2010（5）．

［45］罗春英．美国K-12汉语教材现状及特点分析．外国中小学教育，2010（11）．

［46］罗春英．美国大学汉语教材现状对海外教材开发的启示．现代教育科学，2011（5）．

［47］罗青松．试论定向汉语教材编写的环境文化因素．语言文字应用，2005（4）．

［48］罗青松．美国《21世纪外语学习标准》评析——兼谈《全美中小学中文学习目标》的作用与影响．世界汉语教学，2006（1）．

［49］钱旭菁．外国留学生学习汉语时的焦虑．语言教学与研究，1999（2）．

［50］钱瑗．介绍一份教材评估一览表．外语界，1995（1）．

［51］盛双霞．论对外汉语教材的优化处理．语言文字应用，2006（S2）．

［52］盛译元、匡伟．2005年以来国内汉语教材研究的现状与问题．哈尔滨学院学报，2012（8）．

［53］田艳、陈磊．对汉语教材结构体系中练习设置的分析与思考．语言

教学与研究，2014（3）.

［54］王建勤．对外汉语教材现代化刍议．语言文字应用，2000（2）.

［55］王江．根据对外汉语教学的特点加强情感教学．中国成人教育，2008（6）.

［56］王若江．由法国“字本位”汉语教材引发的思考．世界汉语教学，2000（3）.

［57］王若江．对法国汉语教材的再认识．汉语学习，2004（6）.

［58］王巍．对外汉语教学中的课堂活动设计．教育理论与实践，2012（24）.

［59］王晓梅、杨亚军．基于可读性理论和模糊层次分析法的英语教材评估体系的研究与设计．中国外语，2012（3）.

［60］吴思娜．外国留学生听力课堂活动与教材需求分析．汉语学习，2013（1）.

［61］吴应辉．关于国际汉语教学“本土化”与“普适性”教材的理论探讨．语言文字应用，2013（3）.

［62］夏纪梅．教材、学材、用材、研材——教师专业发展的宝贵资源．外语界，2008（1）.

［63］杨德峰．试论对外汉语教材的规范化．语言教学与研究，1997（3）.

［64］杨德峰．初级汉语教材语法点确定、编排中存在的问题——兼议语法点确定、编排的原则．世界汉语教学，2001（2）.

［65］叶子．汉语国际推广背景下的教材建设与出版．语言文字应用，2006（2）.

［66］俞玮奇．来华留学习者汉语学习动机减退的影响因素研究．语言教学与研究，2013（3）.

［67］张爱萍．基础教育课程教材适切性评价研究．教育理论与实践，2005（13）.

［68］张丽、周小兵．英、汉儿童二语教材中人际智能活动的对比分析．华文教学与研究，2012（1）.

［69］张宁志．汉语教材语料难度的定量分析．世界汉语教学，2000（3）.

[70] 张雪梅．关于两个英语教材评估标准．解放军外国语学院学报，2001（2）.

[71] 张占一．试议交际文化和知识文化．语言教学与研究，1990（3）.

[72] 赵金铭．论对外汉语教材评估．语言教学与研究，1998（3）.

[73] 赵金铭．教学环境与汉语教材．世界汉语教学，2009（2）.

[74] 赵淑华等．北京语言学院现代汉语精读教材主课文句型统计报告．语言教学与研究，1995（2）.

[75] 赵贤州．教学法理论与教材编写的关系．世界汉语教学，1987（3）.

[76] 赵新、李英．中级精读教材的分析与评估．语言文字应用，2006（2）.

[77] 赵勇、郑树棠．几个国外英语教材评估体系的理论分析——兼谈对中国大学英语教材评估的启示．外语教学，2006（3）.

[78] 郑通涛．国别化：对外汉语教材编写的趋势．海外华文教育，2010（1）.

[79] 钟启泉．确立科学教材观：教材创新的根本课题．教育发展研究，2007（12）.

[80] 钟启泉．优化教材——教师专业成长的标尺．课程教材，2008（1）.

[81] 周健．对汉语教材练习设计的考察与思考．语言教学与研究，2004（4）.

[82] 周小兵．"一版多本"与海外教材的本土化研究．世界汉语教学，2013（2）.

[83] 周雪林．浅谈外语教材评估标准．外语界，1996（2）.

[84] 周质平．美国本土汉语教材编写现状与前景．世界汉语教学学会通讯，2013（4）.

[85] 朱波．对美国高中汉语教材的选用．黄石理工学院学报（人文社会科学版），2010（3）.

[86] 朱志平．对新世纪汉语（第二语言）教材的思考——从加拿大中学汉语教材编写所想到的．北京师范大学学报（人文社会科学版），2002（6）.

[87] 朱志平等 . 1998—2008 十年对外汉语教材述评 . 北京师范大学学报(社会科学版)，2008（5）.

（三）学位论文及论文集

[1] 丁安琪、景黎黎 . 对外汉语教材发现式语法编排模式探索 . 第十届国际汉语教学研讨会论文选，2010.

[2] 何睿弘 . 对外汉语教材适切性评价 . 暨南大学硕士学位论文 . 2011.

[3] 胡炳立 . 初级对外汉字教材评估与编写思考 . 上海师范大学硕士学位论文 . 2013.

[4] 姜安 . 对外汉字初级教材评价研究 . 北京语言大学硕士学位论文 . 2007.

[5] 林敏 . 以学习者为评估者的对外汉语教材评估模式研究 . 华东师范大学硕士学位论文 . 2006.

[6] 刘苏乔、沈程 . 中级汉语精读教材课文语料的考查与分析 . 第十届国际汉语教学研讨会论文选，2012.

[7] 芦薇 . 商务汉语教材内容评估及编排探讨 . 华东师范大学硕士学位论文 . 2009.

[8] 彭巍 . 对外汉语教材的趣味性：一份评估表的构拟 . 暨南大学硕士学位论文 . 2012.

[9] 莎茹拉 . 国别教材语音教学针对性评估 ——以《新实用汉语课本(德语版)》为例 . 陕西师范大学硕士学位论文 . 2011.

[10] 孙平华 . 国外英语教材评价标准综述 . 中小学英语活页文选，2002.

[11] 王宏丽 . 海外低龄儿童汉语教学研究初探——以美国、加拿大为例. 第十届国际汉语教学研讨会论文选，2012.

[12] 王培伦 . 《长城汉语》海外教学实例举证 . 第十届国际汉语教学研讨会论文选，2012.

[13] 王宇轩 . 《体验汉语》（泰国中小学系列教材）调查评估研究. 暨南大学硕士学位论文 . 2009.

[14] 肖霞 . 对外汉语阅读教材的评估与开发 . 浙江大学硕士学位论文 . 2011.

[15] 徐弘、冯睿 . 北美汉语教材的使用——教师和学生选择教材的标

准. 第八届国际汉语教学讨论会论文选，2005.

[16] 薛艳君 . 初级阶段对外汉语精读教材评估指标体系研究 . 北京语言大学硕士学位论文 . 2005.

[17] 叶军 . 课堂活动中语言教育内涵的实现途径 . 第十届国际汉语教学研讨会论文选，2012.

[18] 于娜 . 初级对外汉字教材评估 . 陕西师范大学硕士学位论文 . 2011.

[19] 张晞文 . 对外汉语教学语言教材中文化项目评估初探 ——以《拾级汉语・精读课本》（第 7、8 级）为例 . 南京大学硕士学位论文 . 2012.

二、国外文献

[1] ACTFL. *Textbook Evaluation Instrument Based on the ACTFL Standards.* Available at：http：//www. classzone. com/enesp/profdev/pdf/evalchrt. pdf. Accessed 12 November 2008. 2008

[2] Amrani，F. The Process of Evaluation：A Publisher's View. In Tomlinson，B.（ed.），*Materials Development in Language Teaching*（*Second Edition*）. Cambridge University Press，2011.

[3] Arnold，J. and Brown，H. D. A Map of the Terrain. In Arnold，J.（ed.），*Affect in Language Learning.* Cambridge University Press，1999.

[4] Breen，M. P. and Candlin，C. N. Which Materials? A Consumer's and Designer's Guide. In Sheldon，L. E.（ed.）*ELT Textbooks and Materials*：*Problems in Evaluation and Development.* Modern English Publications，1987.

[5] Brown，J. D. *The Elements of Language Curriculum*：*A Systematic Approach to Program Development.* Thomson Learning，1995.

[6] Byrd，P and Celce-Murcia，M. Textbooks ：Evaluation for Selection and Analysis for Implementation. In Celce-Murcia，M.（ed.）*Teaching English as a Second or Foreign Language.* Cengage Learning，2001.

[7] Cunningsworth，A. *Evaluating and Selecting EFL Teaching Materials.* Heinemann International，1984.

[8] Cunningsworth，A. *Choosing Your Coursebook.* Macmillan，1995.

[9] Donovan，P. Piloting—A Publisher's View. In Tomlinson，B.（ed.）*Materials Development in Language Teaching*（*First Edition*）. Cambridge

University Press, 1998.

[10] Ellis, R. *The Study of Second Language Acquisition.* Oxford University Press, 1994.

[11] Ellis, R. The Empirical Evaluation of Language Teaching Materials. *ELT Journal*, 1997. 51 (1).

[12] Ellis, R. The Evaluation of Communicative Tasks. In Tomlinson, B. (ed.) *Materials Development in Language Teaching* (*First Edition*). Cambridge University Press, 1998.

[13] Ellis, R. Second Language Acquisition Research and Language-teaching Materials. In Harwood, N. (ed.) *English Language Teaching Materials: Theory and Practice.* Cambridge University Press, 2010.

[14] Ellis, R. Macro-and micro-evaluations of Task-based Teaching. In-Tomlinson, B. (ed.), *Materials Development in Language Teaching* (*Second Edition*). Cambridge University Press, 2011.

[15] Grant, N. *Making the Most of Your Textbook.* Longman, 1987.

[16] Harmer, J. *How to Teach English.* Pearson Education, 2011.

[17] Harwood, N. (ed.) *English Language Teaching Materials: Theory and Practice.* Cambridge University Press, 2010.

[18] Hutchinson, T. and Waters, A. *English for Specific Purposes.* Cambridge University Press, 1987.

[19] Krashen, S. *The Input Hypothesis: Issues and Implications.* Longman, 1985.

[20] Littlejohn, A. The Analysis of Language Teaching Materials: Inside the Trojan Horse. In Tomlinson, B. (ed.) *Materials Development in Language Teaching* (*First Edition*). Cambridge University Press, 1998.

[21] Litz, D. R. A. Textbook Evaluation and ELT Management: A South Korean Case Study. Asian EFL Journal, 2005.

[22] Long, M. Task, Group and Task-group Interaction. *University of Hawaii Working Papers in EFL.* 1989 (8).

[23] McDonough, J. and Shaw, C. *Materials and Methods in ELT: A Teacher's Guide.* Blackwell, 1993.

[24] McGrath, I. *Materials Evaluation and Design for Language Teaching.* Edinburgh University Press, 2002.

[25] Mukundan, J. Evaluation of English Textbooks: Some Important Issues for Consideration. *Journal of NELTA*, 2007. 12 (1).

[26] Mukundan, J. and Ahour, T. A Review of Textbook Evaluation Checklist Across Four Decades (1970-2007) In Tomlinson, B. and masuhara, . (eds.) *Research for Material Development in Language Learning Eviderice for Best Practice*. Continuum, 2010.

[27] Mukundan, J., Nimehchisalem, V. and Hajimohammadi, R. Developing an English Language Textbook Evaluation Checklist: A Focus Group Study. *International Journal of Humanities and Social Science*, 2011. 1 (12).

[28] Nunan, D. *Task-based Language Teaching.* Cambridge University Press, 2004.

[29] Nunan, D. *Language Teaching Methodology.* Prentice Hall, 1991.

[30] Richards, J. C. *Curriculum Development in Language Teaching.* Cambridge University Press, 2001.

[31] Richards, J. C. and Rodgers, T. S. *Approaches and Methods in Language Teaching.* Cambridge University Press, 1986.

[32] Rubdy, R. Selection of Materials. In Tomlinson, B. (ed.) *Developing Materials for Language* Teaching. Continuum, 2003.

[33] Sheldon, L. E. Evaluation ELT Textbooks and Materials. *ELT Journal*, 1988. 42 (4), 237-246.

[34] Standards for Foreign Language Learning in the 21st Century. Allen Press Inc. 2006.

[35] Stillwell, C. Mutual Benefits of Feedback on Materials Through Collaborative Materials Evaluation. In Tomlinson, B. and Masuhara, H. (eds.) Continuum, 2010. *Research for Materials Development in Language Learning Evidence for Best Practice.*

[36] Swain, M. Communicative Competence: Some Roles of Comprehensible Input and Comprehensible Output in its Development. In Gass, S. and Madden, C. (eds.) *Input in Second Language Acquisition.* Newbury House, 1985.

[37] Tomlinson, B. (ed.) *Materials Development in Language Teaching*

(*First Edition*) . Cambridge University Press, 1998.

[38] Tomlinson, B. Materials Evaluation. In Tomlinson, B. (ed.) *Developing Materials for Language Teaching*. Continuum, 2003.

[39] Tomlinson, B. and Masuhara H. *Developing Language Course Materials*. People Education Press. 2007.

[40] Tomlinson, B. *English Language Learning Materials: A Critical Review*. Continuum, 2008.

[41] Tomlinson, B. Principles of Effective Materials Development. In Harwood, N. (ed.) *English Language Teaching Materials: Theory and Practice*. Cambridge University Press, 2010.

[42] Tomlinson, B. (ed.) *Materials Development in Language Teaching* (*Second Edition*) . Cambridge University Press, 2011.

[43] Ur, P. *A Course in Language Teaching: Practice and Theory*. Cambridge University Press, 1996.

[44] Watkins, P. Evaluating the Effectiveness of Learning to Teach English as an Introduction to ELT. In Tomlinson, B. and Masuhara, H. (eds.) *Research for Materials Development in Language Learning Evidence for Best Practice*. Continuum, 2010.

附录一　国际汉语教材评价·教师调查问卷

本问卷是关于国际汉语教材的 80 项评价指标。这里的“国际汉语教材”是指用于汉语综合课（非技能课或专题课）的教材，不分国别、教育层次、级别和年级。请根据您对教材的认识和看法，按照重要程度，在相应的数字下面打“√”。

义项	完全不重要	不重要	一般	重要	非常重要
分值	0	1	2	3	4

您的基本情况：

1. 姓名（　　）2. 现任教学校（　　　　　　　　）

3. 年龄（　　）4. 教龄（　　）5. 性别（　　）

6. 现任教国家（　　　　）

7. 汉语是您的　① 母语　② 外语

8. 您的专业背景是　① 对外汉语（国际汉语教育）　② 中文　③ 外语　④ 其他（可多选）

9. 您的学生是　① 幼儿　② 小学生　③ 中学生　④ 大学生　⑤ 社会人士（可多选）

10. 您是否编写过国际汉语教材：①是　②否

11. 如果您编写过国际汉语教材，您是：①主编　②参编（可多选）

12. 在您使用过的汉语教材中，您最喜欢哪（几）种教材？（　　　　）

	评价指标	分值				
		0	1	2	3	4
1	教材适合该地区或学校的教育文化特点①。					
2	教材适合该地区或学校的外语教学理念、教学方法以及教学手段。					
3	教材适合该地区对汉语及中国文化的认知程度②。					
4	教材适合该地区或学校的教学设施及条件。					
5	教材符合教学大纲③的宗旨。					
6	教材符合教学目标，并能够清晰地呈现。					
7	教材参考教学大纲确定教学内容且分布合理。					
8	教材容量适合该地区或学校汉语课的课时安排。					
9	教材易于教师使用，节省备课时间。					
10	教材易于适应教师不同的教学风格和个性。					
11	教材利于提升教师的自信心。					
12	教材利于教师对学习效果和教学效果进行评估。					
13	教材利于教师综合地使用多种语言教学方法和技巧。					
14	教材具有灵活性，便于教师灵活处理。					
15	教材适合学习者的年龄、认知水平、心理水平。					
16	教材适合学习者的汉语水平。					
17	教材适合学习者的文化背景。					
18	教材适合学习者的学习需求、学习动机。					
19	教材适合学习者的学习风格。					

① 教育文化特点指某地区或学校的教育文化属于哪一种教育文化类型，比如是属于竞争型还是参与型教育文化。

② 例如针对汉字文化圈和非汉字文化圈设计的不同教材。

③ 这里的教学大纲包括行政部门颁布的政策性课程标准，如《国际汉语教学通用课程大纲》和语言教学大纲，如功能意念语言教学大纲。

续表

	评价指标	分值				
		0	1	2	3	4
20	教材为学习者提供了差异化的学习内容。					
21	教材合理吸收了相关教学理论的研究成果。					
22	教材涉及了多种语言教学方法和技巧。					
23	教材的整体设计体现了教学思路和教学流程。					
24	教材级别设置合理，级别之间衔接顺畅。					
25	教材对自身的描述①准确、合理，并与正文内容一致。					
26	教材的整体框架结构（包括语言知识、语言技能、文化、策略等）合理，联系紧密。					
27	教材各课内部各部分之间安排合理，联系紧密。					
28	主题和内容国际化，具有全球意识。					
29	主题和内容的编排由易到难，循序渐进，符合教学规律。					
30	教材内容可以丰富学习者的个人知识和经验，能够培养学习者积极向上的性格。					
31	教材没有引发使用者反感的内容。					
32	教材语言真实、地道、自然。					
33	教材语言生动、有趣。					
34	教材语言规范。					
35	教材包含了多样的语言风格，体裁多样。					
36	教材涉及了汉语和学习者母语之间的语言比较。					
37	教材对语言知识与技能的结合处理得当。					
38	各项技能训练比重合理。					

① 教材对自身的描述包括对教学对象和课程类型的适用范围、设定的教学目标、遵循的教学理念、依据的教学方法、教材特色等内容。

续表

	评价指标	分值				
		0	1	2	3	4
39	教材提供了主要的语言知识，每课新知识的输入量适中。					
40	教材对语言知识的编排合理有效。					
41	教材采取螺旋上升的方式对语言知识进行了合理复现。					
42	教材利于学习者发现语言规则，而不是简单呈现规则及其解释。					
43	教材提供了必要的语言知识注释和范例，且简明易懂。					
44	注释等内容采用学习者母语翻译，且翻译准确。					
45	教材对语音教学的安排合理恰当。					
46	教材对汉字教学的安排合理恰当。					
47	活动①量充足，覆盖主要教学内容。					
48	教材提供了综合运用语言技能的活动。					
49	教材提供了控制性活动、过渡性活动和交际性活动。					
50	教材提供了个人、结对、小组等多种活动形式。					
51	活动提供了尽可能多的机会，使学习者使用汉语进行交流。					
52	活动具有趣味性。					
53	活动利于激活学习者原有知识和经验。					
54	活动利于促进学习者使用新学的语言。					
55	活动与活动之间层次清晰、具有内在联系。					
56	活动指令清晰、简洁且易于理解。					
57	教材提供了广泛、真实、准确的文化知识。					
58	教材提供了得体、实用的交际文化。					
59	教材体现了多元文化观，文化描述客观、中立、包容。					

① 这里的活动包括练习、任务、游戏等。

续表

	评价指标	分值				
		0	1	2	3	4
60	文化内容的编排合理适度。					
61	文化内容的融入方式自然恰当。					
62	教材以适当的方式处理文化比较中的相似与差异。					
63	教材利于提高并维持学习者的学习动机。					
64	教材利于增强学习者的自信心。					
65	教材利于吸引学习者的注意，引发兴趣。					
66	教材利于发展学习者积极的学习态度。					
67	教材利于调动学习者的创造力和活力。					
68	教材提供了主要的学习策略，并注重培养学习者使用学习策略。					
69	教材提供了积极的交际策略和技巧。					
70	教材利于调动学习者的多元智能（如视觉、音乐、运动等）。					
71	教材利于学习者运用分析、综合、比较、归纳、评价等高级思维能力。					
72	版式设计清晰、方便使用。					
73	版式设计美观，吸引人。					
74	插图和字体具有功能性，吸引人。					
75	拼音的处理得当。					
76	教材配有必要的辅助材料，如练习册、教师用书、测试等。					
77	教材配有多媒体、立体化的辅助资源，如视频材料、多媒体学习课件、配套网站等。					
78	配套资源能够与教材形成有机整体。					
79	教材价格合理。					
80	教材容易获取或买到。					

以上指标中，您认为表述不够准确的，应修改为：

1.

2.

3.

以上指标中，您认为没有必要的指标有哪些？

1.

2.

3.

除以上指标，您认为还有哪些指标很重要？

1.

2.

3.

附录二　国际汉语教材评价·学习者调查问卷

本问卷是关于国际汉语教材的53项评价指标。这里的“国际汉语教材”是指用于汉语综合课（非技能课或专题课）的教材，不分国别、教育层次、级别和年级。请根据你对教材的认识和看法，按照重要程度，在相应的数字下面打“√”。

义项	完全不重要	不重要	一般	重要	非常重要
分值	0	1	2	3	4

你的基本情况：

1. 姓名（　　　）2. 国籍（　　　　　　　　）

3. 年龄（　　　）4. 性别（　　　）5. 已学汉语的时间（　　　）

6. 汉语是你的①第一外语　②第二外语　③其他

7. 你在哪儿学习的汉语？①中国　②本国　③其他国家

8. 你的专业是＿＿＿＿＿＿＿＿＿＿＿＿＿＿＿＿

9. 你学习过的汉语教材中，你最喜欢哪（儿）种教材？（　　　　）

	评价指标	分值				
		0	1	2	3	4
1	教材内容与我的年龄和心理水平相符。					
2	教材内容与我的汉语水平相符，不是太难或太容易。					
3	教材内容与我的学习风格①（学习习惯）相符。					
4	教材提供了我所需要的学习内容。					

① 例如：通过阅读学习汉语的风格，通过交流学习汉语的风格等。

续表

	评价指标	分值				
		0	1	2	3	4
5	教材提供了适当的扩展内容。					
6	在文化方面，教材中没有令我反感的内容。					
7	教材有助于我顺利通过考试。					
8	教材能够清楚地告诉我，学完后我的汉语水平能达到什么程度。					
9	教材各册、各级别之间衔接顺畅，难度上升合理。					
10	教材各课内部结构很清楚，易于学习。					
11	主题和内容国际化，包括世界普遍关注的话题，如教育、环保等。					
12	主题和内容的编排从易到难，循序渐进，符合学习规律。					
13	教材内容积极向上。					
14	教材语言真实、地道、自然。					
15	教材语言生动、有趣。					
16	教材语言规范。					
17	教材包含了多样的语言风格，体裁多样。					
18	教材涉及了汉语和我的母语之间的语言比较。					
19	教材既包括语言知识（语音、词汇、语法、汉字）的学习，又包括语言技能（听、说、读、写）的实际运用。					
20	听、说、读、写四项语言技能训练比重合理。					
21	教材提供了主要的语言知识（生词、语法等），每课新知识的数量合适。					
22	语言知识（生词、语法等）在教材中反复出现，易于我记忆。					
23	教材有助于我发现语法规则，而不是简单呈现规则及其用法。					

续表

	评价指标	分值				
		0	1	2	3	4
24	教材提供了必要的语言知识（生词、语法等）注释和范例，我可以看明白。					
25	注释等内容的翻译准确，我可以看明白。					
26	教材重视语音教学。					
27	教材重视汉字教学。					
28	活动①的数量合适，不是太多或太少。					
29	活动与我所学的内容相关。					
30	活动形式多种多样，既有机械练习，又有交际活动；既有个人、组对活动，又有小组、全班活动。					
31	活动具有趣味性。					
32	活动为我提供了很多使用汉语进行交流的机会。					
33	活动与活动之间是有联系的。					
34	活动指令清晰，我可以看明白。					
35	教材提供了广泛、真实、准确的文化知识。					
36	教材提供了实用的交际文化，能让我在和中国人的交流中更加得体、恰当。					
37	教材体现了多元文化观，文化描述客观、中立、包容。					
38	文化内容与所学的语言内容是有联系的。					
39	教材让我更加喜欢学习汉语。					
40	教材让我使用汉语时更加自信。					
41	教材让我更积极地参与到学习活动中来。					
42	教材教给我学习汉语的策略和方法。					
43	教材教给我用汉语进行交际的策略和技巧。					
44	教材有助于调动我的多元智能（如视觉、音乐、运动等）。					

① 这里的活动包括练习、任务、游戏等。

续表

	评价指标	分值				
		0	1	2	3	4
45	教材有助于我运用分析、综合、比较、归纳、评价等高级思维能力。					
46	版式设计清晰，便于学习。					
47	版式设计美观，很吸引我。					
48	插图、字体、字号合适。					
49	拼音有助于我的学习。					
50	教材配有必要的辅助材料，如练习册、汉字本等。					
51	教材配有多媒体材料，如视频、多媒体学习课件、配套网站等。					
52	配套材料与教材之间是有联系的。					
53	教材价格合理。					

除以上指标，你认为还有哪些指标很重要？

1.

2.

3.

图书在版编目（CIP）数据

国际汉语教材评价理论与方法研究/梁宇著．—北京：中央民族大学出版社，2018.5 重印

ISBN 978-7-5660-0870-1

Ⅰ．①国…　Ⅱ．①梁…　Ⅲ．①汉语—对外汉语教学—教材—研究　Ⅳ．①H195.3

中国版本图书馆 CIP 数据核字（2015）第 240870 号

国际汉语教材评价理论与方法研究

著　　者	梁　宇
责任编辑	戴佩丽
封面设计	布拉格
出 版 者	中央民族大学出版社 北京市海淀区中关村南大街 27 号　邮编：100081 电话：68472815（发行部）　传真：68932751（发行部） 68932218（总编室）　68932447（办公室）
发 行 者	全国各地新华书店
印 刷 厂	北京建宏印刷有限公司
开　　本	710×1000（毫米）　1/16　印张：22.5
字　　数	300 千字
版　　次	2018 年 5 月第 2 次印刷
书　　号	ISBN 978-7-5660-0870-1
定　　价	88.00 元

汉语国际传播与国际汉语教学研究丛书　总主编：吴应辉

Series of Chinese Language Globalization & International Chinese Language Teaching Studies
Chief Editor: Wu Yinghui

国际汉语教材评价理论与方法研究

Theory and Methodology of Chinese Language Teaching Materials Evaluation

梁　宇 / 著
By Liang Yu

中央民族大学出版社
China Minzu University Press